权威·前沿·原创

皮书系列为
"十二五""十三五""十四五"时期国家重点出版物出版专项规划项目

BLUE BOOK

智库成果出版与传播平台

民族发展蓝皮书
BLUE BOOK OF ETHNIC-AFFAIRS

中国民族发展报告（2021）
ANNUAL REPORT ON THE DEVELOPMENT OF ETHNIC IN CHINA (2021)

民族地区社会发展

组织编写 / 中国社会科学院民族学与人类学研究所
主　编 / 王延中
副主编 / 赵天晓　徐文华　丁　赛　王　锋　张继焦

社会科学文献出版社
SOCIAL SCIENCES ACADEMIC PRESS (CHINA)

图书在版编目(CIP)数据

中国民族发展报告.2021：民族地区社会发展/王延中主编．--北京：社会科学文献出版社，2024.1
（民族发展蓝皮书）
ISBN 978-7-5228-3266-1

Ⅰ.①中… Ⅱ.①王… Ⅲ.①民族发展-研究报告-中国-2021②民族地区-社会发展-研究报告-中国-2021 Ⅳ.①D633.1

中国国家版本馆 CIP 数据核字（2024）第 003672 号

民族发展蓝皮书
中国民族发展报告（2021）
——民族地区社会发展

主　　编 / 王延中
副 主 编 / 赵天晓　徐文华　丁　赛　王　锋　张继焦

出 版 人 / 冀祥德
组稿编辑 / 宋月华
责任编辑 / 周志静
责任印制 / 王京美

出　　版 / 社会科学文献出版社·人文分社（010）59367215
　　　　　 地址：北京市北三环中路甲29号院华龙大厦　邮编：100029
　　　　　 网址：http://www.ssap.com.cn
发　　行 / 社会科学文献出版社（010）59367028
印　　装 / 天津千鹤文化传播有限公司

规　　格 / 开　本：787mm×1092mm　1/16
　　　　　 印　张：17　字　数：255千字
版　　次 / 2024年1月第1版　2024年1月第1次印刷
书　　号 / ISBN 978-7-5228-3266-1
定　　价 / 178.00元

读者服务电话：4008918866

版权所有 翻印必究

民族发展蓝皮书编委名单

主　编　王延中
副主编　赵天晓　徐文华　丁　赛（常务）
　　　　王　锋　张继焦

主要编撰者简介

王延中 中国社会科学院民族学与人类学研究所所长、研究员，中国社会科学院大学教授、民族学系主任、博士生导师，兼任中国民族研究团体联合会会长（第七届和第八届）、中国民族学学会会长、中国民族理论学会会长，国务院第八届民族学学科评议组成员、国家民族事务委员会决策咨询委员会委员，中央统战部等四部委"中国社会科学院铸牢中华民族共同体意识研究基地"首席专家。主要研究方向是劳动社会保障与民族理论民族政策，享受国务院政府特殊津贴专家，获得新世纪百千万人才、全国文化名家暨"四个一批"人才、哲学社会科学领军人才等称号。

赵天晓 中国社会科学院民族学与人类学研究所党委书记、副所长，兼任中国世界民族学会会长、中国民族史学会会长、中国民族古文字研究会会长，中央统战部等四部委"中国社会科学院铸牢中华民族共同体意识研究基地"主任。

徐文华 中国社会科学院民族学与人类学研究所副所长。2015年5月起，作为中央国家机关第七批援藏干部到西藏社会科学院工作，后转为第八批、第九批，挂职西藏社会科学院副院长。先后参与"马克思主义若干重大问题研究""改革开放30年思想史"等中国社会科学院重大课题研究。

丁 赛 中国社会科学院民族学与人类学研究所副所长、研究员，中国社会科学院大学教授、博士生导师，兼任中国民族研究团体联合会秘书长、中国世界民族学会常务副会长、中国西南民族研究会副会长。主要研究方向是西部民族地区经济发展、民族地区文旅产业融合发展等。

王　锋　中国社会科学院民族学与人类学研究所纪委书记、副所长、研究员，兼任国家民委民族语文工作专家咨询委员会委员、中国民族语言学会副会长、中国民族古文字研究会副会长、中国蒙古语文学会副会长。2021年9月起到中国社会科学院财务计划基建局挂职锻炼，任职副局长。主要研究方向是民族语言学、文化语言学和民族文字文献。

张继焦　中国社会科学院民族学与人类学研究所民族社会研究室主任、研究员，中国社会科学院大学教授、博士生导师，享受国务院政府特殊津贴专家，中国民族学学会法人代表兼副会长，国际人类学与民族学联合会专业委员会理事会副理事长，中共中央统战部党外知识分子建言献策专家组成员。主要研究方向是民族学、人类学、社会学。

前言　加快推进民族地区社会发展与民族事务治理现代化

2021年中央民族工作会议在中国共产党建党百年之际召开,全面回顾了我党民族工作百年光辉历程和历史成就,归纳总结了党的十八大以来民族工作守正创新、推进民族事务治理体系和治理能力现代化取得的新成就和宝贵经验,深入分析了当前民族工作面临的新形势,科学回答了新时代民族工作的道路与方向,是党的民族工作实践的最新总结,是马克思主义民族理论中国化的最新成果,是做好新时代民族工作的根本遵循。加快推进中国民族事务治理体系和治理能力的现代化,是促进新时代民族工作高质量发展的重要目标和基本内容。

全面准确完整把握和贯彻新时代加强和改进民族工作的重要思想。民族问题,毫无疑问位居"国之大者"之列。民族工作关乎大局,古今中外概莫能外。处理好民族问题、做好民族工作,是关系国家统一和边疆巩固的大事,是关系民族团结和社会稳定的大事,是关系国家长治久安和整个民族繁荣昌盛的大事。民族事务治理复杂而敏感,世界上没有放之四海而皆准的唯一标准。世界各国不论什么样的历史传统和现实国情,维护好国家统一和民族(社会)团结,都是国家的最高利益和国内各族人民的根本利益。当然,由于国情不同,世界各国在民族工作方面并没有完全相同的模式。同时,世界各国在这方面既积累了丰富的经验,也留下了很多值得总结或反思的教训。中国共产党坚持把马克思主义基本原理同中国的历史文化和国情实际相结合,在百年探索中走出了一条中国特色的解决民族问题的正确道路。这是

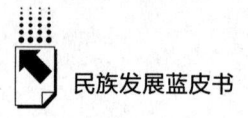

党的民族工作取得的最大成就，也是今后做好民族工作的根本遵循。这次中央民族工作会议提出的十二条宝贵经验，就是新时代加强和改进民族工作重要思想的基本内容，即必须从中华民族伟大复兴战略高度把握新时代党的民族工作的历史方位；必须把推动各民族为全面建设社会主义现代化国家共同奋斗作为新时代党的民族工作的重要任务；必须以铸牢中华民族共同体意识为新时代党的民族工作的主线；必须坚持正确的中华民族历史观；必须坚持各民族一律平等；必须高举中华民族大团结旗帜；必须坚持和完善民族区域自治制度；必须构筑中华民族共有精神家园；必须促进各民族广泛交往交流交融；必须坚持依法治理民族事务；必须坚决维护国家主权、安全、发展利益；必须坚持党对民族工作的领导，提升解决民族问题、做好民族工作的能力和水平。

加快构建民族事务治理体系的现代化新格局。民族事务治理是国家治理体系的重要组成部分，民族事务治理能力对国家治理能力具有深刻影响。在现代化进程中，包含民族事务治理体系在内的整个国家的治理体系都在加速变革。党的十八届三中全会提出完善和发展中国特色社会主义制度、推进国家治理体系和治理能力现代化的全面深化改革的总目标。与此相适应，党的民族工作也在更加强调中华民族大家庭、中华民族共同体、铸牢中华民族共同体意识等理念的指导下，不断推进党的民族理论、民族政策、治理体系、工作机制的改革与创新，努力提高民族事务治理体系与国家治理体系改革的适应性和协调性，明显增强了民族事务的治理能力。但是，面对世界百年未有之大变局和全力聚焦中华民族伟大复兴战略的历史方位，当前我国民族事务治理还存在一些不适应的地方，必须按照新时代改进民族工作的重要思想加快改革，深化民族工作体制机制的改革创新，加快形成党委统一领导、政府依法管理、统战部门牵头协调、民族工作部门履职尽责、各部门通力合作、全社会共同参与的新时代党的民族工作新格局。这种新格局，就是要切实改变把民族工作当成"一域"或"单一"工作部门之事，使全党、全国和全社会都要高度重视民族工作，都要全面准确完整把握和贯彻新时代党加强和改进民族工作的重要思想。在完善治理体系的同时，要把提升民族工作能力尤其是基层民族工作能力建设放在突出位置,适当增加机构、干部力量的配备,确保基层民族工作有效运转。中央民族工作会议还特别强调建设更加广泛的民族工作干部队伍的总体思路和要求。坚持新时代好干部标准,努力建设一支维护党的集中统一领导态度特别坚决、明辨大是大非立场特别清醒、铸牢中华民族共同体意识行动特别坚定、热爱各族群众感情特别真挚的民族地区干部队伍,更加重视、关心、爱护在条件艰苦地区工作的一线干部。重视培养和用好少数民族干部,对政治过硬、敢于担当的优秀少数民族干部要充分信任、委以重任。应该说,这不仅大大拓宽了民族工作干部的范围和视野,而且为民族干部队伍建设指明了方向和具体路径。

　　按照增进共同性、尊重和包容差异性原则积极稳妥调整民族工作内容。按照增进共同性的方向改进民族工作,是新时代党的民族工作创新发展的客观需要。在党的百年历程和新中国成立 70 多年的民族工作实践中,涉及民族领域的政策法规,既要坚持马克思主义民族理论的基本原则和推进现代化的方向不动摇,又要从实际情况出发,顺应时代要求,及时更新调整,做到与时俱进。也就是说,要继续坚持符合实际、效果突出、有利于共同团结奋斗和共同繁荣发展的正确政策,同时又必须按照铸牢中华民族共同体意识主线精神和增进共同性的方向调整过时的、不适应时代的政策法规,更好地保障各民族群众的合法权益,更好地实现各民族群众在现代化建设和发展进程中的公平正义。这就是说,那些不符合实际、不符合形势发展要求的过时的民族政策,尤其是强化固化民族差别、凸显彰显民族差异的民族政策要进行积极稳妥的改革。特别是要改革不适应的法律精神、法律条文、相关司法解释以及具体政策措施。通过改革,更好地彰显加强中华民族共同体建设的意义,更好地促进维护统一、反对分裂的功能,更好地加强改善民生、凝聚人心的作用。落实到民族区域自治地方,此类改革要更好地促进民族因素和区域因素的有机结合,要根据不同地区、不同民族实际,以公平公正为原则,突出区域化和精准性,更多针对特定地区、特殊问题、特别事项制定实施差别化区域支持政策,而不是仅仅像过去那样主要依据民族身份确定特殊化的支持政策。一方面减少同一区域、相同发展水平各民族之间的政策差异性,

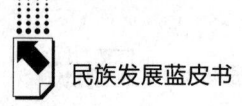

另一方面又使不同地区、不同情况的民族地区之间、民族区域自治地方之间不要在争取政策方面相互攀比。

加快民族地区经济社会同步发展，推动各民族共同走向社会主义现代化。没有持续的经济增长和物质条件的改善，人民的生活水平就无法提高，获得感、幸福感就缺乏基础支撑。强调正确认识并处理好物质和精神的关系，不是不重视经济发展和物质基础建设，而是要在注重经济发展的同时把物质因素与精神因素有机结合起来，不再继续出现"重物质、轻精神"的偏差。把物质与精神的关系处理好，就可以保证全国经济尤其是民族地区的经济建设，在有利于铸牢中华民族共同体意识的前提下持续发展，就可以保证社会主义现代化建设水平不断提高，铸牢中华民族共同体意识的物质基础不断夯实。中央民族工作会议不仅指明了推动各民族共同走向社会主义现代化的目标，而且指出了民族地区推动各民族共同走向现代化的重点任务与基本路径。一是按照国家"十四五"规划的指导思想和基本原则，推动实施"三新"的现代化，也就是立足民族地区的资源禀赋、发展条件、比较优势等实际情况，"把握新发展阶段、贯彻新发展理念、融入新发展格局"。二是提倡共同走向现代化，继续完善民族地区的差别化支持政策。民族地区实现脱贫攻坚和全面小康不容易，但是完成这个任务，也是在充分发挥民族地区广大干部群众积极性的同时，大力实施国家财政转移支付等各种支持扶持政策、动员沿海城市和发达地区支持援助的结果。这也充分体现了"共同团结奋斗、共同繁荣发展"的原则和要求，更是充分发挥社会主义制度优越性和全国一盘棋整体发展战略的结果。下一步要同步走向现代化，民族地区仍要立足于发挥好自己的比较优势，在扩大开放和竞争中努力形成竞争优势。同时，积极争取国家的支持和发达地区的援助。国家区域发展和差别化支持政策也要与时俱进，更好地把民族因素和区域因素结合起来，切实提升差别化区域性支持政策的效果。当然，这方面还有很多问题需要研究，需要及时总结实践经验，及时解决存在的问题，及时完善政策体系，促进各地区的平衡发展、协调发展。三是明确了民族地区经济高质量发展的重点任务。比如，加大对民族地区基础设施建设和产业结构调整的支持力度，优化经济社会发展和生态文明建设整体布局。支持民族地区实现巩固脱贫攻坚成果同乡村振兴有效衔接，推动公共服务的均等化。促进农牧业高质高效、乡村宜居宜业、农牧民富裕富足。进一步完善沿边开发开放政策，深入推进固边兴边富民行动，努力把沿边地区打造成一个增长带和民族团结、边境稳定的示范区，实现边疆发展与国家安全的有机统一。四是更加强调生态文明建设，民族地区大多是生态脆弱地区，同时承担着维护国家生态资源安全、保障中华民族永续发展生态安全屏障的使命。在新发展阶段抓经济建设，不能是粗放式的资源开发，必须贯彻更加注重污染治理和生态环境保护的新发展理念和高质量发展方式，坚持绿色发展、守住生态底线，推动生态产业化、产业生态化，把生态文明建设的任务和要求落到实处。五是把铸牢中华民族共同体意识的要求融入共同走向社会主义现代化的进程中。要通过同步现代化（但不一定是"同一速度"或"同一标准"的现代化）不断缩小地区之间、城乡之间、民族之间、群体之间发展水平的差距，不断增强各族群众的获得感、幸福感、安全感和归属感，不断激发和强化全体人民的共同体意识。如果做到这一点，现代化进展越快，各族人民群众"五个认同"程度也就越高，中华民族共同体就会越牢。

切实加强和提高民族工作队伍的理论素养，切实围绕铸牢中华民族共同体意识这条主线做好具体工作。民族工作具有很强的政治性和敏感性，归根结底是因为民族领域的问题过于复杂。由于涉及的因素太多，一些复杂而敏感的问题不仅在理论认识层面很难说清楚，在工作层面也涉及历史文化、情感尊严、利益调整等众多因素羁绊，很难实现一劳永逸的解决。习近平总书记在讲话中指出，要"正确把握共同性和差异性的关系""正确把握中华民族共同体意识和各民族意识的关系""正确把握中华文化和各民族文化的关系""正确把握物质和精神的关系"。这四个"正确把握"既是非常重要的基本理论问题，也是十分迫切的现实工作问题。正确理解和处理好这四组基本关系，对于全面理解2021年中央民族工作会议精神和做好新时代民族工作至关重要。除此之外，也必须认真研究和正确处理民族工作时所涉及的其他基本关系，回顾数百年来西方国家盛行的"近代民族国家"理论带来的

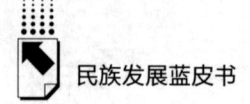

思想纷争乃至世界大战，梳理中国近代以来重大历史变迁关头"民族问题"扮演的突出角色，我们不得不在"民族问题"的理论认识上做到全面而辩证，制定政策时稳妥且慎重，推进工作时精心再精心。要完整准确全面贯彻中央民族工作会议精神，不仅要正确理解和区分一般社会事务与民族事务、一般社会问题与民族问题、一般矛盾纠纷与民族矛盾纠纷的界限，使民族矛盾不扩大，而且在处理相应的问题时，也要站在各民族一律平等的原则性和有利于铸牢中华民族共同体意识的立场上，把握和处理好涉及民族因素特别是推进民族工作的基本理论和基本关系，正确把握共同性和差异性的关系、正确把握中华民族共同体意识和各民族意识的关系、正确把握中华文化和各民族文化的关系、正确把握物质和精神的关系，引导各民族始终把中华民族利益放在首位，本民族意识要服从和服务于中华民族共同体意识，要在实现中华民族共同体整体利益进程中实现各民族具体利益。同时，要赋予所有改革发展以加强中华民族共同体意识的意义，以维护统一、反对分裂的意义，以改善民生、凝聚人心的意义，让中华民族共同体牢不可破。

王延中

中国社会科学院民族学与人类学研究所所长

目 录

Ⅰ 总报告

B.1 民族地区社会发展报告（2016~2020） …… 张继焦　乔姗姗 / 001

Ⅱ 分报告

B.2 内蒙古自治区社会发展报告 …………………………… 王红艳 / 030
B.3 新疆维吾尔自治区社会发展报告 ………………………… 孙　嫱 / 056
B.4 广西壮族自治区社会发展报告 ……………………… 艾　晶　李倍倍 / 077
B.5 宁夏回族自治区社会发展报告 …………………………… 王玉栋 / 102
B.6 西藏自治区社会发展报告 ………………………………… 王剑峰 / 119
B.7 青海省社会发展报告 …………………………… 马明忠　张　科 / 138
B.8 云南省社会发展报告
　　　………　刘　荣　陈志平　吴　鹏　张　琦　王志达　吕　伟
　　　　　　李　栋　方进普　彭瑞秋　沈　洁 / 152
B.9 贵州省社会发展报告 …………………………… 乔姗姗　吴玉兰 / 179

001

民族发展蓝皮书

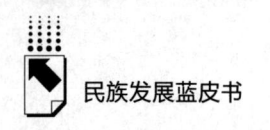

Ⅲ 专题报告

B.10 民族地区的教育事业发展报告 ………………… 杜倩萍 / 202
B.11 民族地区的脱贫事业发展报告 ………………… 赵罗英 / 215
B.12 民族地区出生人口性别比与社会治理 ……………… 薛　品 / 229

Contents …………………………………………………………… / 241

总报告

General Report

B.1

民族地区社会发展报告（2016~2020）

张继焦　乔姗姗*

摘　要： 2016~2020年民族地区精准扶贫完美收官令世界瞩目，这说明民族地区民众基本物质生活已经得到强有力保障。基于此，本报告总结了2016~2020年民族地区社会发展取得的显著成效，以保障民生工程和基础性制度为切入点梳理了云南、广西、贵州、宁夏、青海、内蒙古、西藏、新疆的社会发展现状，在此基础上提炼出不同民族省区根据其本土化特色确立的差异化发展重点，概括了民族地区创新社会发展的亮点。

关键词： 民族地区　社会发展　民生工程　基础性制度

---

* 张继焦，中国社会科学院民族学与人类学研究所民族社会研究室主任、研究员；乔姗姗，贵州民族大学副教授，中国社会科学院民族学与人类学研究所访问学者。

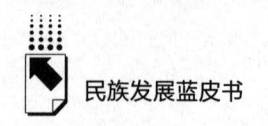

社会发展是指社会前进的、上升的变迁过程，生产力提高是带动社会发展的重要因素。民族地区发展相对缓慢，生产力水平低下，甚至有些深度贫困的民族地区还停留在农业社会生产水平。党中央和国务院对民族地区的发展做出了详细规划，建立了财政项目帮扶政策体系。地方政府充分利用国家扶持政策，完善当地基础性制度建设，调动非政府组织、企业等社会力量和社会资本积极参与社会发展。全方位支持民族地区发展的战略得以实施，为民族地区发展营造出良好的营商环境、有效降低了制度交易成本，使民族地区实现了跨越式发展。

一 民族地区社会发展的两个维度：民生和基础性制度

（一）筑牢改善和保障民生工程

党的十八大指出，为人民服务是党的根本宗旨，以人为本、执政为民是党一切执政活动的最高标准。任何时候都要把人民利益放在第一位。基于此，社会发展的首要表现就是筑牢改善和保障民生工程，针对民族地区大多地处贫困山区的特点，民生工程包括脱贫攻坚、就业创业、分配制度、社会保障制度、住房保障五个方面。

1. 实施脱贫攻坚

民族地区是2020年脱贫攻坚的主战场，各地为了完成2020年贫困地区全部出列的任务都拟订了详尽方案，民族八省区全部如期完成了脱贫攻坚任务。云南全力解决少数民族脱贫问题，拟订"一个民族一个攻坚计划""一个民族一个集团帮扶方案"，2018年底，云南省少数民族建档立卡贫困人口数为83.6万人，2019年底减少到13.4万人，全年实现净脱贫70.2万人。广西加大产业扶贫政策支持力度，确定了县级"5+2"、村级"3+1"特色产业，集中项目、资金、技术等要素资源投入，发展种养产业、林业产业和旅游产业等。2018年广西有扶贫任务的县（市/区）中，"5+2"特色产业已覆盖超过110万户贫困户，平均覆盖率达77%，初步建起"县有扶贫支柱产业，村有扶贫主导产业，户有增收致富项目"的产业扶贫大格局。2016~2019年，广西共减贫450万人，4719个贫困村出列，46个贫困县摘帽。①贵州省大力推动东西部对口协作扶贫，建好直供上海等东部对口帮扶城市和粤港澳大湾区"菜篮子"基地，推进更大规模"黔货出山"。贵州省内开启了定点、结对、组团式帮扶模式，分派驻村书记、驻村干部进入贫困地区进行帮扶。其中，省级领导帮扶16个深度贫困县、定点包干20个极贫乡镇，市县两级帮扶2760个深度贫困村。

宁夏出台"十三项"脱贫行动计划、"脱贫富民36条"，强化"干部联系、贫困识别与动态管理、到村到户扶持、扶贫资金整合使用管理、社会扶贫、督查考核评估"6项精准扶贫保障机制。青海全方位构建和落实扶贫"1+8+10"政策体系，建立驻村帮扶"123"工作机制，1249个村实施易地搬迁扶贫项目。2016年，内蒙古自治区21.2万以上贫困人口稳定脱贫、12个自治区级贫困旗县摘帽；2017年全区全年减贫20万人；2018年14.8万贫困人口通过发展产业实现脱贫，10个国家贫困旗县、13个自治区级贫困旗县摘帽；2019年实现14万贫困人口脱贫、20个国家贫困旗县全部摘帽。西藏在把握生态安全与社会稳定的红线要求下，以项目带动基础设施建设发展，着力破解交通、能源、水利等基础设施发展瓶颈，特别是大力发展以互联互通为目标的基础设施建设，截至2020年底已经实现了贫困人口全部摘帽，基本解决了绝对贫困问题。2014~2019年，新疆生产总值年均增长7.2%，居民人均可支配收入年均增长9.1%，所有地州市迈入高速公路时代，累计脱贫近300万人。

表1 2013~2018年民族八省区贫困人口情况

单位：万人

省 区	2013年	2014年	2015年	2016年	2017年	2018年
内蒙古	114	98	76	53	37	14
广 西	634	540	452	341	246	140
贵 州	745	623	507	402	295	173
云 南	661	574	471	373	279	179

① 《自治区扶贫办：担当实干全力以赴 决战决胜脱贫攻坚》，广西壮族自治区乡村振兴局网，http://fpb.gxzf.gov.cn/xwzx/fpyw/t5664817.shtml，2020年7月1日。

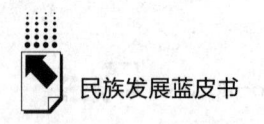

续表

省　区	2013年	2014年	2015年	2016年	2017年	2018年
西　藏	72	61	48	34	20	13
青　海	63	52	42	31	23	10
宁　夏	51	45	37	30	19	9
新　疆	222	212	180	147	113	64

2. 促进就业创业

就业是民生之本，创业是产业发展重要路径之一，民族地区实现稳定和可持续发展亟待促进就业创业。2017年，云南制定实施《云南省人民政府关于进一步做好当前和今后一段时间就业创业工作的实施意见》，扶持创业12.2万人，新增城镇就业49万人，城镇登记失业率为3.2%。2018年，新增城镇就业51.9万人，城镇登记失业率为3.4%。2019年，新增城镇就业53.4万人，城镇登记失业率为3.25%。2017年，广西印发《关于做好当前和今后一段时期就业创业工作的通知》，并提出11条新政策，包括支持企业发展、推动大众创业、扶持高校毕业生就业等六大方面，从创业孵化基地申请、房租补助、奖励补助等多方面推动大众创业。2018年，贵州省政府办公厅印发《贵州省开展城乡居民增收综合配套政策试点实施方案》，指出进一步扩大城镇就业规模，实现新增就业220万人，城镇调查失业率和登记失业率分别控制在5.5%、4.2%以内。2016年贵州省人民政府印发《关于大力推进大众创业万众创新的实施意见》，深入推进大众创业、万众创新，以支持相关科研人员创新、大学生创业、农民工返乡创业。宁夏实施就业优先政策，坚持以创业带动就业，加强就业培训，购买政府公益性岗位，紧抓高校毕业生、就业困难人员等重点人群就业及军队退役官兵就业安置；进一步深化大众创业、万众创新，推进"五证合一""证照联办""证照分离"等商事制度改革，出台优化营商环境"1+16"政策文件。青海通过做大做强特色优势产业、循环经济主导产业、重点企业和重点项目，提高就业承载力，巩固提高骨干产业和大中企业促就业的传统优势。青海拟定的创业领域集中在新产业，如新能源、特色生物制药等，明确重点发展第三产业。

2016~2019年，内蒙古稳定新增就业人数，2016年全区城镇新增就业人数为26.8万人，2017年、2018年、2019年城镇新增就业人数分别为26.1万人、25.9万人、26.3万人，就业人数基本稳定。西藏以发展民营经济为抓手，拓宽就业渠道，通过精准开展技能培训、工程项目吸纳就业、组织化转移就业等举措推动农牧民就业。新疆主要实施了转移就业和发展产业拓展就业路径，将富余劳动力向北疆转移、向内地转移、向兵团转移，已经实现了9.65万贫困人口转移就业，多途径实现向湖南转移就业3600余人。新疆尝试在高校建立一批创业孵化实训基地，到2020年，建成25个自治区级示范创业孵化基地，实现一县市一基地一园区建设目标。

3. 深化分配制度改革

党的十八大报告指出，"实现发展成果由人民共享，必须深化收入分配制度改革"[1]，构建兼顾效率和公平的分配制度是极其重要的利益分配问题，是决定民众获得感的关键因子。2016年，云南制定《云南省人民政府关于深化收入分配制度改革的实施意见》，在完善初次分配机制、加大再分配调节力度、建立农民收入持续较快增长长效机制、着力规范收入分配秩序等方面出台40条改革措施。广西利用地方自主立法权限制定促进民族团结的特色法案，通过补贴的形式促进少数民族聚集地区的发展，从而深化政府的再次分配，缩小相对贫困的比例。贵州建立了技术人才、科研人员、新型职业人员、小微型创业者、基层干部、经营管理者、贫困劳动力等群体的激励政策体系；2018年制定基层医疗卫生事业、教育事业工资调整管理办法；2019年制定基层公务员激励制度以及考核办法，完善了国有企业负责人激励和业绩考核制度。宁夏于2016年实施居民收入增长计划和富民工程，促进城乡居民收入持续稳定增长；2016~2019年，宁夏全体居民人均可支配收入从18832元增长到24412元。青海于2016年开始农村牧区改革，完善"三权"分置办法，建立土地增值收益合理分配机制；2017年，推进农牧区

---

[1] 胡锦涛：《坚定不移沿着中国特色社会主义道路前进 为全面建成小康社会而奋斗——在中国共产党第十八次全国代表大会上的报告》，人民出版社，2012，第36页。

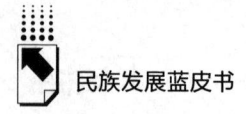

产权确权登记，维护进城农牧民土地承包权、土地经营权、宅基地使用权和集体收益分配权，让进城农牧民带权带资。

内蒙古自治区的经济发展逐渐加快，但是居民收入分配不均衡的问题却仍然存在。尤其体现在城乡发展不平衡，城乡居民收入差距大、行业之间收入差距明显、地区之间收入分配不均衡。2019年全区城镇常住居民人均可支配收入为40782元，全区农村牧区常住居民人均可支配收入为15283元；为此，内蒙古制定了《关于印发内蒙古自治区事业单位工作人员收入分配制度改革实施细则的通知》《内蒙古自治区贯彻落实技能人才薪酬分配指引工作方案》等文件，以此调控收入分配存在的问题。西藏的收入分配主要特点是人均可支配收入得到了巨大的增长，2021年1月25日，西藏自治区统计局发布了2020年西藏全区经济运行情况，全区居民人均可支配收入21744元，比上年增长11.5%；其中，城镇居民人均可支配收入41156元，增长10.0%；农村居民人均可支配收入14598元，增长12.7%。城乡居民人均收入比值为2.82，比上年缩小0.07。新疆维吾尔自治区收入分配主要有两个特点：一是新疆初次分配住户部门占据主导，2014年，企业、政府、住户三部门可支配总收入分别达1252.51亿元、3022.86亿元和5064.23亿元；二是居民初次分配占比增长，2012年，全区劳动者报酬收入达到4561.49亿元。总而言之，如表2所示，2018年民族八省区农村居民可支配收入虽然仍比全国农村居民收入水平低，但各地相对于2017年的地方纵向比较是有所增加的。

表2 2018年民族八省区农村居民可支配收入与全国比较

指标名称	收入水平（元）	增加（元）
全国农村	14617	1185
内 蒙 古	10965	1179
广 西	10761	1042
贵 州	9716	874
云 南	9595	900
西 藏	11450	1120
青 海	10393	931
宁 夏	10371	1099
新 疆	10907	922

4. 完善社会保障制度

社会保障是社会民众生活的托底，是保证困难民众维持生活的最后一道防线，社会保障成为民生工程中的重要一环。云南精准识别深度贫困户，针对贫困户的成因拟定差异性帮扶社会兜底政策。对于城镇的五保户，按照每人每月不低于当地城乡最低生活保障标准的1.3倍确定基本生活标准。广西在"十三五"期间通过扩大社会保障范围，全面实施全民参保计划；提高社会保障待遇水平、完善退休人员基本养老金正常增长机制、落实困难群体参加城乡居民基本医疗保险个人缴费补贴政策。2020年贵州省民政厅、省财政厅、省扶贫办联合制发《贵州省2020年城乡低保提标方案》，对全省2020年度城乡低保提标进行安排部署，全省农村低保平均标准提高到4318元/年，平均增幅5.2%；城市低保平均标准提高到645元/月，平均增幅4.9%。宁夏强化基本保障功能，提高城市低保标准、农村低保标准、高龄津贴标准、孤儿养育津贴标准及专项救助标准，实现农村低保与扶贫标准"两线合一"，健全社会救助和保障标准与物价上涨联动机制，切实兜住困难群体的基本生活。青海尝试构建多层次社会保障体系，加大对农牧区贫困人口和城镇困难群众的医疗救助力度，大力推进社区居家养老服务，在农牧区探索开展孤寡老人养老服务公益岗位试点。

2016～2019年，内蒙古全区社会保险覆盖面与补助范围不断扩大，不断完善城乡低保、临时救助、抚恤优待等制度。如在养老方面，2019年强化企业职工基本养老保险并进一步提高退休人员养老金、城乡最低生活保障标准。西藏社会保障体系建设的主要特点就是把广大僧尼纳入社保覆盖对象，2012年开始实施的《西藏自治区寺庙僧尼参加社会保险暂行办法》，进一步明确了西藏寺庙僧尼参加城镇居民社会养老保险。新疆的社会保障兜底功效明显，对32万名重度残疾人、丧失劳动力家庭以及鳏寡孤独，自治区财政每年拿出20亿元作为最后的社会保障兜底。

5. 改善住房保障

住房问题是关系民众安居乐业的重要问题之一。为此，云南采取有力措施加快推进保障性安居工程建设，在加快建设限价商品住房、公共租赁住房

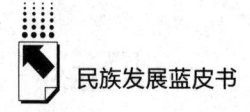

的同时，大力开展棚户区改造工作。广西于2018年5月被国务院列为棚户区改造工作真抓实干、成效突出并予以表扬激励的5个省（区）之一，截至2019年3月15日，全区棚户区改造国家任务已开工3.33万套，棚户区改造住房新开工9.1万套，超额完成国家下达的9万套开工目标任务，基本建成8.96万套。2017年贵州实施了住房保障扶贫开发惠民政策，落实住房改善政策，对低保户、贫困户、五保户以及一些存在住房危险的民众进行农村危房改造，并针对不同级别的人群给予相应的补助金，很大程度上改善了民众的住房条件。宁夏深入分析了住房刚需者的实际经济情况，根据不同城市特点制定有针对性的住房政策，保障有居住需求的市民都可以安居乐业。青海构建以政府为主提供基本保障、以市场为主满足多层次需求的住房供应体系，优化住房供需结构，稳步提高居民住房水平，更好地保障住有所居。内蒙古的住房改革措施主要体现在推进保障性安居工程，2019年全区棚户区改造开工5.3万套、开工率100.2%，基本建成4.6万套、完成率170.4%，农村牧区危房改造全部竣工。西藏以安居工程为切入口保障住房问题，加强村镇基础设施和公共服务设施建设，保障农牧民住房安全。新疆大力实施危房改造工程，2019年剩余9355户贫困户安全住房全部竣工且入住。

（二）基础性制度建设

1. 促进教育公平制度建设

教育是构成人力资本的重要内容，是实现不同发展水平的经济体之间最终趋同的重要条件。因为教育既能促进个人的发展，提高劳动参与率，也能增强社会的凝聚力，助力社会实现整体性的进步。《中国民族统计年鉴2019》的数据显示，2018年民族自治地方共有普通高等院校241所，中等学校（包括中等技术学校、中等师范学校、普通中学及职业中学）9855所，普通小学30407所，民族自治地方在校本科、大专学生231.9万人，毕业生55.12万人；在校中等学校学生1257.52万人，毕业生378.75万人；在校小学生1572.63万人，毕业生243.34万人。可见，民族地区教育取得了突破性进展，云南先后印发了《云南省人民政府关于促进义务教育均衡发展的实施意见》《云南省人民政府关于深入推进义务教育均衡发展的意见》《云南省贫困生退出实施方案》《云南省教育事业发展"十三五"规划》，以深化教育事业改革。广西统筹优质教育资源，对口帮扶薄弱学校，普遍建立"市—县""县—乡""乡—村"三级结对帮扶机制。统筹全区中小学校布局，按照"城乡搭配、以强带弱"的原则，科学、合理地设立学区。广西不仅统筹规划学校布局，还对学校内部制度进行宏观调控，指导学区内学校教育资源均衡分配，为此创设了各种资源、师资力量、师生管理、教学科研、招生、绩效评估的统一衡量模式，搭建了各地学校的合作平台，为学校教学质量均衡发展提供了制度保障。贵州大力加强教育事业的发展，强化教育保障体系，以实现教育公平：一是大力建设校园以及扩大教师队伍；二是优化教育布局和教育资源结构，2018年贵州下发文件《贵州省推进教育现代化建设特色教育强省实施纲要（2018—2027年）》，要求优化各阶段教育布局以及教育资源结构布局；三是加强易地扶贫搬迁安置点学校建设。宁夏试点、大力推行政府购买学前教育服务，改建城乡幼儿园，普惠性幼儿园覆盖率超过80%；加快城乡义务教育一体化发展，实施营养改善计划和义务教育"全面改薄"工程，改造义务教育薄弱学校千余所。青海加快解决进城务工人员子女上学难问题，基本消除大班额，推进义务教育向优质均衡迈进；新建3所高职院校，搭建职业教育"一主五辅"政策体系；高校一流学科建设实现突破，建成青海师范大学新校区和三江源民族中学。

内蒙古积极实现义务教育均衡化建设，2018年全区102个旗县（市、区）通过国家义务教育均衡发展评估认定，2019年全区103个旗县（市、区）义务教育实现基本均衡。西藏农牧区实行学前教育免费政策，免收保教费、交通费、杂费等，同时由自治区免费提供幼儿读物等。学前教育学生资助政策包括学前教育阶段农牧民子女补助政策和城镇困难家庭子女助学金、城镇学前教育公办学校免费教育、民办学校定额免费补助政策和农牧区学前双语教育免费补助政策三部分。新疆大力推进学前教育和职业教育，实现南疆四地州城乡一体学前三年免费教育，实现初高中未就业毕业生职业技

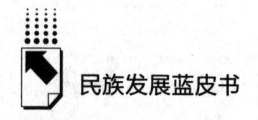

术培训全覆盖；推行国家通用语言文字教育，于2018年提前两年实现学前和义务教育阶段国家通用语言文字教学全覆盖；巩固学前教育发展成果，学前教育毛入园率达95.95%；推进城乡义务教育一体化发展，小学学龄儿童入学率达99.9%，九年义务教育巩固率达95%以上，贫困家庭义务教育阶段孩子因贫失学辍学实现动态清零。

2. 建立现代医疗卫生制度

近年来，民族地区深入贯彻落实国家医疗卫生事业制度改革的精神，全面推进医疗卫生体制机制改革。根据《2019中国卫生健康统计年鉴》，新疆的公共卫生机构数高于全国平均数，云南的公共卫生人员数多于全国平均数。但是其他民族地区公共卫生基础设施建设则有所欠缺，目前尚未达到全国平均水平。或者说，目前民族地区现代卫生建设与中部和沿海地区还是存在差距的，公共卫生机构的运作整体效率不能与全国其他地区持平。为了有效提高公共卫生服务，地方政府拟定了发展规划。云南出台《云南省医疗卫生服务体系规划（2016—2020年）》，以省情为出发点，以问题为导向，以满足群众健康需求为目标，通过总量控制、调整结构、系统整合、创新机制，确保全省医疗卫生资源的宏观调控，促进医疗卫生服务体系均衡发展。广西深化实施改善医疗服务行动计划，并在总结经验成效的基础上，进一步巩固改善医疗服务的有效举措，将其固化为医院工作制度，并不断落实深化，构建起合作关系推进优质服务资源下沉。贵州大力推进医改事业发展，实现各乡镇医疗卫生院建设的标准化、各乡镇卫生院（社区卫生服务中心）都配备有执业医师，城乡居民大病保险机制、各农村中小学校都配备特定数量的校医、上百家县级以上的公立医院远程医疗全覆盖，在全国范围内首次实现全省乡镇卫生院、社区卫生服务中心远程医疗全覆盖。

宁夏积极深入推进综合医改，跻身国家第二批综合医改试点省区，银川市、石嘴山市国家城市医联体启动，县域综合医改试点成效明显，推动优质医疗资源下沉，开展家庭医生签约服务，乡镇远程会诊、村级标准化卫生室实现全覆盖；逐步推广5G网络技术在医疗系统的应用，针对各种疾病类型完善了医疗体制。青海深化"三医"联动，推进"互联网+医疗健康"，提升紧密型医共体建设水平；实施健康青海三年行动，加快建设健康青海，标准化村卫生室实现全覆盖，每万名城乡居民拥有2~3名合格的全科医生，组建医联体115个，建立家庭医生团队1979个、签约310万人，免费治疗棘球蚴病、结核病患者1.15万例。

内蒙古2016年继续深化城市和旗县公立医院改革、推进分级诊疗试点与医师多点执业，2017年坚持医疗、医药、医保"三医联动"，全面实施城市公立医院综合改革，2019年深化公立医院综合改革、加快分级诊疗制度建设、完善药品供应保障制度，提高医疗、医保、医药联动水平，扩大定点医疗机构覆盖面。西藏从制度层面上建立基本医疗保险、大病保险与医疗救助、应急救助互为补充衔接的多层次医疗保障体系，建立农村与城市统一的医疗保障制度，政策资金配套助力社区卫生室、农村卫生室的发展。新疆地广人稀，为了能让每个患者都享受到应有的医疗救治，其尝试在县级医疗机构实现全覆盖，加快乡镇医院、村卫生室的基本硬件建设，加大医生的培训力度。

3. 完善计划生育制度

人是生产力中最活跃的因素，人是经济社会发展中最基础的要素。2020年，云南进一步完善妇幼健康服务体系和计划生育服务管理。广西于2019年推行农村计生家庭爱心保险、救助贫困母亲、计生贫困家庭发展帮扶等民生项目，共投入计生保险项目资金1800多万元，全区计生家庭系列保险理赔金额达8307万元；投入贴息金额854万元，为7319户计生家庭发放贷款8000万多元，帮助计生家庭抵御风险、助力计生贫困家庭脱贫致富。贵州为优化全省的人口结构，加大劳动力的供给量，有效减缓人口老龄化，于2021年9月修改了《贵州省人口与计划生育条例》，明确规定一对夫妻可以生育三个子女，3岁以下婴幼儿的父母可以享受育儿假各10天等政策。"十三五"期间，宁夏以促进人口均衡发展为主线，创新完善人口计划生育服务管理工作，不断提升计划生育服务管理水平，完善生育登记服务制度，全面实施网上生育登记，简化工作流程，拓宽服务渠道。青海在"十三五"

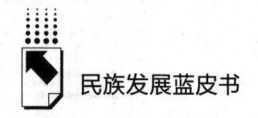

期间总人口持续增加，到2019年底常住人口达607.82万人，2020年修订了《青海省人口与计划生育条例》，进一步完善青海省计划生育制度。

内蒙古2016年、2017年两年计划生育服务管理进一步完善，一对夫妇可生育两个孩子政策全面实施，2018年开始加快促进计划生育政策和经济社会政策衔接工作，2019年全区共出生20.88万个婴儿。2019年西藏计划生育条例规定，在藏族干部职工中提倡计划生育，鼓励一对夫妇有间隔地生育两个孩子，不对占全区总人口77.4%的农牧民实行计划生育教育。新疆进一步完善计划生育服务和管理工作，2017年，新疆修订《新疆维吾尔自治区人口与计划生育条例》，规定各民族实施统一的计划生育政策，即城镇一对夫妻可生育2个孩子，农村一对夫妻可生育3个孩子。

4. 建立全国城乡统一的户口登记制度

民族地区按照全国统一部署，逐渐建立全国城乡统一的户口登记制度。2016年，云南全面实施城乡统一的户口登记制度，取消农业、非农业及其他类型户口的登记管理模式划分，户口簿上不再填写、打印和加盖"农业"和"非农业"的标识，统一为"居民户"。

2019年，广西印发《深化户籍制度改革的若干规定》，主要体现在取消了之前户口迁入所设置的条件选项，放宽落户政策门槛。特别是，对于落户城市的外来务工人口，虽然他们的户口已迁入城市，但是其所在农村的土地权限不受影响，对落户城市新市民的医疗、养老、就业、随迁子女教育进行保障。2015年贵州出台《贵州省人民政府关于进一步推进户籍制度改革的实施意见》和《贵州省公安厅关于进一步推进户籍制度改革的实施细则》，大力推进户籍登记制度改革。一是实施城乡统一的户口登记制度，二是建立健全人口信息管理制度，三是调整户口迁移政策以及完善居住证制度。

宁夏落实"人地钱"三挂钩机制，推进户籍制度改革，建立居住证制度，首府银川市实行城乡统一的户口登记制度，全面取消城区人口落户限制，进行户籍制度配套改革。青海全面推行居住证制度，对居住在青海的非本省户籍人员以及具有青海户籍在省内跨县（市）居住半年以上的人员，在居住地申领居住证。符合条件的居住证持有人，可以在居住地申请登记常住户口。

2019年内蒙古自治区人民政府办公厅出台《关于全面放开城镇落户限制 深化户籍制度改革的实施意见》，农牧业转移人口、退出部队现役的农村牧区籍义务兵和士官落户城镇的居住年限的限制取消，高校毕业生、技术工人、职业院校毕业生、留学归国人员的落户限制全面放开，其他常住人口落户城镇的限制全面放开，居住证制度落地速度进一步加快。西藏进一步加大小城镇户籍管理制度改革力度，推进小城镇户籍管理制度改革，取消了3‰"农转非"指标限制。2020年西藏户籍管理条例明文规定，只要在城镇有合法固定住所、稳定生活来源的市民，只要自愿留在所住城镇，都可以办理城镇户口。新疆维吾尔自治区政府出台了《关于进一步推进我区户籍管理制度改革的实施意见》，进一步明确统一城乡户口登记制度的改革方案，文件要求政府要合理引导农（牧）业人口向中小城市和建制镇转移。为了推进转移人口市民化，政府放宽了落户政策。

（三）构建国家安全体制

为了应对日益复杂多样的国内外安全形势，中共中央明确提出"完善国家安全体制"战略要求，并把"建立集中统一、高效权威的国家安全体制"作为总目标。云南统筹推进各领域的国家安全建设，保障社会正常运转的安定秩序，强化反恐怖势力的意识形态宣传力度，防止各种境外违法势力对国内的渗透。国家禁毒大数据云南中心建设取得显著成效，筑牢网络安全防线，妥善应对缅北冲突带来的新变化，有力维护了国家安全和社会稳定。广西以维护政治安全为根本，以防范抵御"颜色革命"为重点，在自治区党委统一领导下，建立了各级各部门党委（党组）落实主体责任、从事国家安全专门工作的部门业务主管、有关职能部门支持配合、社会力量广泛参与的广西国家安全工作格局，以实现一级抓一级，层层抓落实。贵州国家安全体制建设主要体现在积极发展各项事业，抓好民族团结进步示范创建，制定支持民族自治县、民族乡加快发展的政策措施。重视国防动员、双拥共

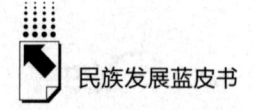

建和后备力量建设，支持军队、武警部队建设和法院、检察院工作。

由于大多民族地区处于边境，且形成了多层次多元化宗教组织和宗教观念，宗教领域也就成为民族地区安全工作的关注重点。宁夏将民族宗教领域安全稳定作为工作重点，全面贯彻党的民族政策和宗教工作基本方针；全面推进民族团结进步事业，增强各族群众的"五个认同"观念，铸牢中华民族共同体意识，促进各族群众手足相亲、守望相助、交往交流交融、共居共学共事共乐。青海关注国家安全建设的重要性，对政治底线把握准确，用制度维护中国共产党是我国唯一执政党的认知，建立牢固的政治安全底线；深入推进平安建设，切实维护社会安全和经济安全。内蒙古2017年严厉打击危害国家安全行为和违法犯罪活动；2018年提出牢固树立安全发展理念，以筑牢祖国北疆安全稳定屏障为主，在国防动员、国防教育、人民防空和拥军优属、支持军队建设、促进军政军民团结方面开展工作；2019年深入推进平安内蒙古建设；2020年提出进一步支持国防和军队现代化建设，不断深化扫黑除恶专项斗争。西藏面对的外部局势还较为严峻，维护国家安全的任务也就更重，因此，西藏针对当地特色拟定了本地反分裂法，以此为依据打击"藏独"分子、维护国家统一发展。新疆地区深受民族分裂势力、宗教极端势力、暴力恐怖势力（简称"三股势力"）的叠加影响，为此，新疆出台了《新疆维吾尔自治区宗教事务条例》（2014年修订，2015年实施）、《新疆维吾尔自治区实施〈中华人民共和国反恐怖主义法〉办法》（2016年实施）、《新疆维吾尔自治区去极端化条例》（2017年实施），为遏制、打击恐怖主义、极端主义提供了有力的法律武器。

（四）健全公共安全体系

在党的十九大报告中重点提出，要健全公共安全体系，党中央高度重视公共安全体系的建设，加强公共安全体系建设，以增强人民的安全感和幸福感。云南切实提高公共安全预警监管能力，加强食品药品等领域的安全工作，实行最严格的生态环境保护制度，完善省级环保督察体系。广西以推进应急体系建设为抓手，强基础、重预防、补短板、增能力，全面提高预防和应对突发事件的能力，构建具有广西特色和时代特征的公共安全应急管理体系，为经济社会发展提供安全环境保障。贵州2016年印发《贵州省关于构建安全风险预防控制体系建设的意见》，指出创新建立安全管理机制，不断建立健全公共安全体系，完善安全预防机制，完善监管机制，实行分类监管，落实责任主体，建立企业安全预防机制，加大排查隐患力度。

宁夏建成食品安全追溯信息平台，实现市县乡三级食品药品安全快速检测服务体系全覆盖，完善应急管理体系，健全应急救援处置预案，落实安全生产责任制，成立新的安全生产委员会，开展安全生产专项治理。青海以《中共青海省委青海省人民政府关于推进安全生产领域改革发展的实施意见》为行动指南，以推动安全生产和消防领域改革为主线，以"防范化解重大安全风险、坚决遏制重特大事故"为重点，牢固树立安全发展理念，健全完善安全生产责任体系、法治体系、风险防控体系和监管保障体系。内蒙古全面落实安全生产责任制，食品药品领域安全监管网络初步形成，监管制度进一步健全完善，应急管理改革持续深化，防灾减灾救灾能力逐步提高。[1] 西藏在公共安全领域主推"平安西藏"建设，为了达到此目标，西藏公安部门专门开展了公共安全整治行动，警方对民用爆炸物、公共场所安全隐患、交通安全隐患、枪支和管制刀具方面进行了排查和整治。西藏还专门建立了公共安全教育基地，该展馆以安全文化宣传和法治教育宣传为基础，运用多媒体技术及智能化硬件向民众展示了公共安全建设的生动案例。新疆采取系统治理、依法治理、综合治理、源头治理，有效防控各类安全风险，严厉打击影响公共安全的违法犯罪活动，提高全社会公共安全管理水平，进一步夯实社会稳定的公共安全基础。

（五）加快社会诚信制度建设

社会诚信制度是一项政府推动下全社会参与的社会系统工程，加快建立

---

[1] 参见《内蒙古自治区应急管理厅2019年工作情况报告》。

社会诚信制度是社会治理实施的前提基础，是社会信用系统有效运作的保证。云南制定了《云南省关于建立完善守信联合激励和失信联合惩戒制度加快推进社会诚信建设的实施方案》《关于加强政务诚信建设的实施办法》《关于加强个人诚信体系建设的实施意见》《关于印发云南省加快推进社会信用体系建设　构建以信用为基础的新型监管机制任务清单的通知》《云南省2020年社会信用体系建设工作要点》等政策文件，形成了较为完备的政策体系。广西到2020年底，全面构建以信用信息资源共享为基础的覆盖全社会的公共信用信息系统、以法规机制为保障的信用监管体系，守信联合激励和失信联合惩戒机制全面有效运行，全社会守信践诺意识显著增强，以信用为核心的新型监管机制基本建成。贵州大力完善诚信红名单制度以及失信黑名单制度，对于诚信的企业和个人将采取红名单的形式公布并给予相应的奖励，而对于失信的相关企业和个人则采用黑名单形式公布并实施相应的惩戒，及时将诚信红名单以及失信黑名单发送至省级信用信息管理平台，由省相关社会信用建设部门实施激励和惩戒。

宁夏加快社会诚信制度建设，建立多部门联动的信息共享机制和多部门联合惩戒机制，推进政务、工程建设、交通、科研、医药卫生计生、生态环保、产品质量等多领域诚信体系建设。2020年5月，青海制定了《青海省加快推进社会信用体系建设　构建以信用为基础的新型监管机制三年行动方案》，将诚信作为监管市场公平竞争的主要衡量指标之一，通过制定法规、网络监控、多元主体合作治理等方式，保障市场产品营销的诚信度。2017年内蒙古自治区人民政府印发《关于加强政务诚信建设的实施方案》，同时进一步加强行政监察和审计监督，2018年提出各级政府要把诚信施政作为重要准则，2019年提出提高公信力和执行力，在诚信社会建设中做出表率。西藏着力打造"诚信西藏"，到2020年底，基本建成与自治区经济社会发展水平相适应的社会信用体系框架。为了完善企业和市场的征信系统，2020年西藏制定了《西藏自治区建筑市场信用管理办法（试行）》。新疆以建立全社会征信系统为基础，加强政府信任度建设、市场公平诚信经营、社会诚实守信建设。

（六）加强城乡社区治理

2018年，云南制定出台《关于加强和完善城乡社区治理的实施意见》，各社区党组织根据自身实际，推行网格化管理和服务，使社区党组织实现上下衔接、左右联动，并总结在疫情防控期间社区治理的先进经验，做到精细化服务，将治理和服务的触角延伸到群众的身边。广西在治理理念与治理实践探索中始终坚持党组织在多元参与社区治理格局中的引领作用，南宁市探索在无物业管理或者"弃管"物业的老旧小区依托社区居民委员会施行自治管理，探索农村社区选聘物业服务企业提供社区物业服务。贵州加强城乡治理体系建设，支持志愿服务、慈善机构、社会组织、人道救助等一类事业组织的健康发展，保障妇女、儿童、老人、残疾人的合法权益。

宁夏构建党组织领导下的"一核多元"社区治理架构，以党建为龙头，社区居委会和业主自治组织依据党建引领方向合作治理小区，深化共建共治共享的发展格局；构建纵向到底的社区党组织体系，推进社区党组织—网格党支部—楼栋党小组三级组织链条全覆盖，全面推行网格化管理和服务。青海以"三基"（基层组织、基础工作、基本能力）建设为抓手，创新社区治理体制机制，提升社区综合服务能力，着力构建党委领导、政府主导、相关部门密切配合、社会力量广泛参与的城乡社区治理机制，以满足社区居民多层次、多样化需求，初步形成社区、社会组织、社会工作"三社联动"服务格局，促进城乡治理协调发展，积极探索"三种类型、四个层级"的青海基层治理模式。内蒙古加强农村牧区公共基础设施建设和公共服务，实施农村牧区人居环境整治行动，助推农村牧区社区治理快速发展。西藏从2004年开始推进社区建设，经过近十年的探索，西藏社区治理进入了精细化阶段，尝试便民警务站结合网格化管理模式，构建了由居委会、便民警务站、宗教场所、单位组织和社区警务组成的社区治理网。新疆准确把握基层社会治理的核心问题，开展了"访惠聚"活动，即派驻农村工作队，把熟悉党的理论、路线、方针和政策的各级干部下沉到基层，和党在乡村的基层党组织一道，共同担负起乡村治理的重任。

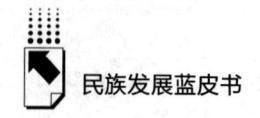

（七）促进社会组织健康发展

社会组织是社会治理的重要主体之一，加强对社会组织的培育对于促进社会的有效治理具有重要作用，同时社会组织也是推进国家治理体系和治理能力现代化的参与者和实践者。云南全面梳理政府部门承担的社会管理和公共服务职能，编制了政府向社会组织转移事项目录，凡是社会组织能够办的事项能转尽转，逐步将政府不应行使和可由社会组织承担的事务性管理工作、适合由社会组织提供的公共服务，分期分批以适当的方式转移给社会组织。广西壮族自治区党委、政府出台了《关于改革社会组织管理制度促进社会组织健康有序发展的实施意见》，建立了"分级负责、分类管理、分片兜底"的社会组织党建管理体制。2017~2018年，社会组织参与政府决策咨询、社会治理等项目220多个，23个社会组织入选了"广西特色新型智库联盟"。2018年贵州省委办公厅、省政府办公厅印发了《关于改革社会组织管理制度促进社会组织健康有序发展的实施意见》，促进了社会组织的健康发展。宁夏结合当地实际，在2016年出台《关于改革社会组织管理制度促进社会组织健康有序发展的实施意见》[1]，积极促进社会组织健康发展，大力培育发展社区社会组织。青海颁布了《关于改革社会组织管理制度促进社会组织健康有序发展的实施意见》，尝试构建政府与社会组织分工有序、各司其职的制度体系，为了让社会组织能够弥补政府治理不足的领域，健全了社会组织内部的管理体制，从而充分激发出社会组织参与社会治理的主观能动性。

内蒙古2016年安排1400多万元支持社会组织承接政府购买服务工作，在全区范围购买了居家养老、社区文体、社会组织孵化基地运营等方面的服务；2017年启动自治区社会组织创新创业服务示范园建设项目，打造自治区级社会组织创新创业服务示范基地，全面启动政府购买社会组织服务工

---

[1] 中华人民共和国中央人民政府网，http：//www.gov.cn/xinwen/2016-12/04/content_5142786.htm，2016年12月4日。

作；2018年进一步启动向社会力量购买服务工作，投入福彩公益金2010万元，重点围绕居家养老、社会工作、社会组织孵化等7个方面购买社会组织服务。西藏的社会组织建设有别于其他民族地区。西藏信仰宗教的民众较多，为此，西藏把寺庙作为非营利性社会组织加以治理，并且还将现代化社区治理模式引入寺庙管理环节。新疆为了促进自治区的非政府组织、行业协会和社会团体的有序建设，专门制定了《关于新疆维吾尔自治区民办非企业单位票据使用及税收管理问题的通知》《关于促进公益慈善类社会组织发展的意见》《关于民办非企业单位信息披露的意见》《关于促进行业协会、商会发展的指导意见》等一系列政策，这些政策为新疆社会组织发展提供了制度支撑。

（八）加大环境保护与治理力度

实现环境和经济协调发展是党中央"十三五"规划的重要部署，民族地区为此加大了生态保护的力度。云南先后出台了《关于贯彻落实生态文明体制改革总体方案的实施意见》《云南省生态保护红线划定工作方案》，制定实施《云南省"十三五"节能减排综合工作方案》《关于全面加强生态环境保护坚决打好污染防治攻坚战的实施意见》《云南省生物多样性保护条例》《云南省大气污染防治条例》等一系列制度性文件，及时修改完善九大高原湖泊保护条例，对涉及生态文明建设的现行法规开展多次清理，重点领域污染防治工作扎实推进。广西对环境污染非常重视，主要采取了三方面的对策：一是2016年对目前生态环境存在的问题进行精准定位，并且深入分析环境问题的成因，然后进行政府部门责任分工；二是2017~2019年对识别的环境问题进行综合整治，从本质上解决生态保护出现的问题；三是2020年对所开展的环境整治工作进行全面评估考核。贵州依据生态和发展两条底线实行最严格的环境保护制度，落实能源和水资源消耗、建设用地等总量和强度双控行动。宁夏将保障黄河长治久安作为重中之重，统筹推进两岸堤防、河道控导、滩区治理、城市防洪，努力建设黄河流域生态保护和高质量发展先行区，加强中部荒漠草原防沙治沙及贺兰山、六盘山、罗山等自然保护区建设,划定永久性饮用水源地、森林、湿地生态保护红线,支持市县创建国家生态园林城市和环保模范城市。青海制定了生态文明制度建设总体方案,率先在全国省级层面对生态文明体制改革做出顶层设计,在追求经济GDP的同时也要重视环境保护,坚持对三江源地区不考核GDP,并且尝试把生态环境保护量化成可考核的指标体系,通过制度体系保障环境保护落到实处。

内蒙古2016年落实环境保护"党政同责、一岗双责、失职追责"责任制;2017年实施最严格的水资源管理制度,建立项目环评与规划环评联动机制;2018年重新组建生态环境厅,对城市和农村的垃圾排放进行统一监督和管理,凡是不符合排放标准的一律按规处罚;2019年组建自治区生态环境保护督察办公室和东、中、西部督察专员办;2020年积极推动生态环境立法,施行《内蒙古自治区水污染防治条例》《内蒙古自治区乌海市及周边地区大气污染防治条例》。为了维护青藏高原的生态环境,西藏民众自发组织力量进行看护,自治区政府出台更加完善的生态补偿机制,让那些为了保护环境而有所付出的农民获得应有补偿。新疆颁布实施《新疆维吾尔自治区实施〈中华人民共和国水土保持法〉办法》《乌鲁木齐市大气污染防治条例》《野生植物保护条例》《湿地保护条例》《煤炭石油天然气开发环境保护条例》等30余部地方性法规,两次修订《环境保护条例》,实行最严格的生态保护制度和空间用途管制制度。

(九)全面加强党对社会治理的领导

民族地区所取得的一系列治理成果取决于坚持党的全面领导,尤其在基层治理领域,党建更是发挥了重要的引导作用,通过党建引领基层治理能力现代化的实现,或者说卓有成效的党建是提升基层治理能力的最强动力与根本保障。云南制定的《关于加强和改进城市基层党建工作的重点任务清单》,对推进城市基层党建工作提出五个方面21条明确要求,打造以昆明为龙头、区域性城市为重点、边境城市为特色、中小城镇为支撑,具有云南特色的城市基层党建创新发展道路。广西积极落实网格党建工作,借助街道"大工委"、社区"大党委"共驻共建资源，实施"网格收单、街道分单、大工（党）委审单、单位领单、群众评单"五单工作法。贵州尝试通过基层村组织实现党建与业务工作的结合，让党建落到实处，如贵州省黔南州荔波县梦柳镇政府探索以"党建式管理"的方式发动基层力量维护旅游市场秩序。宁夏健全完善党委主导下的治理体系建设，党在基层治理的各个领域都发挥作用，除了各级政府党委需要积极引导社会治理外，还充分调动了社会中党员的力量加入社会治理体系构建。青海着力健全完善了城乡社区治理组织体系，以社区为依托推动建立区域化党建新格局，加强社区党建，把健全基层党组织、加强基层党的建设、巩固党的执政基础作为贯穿社区治理和基层建设的主线，深入探索加强基层党的建设引领社会治理的路径。

内蒙古坚持以习近平新时代中国特色社会主义思想为指导，确保党中央、国务院决策部署落实到位，准确把握党中央对自治区的战略定位。西藏无论是在经济发展、提高人民生活质量的物质领域，还是在环境保护的生态领域，抑或是在加强中华民族共同体建设的精神领域，都是将党委放在绝对的领导位置不容动摇。新疆在推动社会治理工作不断前进的过程中，坚决贯彻党的群众路线，由自治区党委领导的"访惠聚""民族团结一家亲"等活动即是党的群众路线教育实践活动的重要组成部分。

二 民族地区本土化发展特色

习近平对云南提出"建设成为我国民族团结进步示范区、生态文明建设排头兵、面向南亚东南亚辐射中心"战略定位，"十三五"期间，云南加快推进社会治理体制改革，从构建"社会治理新格局"到打造"社会治理共同体"，再到坚持和完善"共建共治共享的社会治理制度"，取得了教育、医疗卫生、人口户籍、民族团结进步、边疆繁荣稳定、宗教和顺六个方面的社会发展硕果，为社会更进一步发展创造了良好的条件。

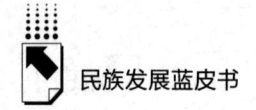

广西深刻把握社会发展的主要方向，把发展重心落到城乡社区，加强了社区服务和管理能力，创建了完善的社会治理体系。政府充分调动社会组织参与社会治理的积极性，尝试以项目的形式让社会组织承担部分社会治理职能。以南宁市乐益行社会工作服务中心为例，政府将戒毒后续工作交付给该社会组织，并且与该社会组织建立了具体的职能分工关系，激励社会组织在社区治理中发挥其自治功效。提高群众对于公共事务的参与度，推动在多元参与治理格局下实现内部微治理，完善由社区居委会和物业公司"互融互通"的治理机制，将物业管理和行政管理整个纳入社区服务和管理体系。社会组织的利用激活了社会自治积极性和动力，最终为广西就业、教育、医疗、养老的基础民生建设营造了良好的制度环境。

贵州社会发展最大的成效在于取得脱贫攻坚决定性胜利，并且创造了扶贫的"贵州样板"。贵州作为全国扶贫开发攻坚示范区，是全国脱贫攻坚任务最为繁重的省份，是全国脱贫攻坚的主战场和决战区。到2015年底，贵州尚有493万建档立卡贫困人口，占全国贫困人口的8.8%。为确保到2020年与全国同步全面建成小康社会，2019年贵州7个深度贫困县率先实现脱贫摘帽，9个剩余深度贫困县减贫34万人，占全省脱贫人口的27%，凸显脱贫攻坚成效。① 贵州脱贫攻坚连战连捷，贫困人口由2012年的923万人减少到2020年的30.8万人，累计减贫892.2万人，每年减贫超过100万人，贫困发生率从26.8%降至0.85%，57个贫困县脱贫摘帽，在国家脱贫攻坚成效考核中连续4年综合评价为"好"，由全国贫困人口最多的省份转变为减贫人数最多的省份。② 2020年11月24日，贵州曾经的66个贫困县全部脱贫摘帽，成功消除了区域性绝对贫困。

"十三五"时期，宁夏在社会发展方面取得长足进步，无论是在改善民生、加强基层社区的治理能力现代化方面，还是在整合各种资源构建公共安全体系领域，抑或是在加强城乡社区治理、创新社会治理方式等方面都取得

---

① 《精准施策 分类指导 脱贫攻坚取得根本性胜利》，贵州省人民政府网，http://www.guizhou.gov.cn/xwdt/rmyd/202004/t20200408_55840289.html，2020年4月8日。
② 《孙志刚在贵州省2020年脱贫攻坚"七一"表彰大会上的讲话》，贵州党建云，2020。

了显著成效、积累了不少经验，其中"智慧宁夏"代表了宁夏应用新一代信息技术在社会治理智慧化创新上的重要探索。基础设施逐步完善的"智慧宁夏"开始应用于政务、交通管理、司法、扶贫、教育、医疗卫生、人力资源与劳动保障监察等社会治理领域，推出"我的宁夏"App、银川市民大厅智能机器人业务办理服务、智慧公安"宁警通"平台、"掌上公交"App、盐池县智慧扶贫综合管理服务平台、青铜峡市法律援助中心法律智能终端机法律服务、"互联网+教育"和"互联网+医疗卫生"，启动建设银川市"智慧人社+劳动保障监察"监管服务平台。以"智慧宁夏"为代表的新技术应用于社会治理创新实践，提升了宁夏社会发展的智慧化、信息化、现代化水平，进而推动了社会治理与服务的社会化、法治化、专业化、精细化和精准化，最终增强了社会发展效能和群众获得感。

青海社会发展主要体现在基础设施、公共服务、民生保障领域发生的巨大变化。2019年，青海六个自治州实现地区生产总值1139.12亿元，比2015年累计增长23.2%。城镇、农村居民人均可支配收入分别为34481元和11556元，较2010年增加1.33倍和1.75倍，提前实现了翻一番目标，基本公共服务主要指标达到西部地区平均水平。公路从新中国成立初期的不足500千米增至8万千米，铁路实现从零到2000千米的突破，以机场、高铁、高速公路为骨架的立体交通网络基本形成，世代逐水草而居的牧民住上了定居房。把民生工程和公共服务延伸覆盖到全省各宗教领域，累计下达资金近14亿元，实施各类项目6492个，解决了一批寺庙水电路等方面的现实困难，增强了教职人员对党和政府的向心力。加大省佛学院、经学院建设力度，制定落实教职人员五年培训规划，实施"123高僧大德培训工程"和省州县乡四级培训机制，每年培训教职人员1.2万人次，使教职人员的爱国爱教、守法持戒、维护祖国统一和民族团结的意识更加牢固。

内蒙古发展成效主要体现在公共服务体系建设完善和民族团结两个方面。全区城镇社区综合服务设施基本实现全覆盖，深入实施农村牧区人居环境整治行动。2020年内蒙古自治区发布首批农村牧区公共服务体系十大典型案例，对于助推农牧区社区治理快速发展发挥重要作用。开创了民族团结进步事业新局面，完善差别化支持政策，深入推进兴边富民行动，进一步支持乌兰牧骑事业繁荣发展。举办内蒙古自治区成立70周年大庆，开展鄂温克族自治旗、莫力达瓦达斡尔族自治旗成立60周年庆祝活动，始终牢记习近平"扎实推进民族团结和边疆稳固"的殷切期望，深入推进兴边富民行动，持续深入开展民族团结进步创建工作。

习近平对西藏发展的主要目标给予准确定位，"依法治藏、富民兴藏、长期建藏、凝聚人心、夯实基础"①，也就是落实发展与稳定的双重任务。西藏发展主要体现在基础设施和公共服务方面。"十三五"以来西藏综合交通体系不断完善，目前进藏公路基本实现全线黑色化，连接国内外的航线达到120条，川藏铁路拉林段已基本建成，林芝至雅安段已经动工；全区能源保障能力显著加强，电力装机容量达401.85万千瓦，比2015年增加152万千瓦；全区信息化水平不断提高，实现全部685个乡镇100%通光纤，并实现4G通信全覆盖。②完善财政教育保障政策，实现学前至高中阶段十五年教育"三包"；卫生健康事业发展投入逐年增加，重点支持自治区医院、重点医院、基层医疗卫生服务体系、公共卫生服务体系、信息化建设等五大类431个子建设项目。为了维持西藏的稳定，全面落实党的宗教政策和国家法律法规，建立完善依法管理机制，加快制定完善宗教事务配套法规体系。西藏先后研究制定了《西藏自治区藏传佛教活动场所登记管理办法》《教职人员登记管理办法》等一系列法律法规。这说明，西藏已经把宗教事务纳入法治体系，让宗教事务也能依法治理、有序开展。

新疆的发展成效主要体现在经济快速增长和反分裂两个方面。2014～2019年，新疆地区生产总值年均增长7.2%，居民人均可支配收入年均增长9.1%，所有地州市迈入高速公路时代，累计脱贫近300万人。19个援疆省市加强全方位对口支援，累计投入援疆资金（含兵团）964亿元，实施援疆

---

① 《2015年8月习近平同志在中央第六次西藏工作座谈会上的讲话》，新华网，http：//news.xinhuanet.com/mrdx/2015-08/26/c_134556316.htm，2015年8月26日。
② 《"十三五"期间中央3136亿元投资西藏经济社会发展》，新华社客户端，https：//baijiahao.baidu.com/s/id=16869629460612281618&wfr=spider&for=pc。

项目1万余个，引进援疆省市企业到位资金16840亿元，中央企业投资超过7000亿元。① 在国家反恐法律体系的基础上，近年来新疆先后出台了《新疆维吾尔自治区宗教事务条例》（2014年修订，2015年实施）、《新疆维吾尔自治区实施〈中华人民共和国反恐怖主义法〉办法》（2016年实施）、《新疆维吾尔自治区去极端化条例》（2017年实施），为遏制、打击恐怖主义、极端主义提供了有力的法律武器。依据上述法律法规，在境外势力渗透的严峻形势下，新疆有效打击了恐怖势力、除掉了非法宗教组织，从而维护了新疆的和平发展。

三 社会发展的创新探索

云南牢牢把握团结和民主两大主题作为社会发展的主线，创新政协协商与其他协商形式的有效衔接社会治理模式。云南不断推进协商民主广泛、多层、制度化发展，调动基层各界群众、人民团体、社会组织有序参与基层公共治理的积极性，推进治理体系和治理能力建设。昆明市官渡区通过示范典型的探索引领，以点带面推动基层协商民主建设，把协商民主的理念方法融入基层领导执政、科学决策施政、社会治理创新的重要基础工作之中，坚持"一核多维、共建共享"的社会治理思路，积极调动各界群众、人民团体、社会组织积极参与基层公共治理。通过民主协商的方式，实现了社区的事由居民商量着办。②

广西利用民族地区传统社会组织展开有效的社会自治，提升社会发展水平，这是民族地区为了提升民族民众公平感的有效创新。仫佬族是广西世居民族之一，在传统宗族制度下形成了"冬头裁决"的规约制度，新中国成立以后，"冬头裁决"被赋予了新的形式和内容，尤其在一般民间纠纷中，

---

① 《习近平出席第三次中央新疆工作座谈会并发表重要讲话》，《环球时报》2020年9月26日。
② 本报评论员：《社会治理的官渡模式：基层民主协商，社区的事由居民商量着办》，《春城晚报》2020年5月15日。

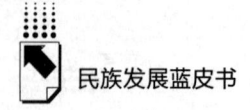

为基层治理发挥着作用。所谓"冬"是指传统少数民族中德高望重的代表者,他们在民族村落实行法治时可以发挥很好的调节作用,通过他们可以让法治意识和执法结果更加容易被当地村民所接受。广西罗城仫佬族居住地区成立的妇女中心户组织,积极调动民间力量发挥自治功效,选取当地德高望重、让村民信任的女性农民组成该社会组织,在面对一些家庭矛盾时,她们能够发挥润滑剂的作用。她们设身处地地解决家庭矛盾,有效避免了矛盾激化。

贵州为了激发民族群众的内生发展动力,创新和整合了民间习惯法,利用当地非正式规则加强民众主人翁意识。以贵州苗族聚集地为例,传统苗寨治理几乎没有官方介入,一般依靠民间的议榔组织发挥基层治理功效,维持农村的整村运作。议榔规约对生产、生活、伦理道德行为都有明确规定,家庭角色中责任与义务的承担有具体界定。侗族内部习惯法被称为"侗款"。"侗款"的管辖范围极其宽广,对当地的伦理道德、生活习性等方面都有详细规定。当前农村所构建的乡规民约也是对传统习惯法的继承和发展,少数民族社会生活离不开习惯法。政府对习惯法内容取其精华、去其糟粕,在民族村寨选取村干部时,除了在少数民族村寨执行政府政策方针外,还需要结合少数民族传统治理方法加以整治和建设。在提高寨老威望、加强党的政治思想教育的基础上,要求寨老以大局为重,服从村党支部和村委领导,配合村干部做好全村工作,修订村规民约,以避免其内容与国家政策法律相冲突。

宁夏在社会化、精细化、智慧化、法治化方面持续创新社会治理方式,提升社会发展的生产力。坚持党建引领、政府负责,打造"人人有责、人人尽责、人人享有"的社会治理共同体,发动企事业单位、社会团体、专业组织、自治组织、社工、志愿者、居民群众等各类社会主体和社会力量参与社会治理,推动社会治理社会化。将网格化服务管理模式从城市社区向农村社区推广,进一步完善社区网格化服务管理,积极探索"互联网+"网格社区治理方式,进一步提升基层社会治理的精细化与精准化。推动互联网、物联网、大数据技术与县域社会治理进一步融合,如银川市金凤区建成智慧社会治理平台，提升了县域社会治理的信息化、智慧化水平；银川市西夏区积极探索在社会治理领域引进区块链技术。加强社会治理的法治保障，坚持和完善新时代"枫桥经验"，探索市域社会治理的本地模式，建立政治引领、法治保障、德治教化、自治强基、智治支撑的"五治体系"，增强市域社会治理工作的定力、潜力和活力，提高治理精准性，为社会发展创设了外在公平制度支持环境。

青海创新了社会治理的"小网格"模式，为社会稳定发展保驾护航。在西宁市、德令哈市等地的社区建立了精细化网格化管理体系，网格划分标准是社区的入住户数及安全情况，一个社区由不定数额的网格组成，以网格为组织单位内设管理人员、网格员等工作人员。网格的运营经费由政府出资，网格的主要职责是了解该网格居住人口的基本情况，提供服务、化解社会矛盾。农村的网格划分标准则是依据村内小组的地点分布、民众生活习性等，基本保障一个村设置一个网格，对网格内居民的基本生活信息进行准确把握。在牧区将游牧民定居小区按建设标准划分为示范型小区、标准型小区、推进型小区等，主要开展基本小区配套服务、就业指导等业务。青海的网格化管理已经实现了全省推广，并且构建了州（市）、县（市、区）、乡镇（街道）、村（社区）、网格五级社会综合治理体系。

内蒙古地处北疆，根据地域特色其社会发展创新主要体现在经济领域和精神领域。经济领域根据其紧邻俄罗斯的特色，深度融入"一带一路"，积极参与中蒙俄经济走廊建设，释放开放活力。研究制定出台与国家法律相配套、与内蒙古高质量发展要求相适应、具有鲜明地方特色和民族特色的地方性法规。精神领域广泛开展富有内蒙古地域特色的群众性精神文明创建活动，学习英雄，学习楷模，将传承中华优秀传统文化、红色文化，推进草原文化与提升全社会道德水平和文明程度相结合。只有提高社会思想道德素质和文明程度，才能为法治内蒙古建设创造良好的人文环境，才能在法治与德治相结合中深入推进内蒙古地区社会治理。

西藏结合自身特点将社会发展重点领域放在寺庙管理、防止境外反华势力渗入、管控正确宗教方向方面。为此，当地党委和地方政府以综

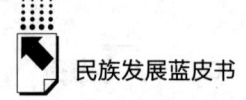

合社会治理为抓手,加大了对寺庙管理的强度。寺庙被纳入政府管理中,规定寺庙管理体系内需要有党员干部的加入,这样就能精准掌握寺庙的具体信息,并且还能够有效引导和把控寺庙宗教的发展方向。"围绕教育、管理、服务三项职能",在治理机制方面,"建管理机构、建党组织、建领导班子、建干部队伍、建管理职能、建管理机制";在治理网络方面,实现"每个驻寺干部与一至几名僧尼交成朋友、开展一次家访、办一件实事、建一套档案、畅通一条联系渠道,形成一套管委会、寺庙、僧尼家庭协调联动的管理机制";在公共服务方面,使每个寺庙"有领袖像、有国旗、有路、有水、有电、有广播电视、有通信、有报纸、有文化书屋";在社会保障方面,落实"医疗保险、养老保险、低保、人身意外伤害保险全覆盖,免费为在编僧尼进行健康体检";在教育引导方面,"开展和谐模范寺庙暨爱国守法先进僧尼创建评选","开展以弘扬历代高僧大德'爱国爱教、遵规守法、弃恶扬善、崇尚和谐、祈求和平'为主题的法制宣传教育","实施百名高僧大德培养工程","开展爱国爱教宣传服务下乡活动,完善利寺惠僧措施"。这些措施确保了"宗教和睦、佛事和顺、寺庙和谐"。①

新疆为了防止民族分裂暗流问题,自治区党委部署开展了"访民情、惠民生、聚民心"活动(以下简称"访惠聚"活动)促进社会发展。"访惠聚"活动是针对基层治理开展的项目,是为了把握民众精神领域的真实动态而创设的,是新疆为了应对新局势创建的新型治理方式。"访惠聚"顾名思义,"访"就是要求基层干部和驻村干部定期入户访谈,了解所管辖住户的具体情况;"惠"就是为民生项目配备了惠民资金,入户干部根据民众具体所需制订改善民生项目;"聚"则是该项治理措施的最终目标,让各族人民形成中华民族共同体的强烈认同,通过修建基础设施为民众办实事的方式,进一步增强民众对党和政府的信任。

---

① 中共西藏自治区委员会:《创新社会治理体制 推进西藏长治久安》,《求是》2014年第8期。

结　语

"十三五"时期，民族八省区（内蒙古、新疆、广西、宁夏、西藏、青海、云南、贵州）在民生工程和基础性制度两个领域取得了历史性的社会发展成效，尤其突出的是民族地区全部如期完成了脱贫攻坚任务。在完成既定扶贫任务的基础上，当地政府还根据民族地区的不同环境特点，充分挖掘本土化特色创新了差异化发展方案。其中，云南推出了广泛民族参与基层治理、广西发展重心在城乡社区、贵州脱贫创建了"贵州实践"、宁夏将信息技术应用于社会治理创新了"智慧宁夏"、青海的公共服务覆盖了宗教领域、内蒙古推进民族团结和边疆稳固、西藏明确了发展与稳定的双重任务、新疆实现了经济增长和反分裂的辩证统一。总而言之，民族地区在2016~2020年不但解决了绝对贫困问题，还为乡村振兴的实现建构了坚实的物质基础，更是探索了适合当地农村发展的模式。

分 报 告
Sub-Reports

B.2
内蒙古自治区社会发展报告[*]

王红艳[**]

摘　要： "十三五"以来，内蒙古自治区进一步筑牢民生工程，深入推进社会发展基础性制度改革创新，内蒙古自治区社会发展创新主要成效包括：全区社会发展民生之底进一步兜牢兜准，全区基础性制度不断完善，全区社会发展安全稳定的法治氛围更加浓厚，法治政府、创新政府、服务型政府、诚信政府建设加快。内蒙古自治区社会发展创新的成效进一步表明未来内蒙古自治区社会发展，必须处理好激发社会活力与维护社会秩序、保障市民权利与维护社会稳定、法治与德治、共建共治共享、发展创新与民生的关系，必须坚持和完

---

[*] 本报告为教育部一般项目"农地确权后西北民族地区'外来耕户'双重边缘处境与生计问题研究"（17YJC850011）、内蒙古社科规划一般项目"内蒙古农牧区土地草原确权中新人地矛盾的生成机理与化解机制研究"（2017NDB036）的阶段性成果。本报告数据如无特殊说明，均来自《内蒙古自治区政府工作报告》（2016~2020年）。

[**] 王红艳，博士，内蒙古大学民族学与社会学学院副教授。

善民族区域自治制度，确保党中央政令畅通，支持各民族发展经济、改善民生，以铸牢中华民族共同体意识为新时代党的民族工作的主线，继续保持模范自治区崇高荣誉，广泛加强各民族之间交往交流交融。

关键词： 社会发展　发展成效　发展经验　内蒙古

一　社会发展主要进展

（一）不断筑牢民生工程[①]

1. 脱贫攻坚工作取得决定性进展

2016年内蒙古自治区全区全年21万以上贫困人口稳定脱贫、12个自治区级贫困旗县摘帽。2017年全区全年减贫20万人。2018年全区全年减贫23.5万人，10个国家级贫困旗县和13个自治区级贫困旗县全部摘帽。2019年全区全年14万贫困人口脱贫、20个国家级贫困旗县全部摘帽。

2. 城镇新增就业人数持续上升，登记失业率降中有升

由表1可以看出，2016~2019年，内蒙古城镇新增就业人数整体稳定，2016年全区城镇新增就业人数为26.8万人；2017年、2018年城镇新增就业人数连续下降，分别为26.1万人、25.9万人，两年共减少0.9万人；2019年城镇新增就业人数为26.3万人，新增就业人数比2017年和2018年有所增加，但比2016年减少0.5万人。全区城镇登记失业率降中有升，2016~2018年城镇登记失业率逐年下降，2019年城镇登记失业率升至3.70%。

[①] 2017年数据来自《2018年内蒙古自治区政府工作报告》，其他年份数据来自内蒙古自治区住建厅年度工作报告。

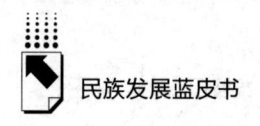

表1　2016～2019年内蒙古全区城镇新增就业人数、登记失业率统计

单位：万人，%

年份	新增就业人数	登记失业率
2016	26.8	3.65
2017	26.1	3.63
2018	25.9	3.58
2019	26.3	3.70

资料来源：该部分数据来自《内蒙古自治区国民经济和社会发展统计公报》（2016～2019年），其中2016年登记失业率来自《内蒙古统计年鉴》（2019年）。

3. 城乡居民收入基本保持稳定增长

由表2可以看出，2016～2019年内蒙古自治区全区城乡居民人均可支配收入基本上保持持续稳定增长；其中2016年全区全年全体居民人均可支配收入为24127元，到2019年时全区全年全体居民人均可支配收入达30555元。依常住地划分，2016年内蒙古全区城镇常住居民人均可支配收入为32975元，2019年全区城镇常住居民人均可支配收入为40782元；2016年农村牧区常住居民人均可支配收入为11609元，2019年全区农村牧区常住居民人均可支配收入为15283元。

表2　2016～2019年内蒙古自治区全区人均可支配收入统计

单位：元，%

年份\收入	全年全体居民	比上年增长率	城镇常住居民	比上年增长率	农村牧区常住居民	比上年增长率
2016	24127	6.8	32975	6.5	11609	6.5
2017	26212	6.8	35670	6.4	12584	6.7
2018	28376	6.4	38305	5.5	13803	7.7
2019	30555	5.2	40782	4.1	15283	7.7

资料来源：该部分数据来自《内蒙古自治区国民经济和社会发展统计公报》（2016～2019年），比上年增长率为扣除价格因素后实际增长率。

4. 社会保障制度不断完善

2016～2019年全区社会保险覆盖面与补助范围不断扩大，2016年提出实施全民参保计划，2017年增加边民补助和高龄津贴，2018年全区养老、低保、医保、困难残疾人以及特困人员和边民补助标准再次提高，同时其补助范围不断扩大，2019年进一步完善退役军人服务保障体系。养老保险制度改革有序推进。2016年全区全面实施机关事业单位养老保险制度、有序推进养老保险制度改革，落实国家精简归并"五险一金"三项养老保险制度改革。2017年开始全区实行统一式城乡居民医疗保险制度并实行城乡居民异地就医直接结算。2019年强化企业职工基本养老保险并进一步提高退休人员养老金、城乡最低生活保障标准。社会救助体系建设进一步健全，2016年全区加强社会救助体系建设。2018年落实社会养老机构补贴政策。2019年不断完善城乡低保、临时救助、抚恤优待等制度。

5. 全区保障性安居工程扎实推进

2016年全区各类棚户区改造开工共计23.5万套，开工率达106.3%；全区农村牧区危房改造开工共计32.5万户，开工率达162.5%，竣工31.1万户。2018年全区棚户区改造开工14.2万套，开工率100.8%，基本建成13.6万套，约34万住房困难群众改善了住房条件；全区农村牧区"四类重点对象"①危房改造开工6.02万户，开工率100%，其中建档立卡贫困户危房改造开工2.95万户，竣工2.85万户。2019年全区棚户区改造开工5.3万套、开工率100.2%，基本建成4.6万套、完成率170.4%；全区农村牧区危房改造全部竣工，全年实施"四类重点对象"危房改造1.8万户、竣工率100%，8073户建档立卡贫困户危房实现"清零达标"。

（二）不断推进社会发展基础性制度改革创新

1. 推动各级各类教育协调发展

学前教育覆盖面不断扩大，2016年全区实施第二期学前教育三年行

---

① 中央支持的农村危房改造"四类重点"对象分别为：建档立卡贫困户、低保户、农村分散供养特困人员和贫困残疾人家庭。

动计划，2018年学前教育三年毛入园率高于全国平均水平14.5个百分点，2019年扩大普惠性学前教育资源覆盖面。义务教育实现基本均衡，2016年全区34个旗县通过国家义务教育均衡发展验收，2017年累计有93个旗县（市、区）通过国家义务教育均衡发展评估认定，2018年102个旗县（市、区）通过国家义务教育均衡发展评估认定标准，2019年全区103个旗县（市、区）义务教育实现基本均衡。此外，高中教育向普及化继续推进，2018年全区实施高中教育普及攻坚计划，2019年全年高中阶段毛入学率高于全国平均水平5.7个百分点。高等教育一流学科内涵式发展不断加快，2016年统筹推进国内一流大学、一流学科建设，2019年高校"双一流"建设深入推进，优势学科和专业建设进一步加强。职业教育与民族教育进一步发展，2017年全区加快构建校企合作与产教融合的现代职业教育体系，2018~2019年不断深化产教融合、校企合作。2016年颁布施行《内蒙古自治区民族教育条例》，2017年民族教育整体发展水平走在全国前列，2018年、2019年提出优先重点发展民族教育，民族教育水平进一步提高。

2. 深入推进内蒙古现代医疗卫生事业制度建设

2016~2019年全区医药卫生体制改革不断深化，2016年全区继续深化城市和旗县区公立医院改革并推进分级诊疗试点与医师多点执业改革；2017年坚持医疗、医药、医保"三医联动"与全面实施城市公立医院综合改革项目；2019年全区持续深化公立医院综合改革、加快分级诊疗制度建设、完善药品供应保障制度，提高医疗、医保、医药联动水平，扩大定点医疗机构覆盖面。2016~2019年全区重大疾病防控不断加强，其中2016年提出健全全区突发公共卫生事件应急机制体系；2017年提出做好公共卫生和重大疾病防控工作；2018年提出加强健康教育和慢性病防治；2019年加强实施基本公共卫生服务、重大疾病防控和地方病防治工作。加快发展蒙中医药事业，2016年提出推进蒙中医药事业加快发展；2017年自治区重点卫生项目和旗县蒙中医院建设开始推进；2019年蒙医药振兴行动计划进入实施阶段。

3. 全区常住人口平稳增长，计划生育制度不断完善，"全面二孩"政策持续发挥作用

如图1所示，2016年以来，年末全区常住人口平稳增长，2016年末全区常住人口为2520.1万人，2017年末全区常住人口为2528.6万人，2018年末全区常住人口为2534.0万人，2019年末全区常住人口为2539.6万人，2019年末全区人口比2016年末增长19.5万人。2016年、2017年两年计划生育服务管理进一步完善，一对夫妇可生育两个孩子政策全面实施；2018年开始加快促进计划生育政策和经济社会政策衔接工作；2019年，全区共出生20.88万人，比上年减少0.26万人。受"全面二孩"政策累积势能释放回落的影响，2019年全区出生人口比"全面二孩"政策实施之初的2016年22.72万人减少1.84万人，2019年全区出生人口较近5年出生人口总量最低年份2015年的19.36万人略增1.52万人，由此可以看出"全面二孩"政策仍持续发挥作用。①

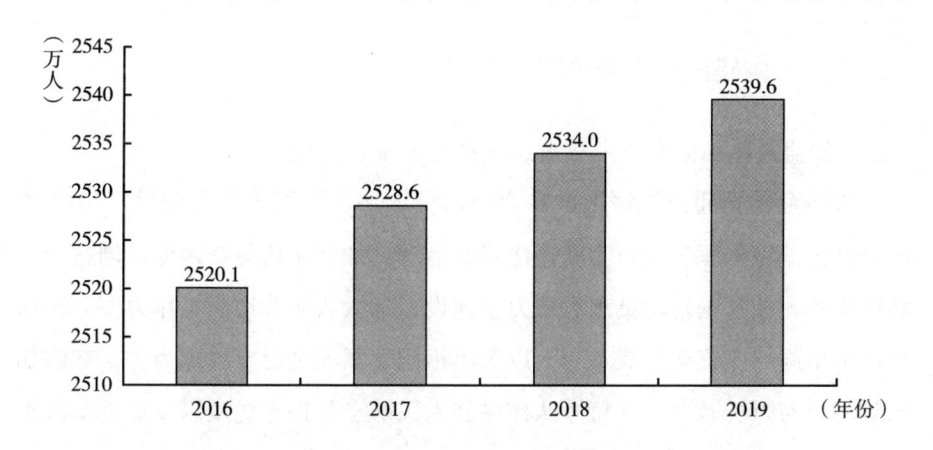

图1 2016~2019年内蒙古自治区全区年末常住人口统计

资料来源：该部分数据来自《内蒙古自治区国民经济和社会发展统计公报》（2016~2019年）。

---

① "全面二孩"数据以及分析主要参考内蒙古自治区统计局2020年5月29日发布的《2019年内蒙古自治区人口发展现状分析》，http://tj.nmg.gov.cn/fbyjd/16567.html。

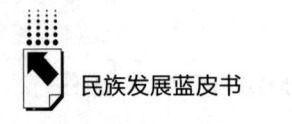

4.全国城乡统一的户口登记制度初步建立

2016年内蒙古自治区人民政府办公厅先后出台《关于进一步调整户口迁移政策加快户籍制度改革的实施意见》《关于全面做好居住证制度实施工作的意见》《关于解决无户口人员登记户口问题的实施意见》。2018年自治区党委办公厅同步制定并印发了《〈内蒙古自治区党委关于贯彻落实习近平总书记参加十三届全国人大一次会议内蒙古代表团审议时的重要讲话精神的意见〉重点工作分工方案》,提出"深化户籍制度改革,全面放开城镇落户限制,制定完善配套政策吸引农村牧区人口进城落户"。2019年内蒙古自治区人民政府办公厅出台《关于全面放开城镇落户限制深化户籍制度改革的实施意见》,农业与牧业转移人口以及退出部队现役的农村牧区籍义务兵和士官落户城镇的居住年份限制取消,全区高校毕业生、技术工人、职业院校毕业生、留学归国人员等四类人员落户限制全面放开,其他常住人口落户城镇的限制全面放开,居住证制度落地速度进一步加快。

(三)构建国家安全体制

1.按照总体国家安全观要求加强平安内蒙古建设

2016年全区重点围绕维护社会和谐稳定加强平安内蒙古建设。2017年严厉打击危害国家安全行为和违法犯罪活动,加强矛盾排查调处,创新治安防控体系,加强国防动员和后备力量建设,加大人防和边防工作力度。2018年提出牢固树立安全发展理念,以筑牢祖国北疆安全稳定屏障为主,在诸如国防动员与国防教育、支持军队建设和人民防空与拥军优属以及促进军政军民团结等方面开展工作。2019年深入推进平安内蒙古建设,全区学习推广新时代"枫桥经验",进一步推进信访法治化建设,深入排查化解社会矛盾,全面切实解决群众合理诉求,持续深入开展扫黑除恶专项斗争,铲除一批黑恶势力及其保护伞,严厉打击违法犯罪活动。2020年全区提出进一步支持国防与军队现代化建设,不断加强国防动员与国防教育和人民防空工作,不断深化扫黑除恶专项斗争。

2. 加强安全制度建设

2017年完善社会治安防控体系，加强国防和军队改革建设，加强双拥共建，推动军民融合深度发展。2018年进一步完善立体化社会治安防控体系，推进信访法治化建设，创新信访工作，健全社会治安防控体系。2019年进一步推进信访法治化建设，正式对外公布机构改革后内蒙古自治区信访局的职能配置、内设机构和人员编制规定，陆续发布全区各盟市信访局职责任务清单，全区信访系统职责任务清单体系初步形成。2020年进一步健全立体化、信息化社会治安防控体系。

3. 不断加强地区社会发展

一是推进供给侧结构性改革。2016年、2017年重点推进"三去一降一补"工作。2017年全区开展防范处置非法集资和乱办金融风险并开展农村牧区高利贷综合治理活动。2018年严格规范政府举债行为，积极化解政府隐性债务并有序处置网络借贷以及企业债券违约风险，开展整治非法金融活动，农村牧区高利贷存量明显下降。2019年巩固"三去一降一补"成果，区属"僵尸企业"基本出清。

二是着力稳定经济增长。2016年发挥投资的关键作用。2017年、2018年不断加快重大项目建设。2019年实行风险等级评定，强化政府债务管理。

三是加快产业转型升级。2016年大力发展现代农牧业、云计算、现代装备制造、新能源、新材料等产业，启动国家大数据综合试验区建设，实现了国家级企业重点实验室零的突破。2017年改造升级传统产业，产业链条进一步延伸，农牧业结构进一步优化，建成自治区科技成果交易平台，设立协同创新股权投资基金，新培育自治区级众创空间93家，新增国家级高新技术开发区1家。2019年编制现代能源经济发展战略规划，划定粮食生产功能区和重要农产品生产保护区，调整种植结构，制定奶业振兴政策措施。

四是持续以改革开放不断激发市场活力。2016年全区经济、社会和生态领域共计出台84项改革方案，共计开展66项改革试点，自治区制订参与丝绸之路经济带与中蒙俄经济走廊实施方案，二连浩特—扎门乌德跨

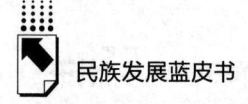

境经济合作区建设取得突破进展。2017年国有企业混合所有制改革取得新进展，土地确权实测面积完成81%、草原确权承包工作完成90%以上，推进"一带一路"、中蒙俄经济走廊建设。2018年推进电力输配电、多边交易、竞价上网等改革，外贸进出口总额突破1000亿元。2019年持续改善营商环境，市场主体增长7.2%，民间投资增长6.9%，提高对外开放水平，全区进出口总额增长5.9%，同时实施"一带一路·光明行"蒙古国行动，开展投资贸易合作、辽代文物展览、医疗服务、教育文化交流等活动。

（四）进一步健全公共安全体系，助推社会发展新格局的建设

1. 全面落实安全生产责任制，全区各类生产安全事故起数和死亡人数总体下降

2016年全面落实安全生产责任制，开展重点领域隐患排查和专项整治。2017年进一步严格落实安全生产责任制，同时加强安全生产监管能力与信息化建设，完善包括安全生产责任体系、法治体系、风险防控体系、教育培训体系和应急救援体系在内的五大体系。2016年、2017年连续两年全区各类生产安全事故起数和死亡人数继续保持"双下降"。2019年，全区共发生各类生产安全事故473起、死亡517人，同比分别下降19.3%和9.8%。[①]

2. 食品药品领域安全监管网络初步形成，监管制度进一步健全完善[②]

2016年落实覆盖全过程的食品药品安全制度，全区12个盟市食品药品监管机构全部独立设置，103个旗县（市、区）中有38个独立设置、65个综合设置，单独或按区域设置903个基层监管所，横向到边、纵向到底的四级食品药品安全监管网络初步形成。食品药品监管制度进一步健全完善，2016年启动了《内蒙古自治区实施〈食品安全法〉办法》立

---

① 该部分数据来自《内蒙古自治区安全生产监督管理局工作总结》（2016~2017年）、《自治区应急管理厅2019年工作情况报告》。

② 该部分数据来自《内蒙古自治区食品药品监督管理局工作总结》（2016~2019年）。

法调研和起草工作，《食品小摊贩备案管理办法》《网络订餐监督管理办法（试行）》等22个规章和规范性文件，进一步夯实了食品安全的法治基础。2017年落实"四个最严"要求，强化食品药品安全源头治理和全程监管。2018年进一步强化食品药品风险全程管控，深入实施食品安全战略，全面落实地方各级"四有两责"，进一步提高监督检查频次和抽检监测覆盖率。2019年进一步提升食品药品领域安全风险防控能力和质量监管能力。

3. 应急管理改革持续深化，防灾减灾救灾能力逐步提高

2019年内蒙古自治区应急管理厅"三定"方案经自治区党委、政府批准印发，基本实现了防灾、减灾、救灾、指挥、救援、监管、执法、保障等分工清晰、互为衔接的内部职能体系。12个盟市103个旗县（市、区）应急管理局全面组建，自治区应急管理指挥体制体系初步建立，探索建立了适应部门职责调整变化的联合会商、信息共享、部门联动、军地协同、专家辅助决策等工作机制。全区应急管理新的机制基本形成，新部门、新机制、新队伍的优势日益显现。修订了防汛抗旱、森林草原防灭火、地震、地质灾害等多部专项应急预案，着力界定事故灾害"防"与"救"的职责边界，厘清"统"与"分"的协作关系。[1]

（五）社会诚信制度建设加快，提升社会发展精细化水平

1. 不断加快诚信政府建设

2016年政府文件合法性审查机制建立，电子政务和网上办事得到进一步推广，新型智库建设加强，决策咨询制度进一步健全。2017~2019年连续3年提出各级政府要言必信、行必果，新官也要理旧账。2017年内蒙古自治区人民政府印发《关于加强政务诚信建设的实施方案》，进一步加强行政监察和审计监督。2018年提出各级政府要把诚信施政作为重要准则，发扬"钉钉子"精神并通过提升政府执行力进一步提高政府

---

[1] 该部分数据来自《内蒙古自治区应急管理厅2019年工作情况报告》。

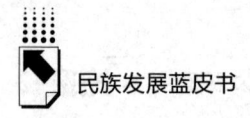

诚信力水平。2019年提出提高公信力和执行力，在诚信社会建设中做出表率，落实政府法律顾问制度；2019年内蒙古自治区地方预决算公开度在全国排名第三。①

2. 不断完善新闻发布制度

2016年政府网站公共信息传播功能得到优化，新媒体建设加强，政策解读工作的质量得到提高，全年全区共举办新闻发布会727次，政府网站在线访谈1335次，通过各类形式发布政策解读稿5411篇，通过政务微博、微信发布政策解读16378条。2017年按照"以公开为常态，不公开为例外"原则，推行新闻发布常态化，全年自治区各级政府及部门共举办新闻发布会874次，政府网站在线访谈834次，通过各类形式发布政策解读稿7644篇，通过政务微博、微信发布政策解读20162条。2018年围绕改革开放40周年以及三大攻坚战等，自治区政府召开新闻发布会共计110场。2019年不断提高新闻发布质量，自治区政府举办新闻发布会共计137场并压减会议32%，同时进一步压减规范性文件53%。②

3. 政府信息公开深入推进

2016年发布《内蒙古自治区党委办公厅 自治区人民政府办公厅印发〈关于全面推进政务公开工作的实施意见〉的通知》，对全区政务公开工作进行了安排部署，统筹推进政府信息公开。2017年进一步加强制度建设，出台《内蒙古自治区行政机关政策性文件解读工作办法》，进一步增进社会公众对重大决策、重要政策措施的理解认同。2018年通过"三个着力"，即着力推进公开制度化规范化、着力推进政务公开平台建设、着力提升政务服务工作实效进一步推进政府信息公开。2019年加强政府信息公开平台建设，有效推进、指导、协调、监督各地区各部门开展政府信息公开工作，不断提升政府信息主动公开和依申请公开水平。

---

① 该数据来自《2020年内蒙古自治区政府工作报告》。
② 该部分数据来自《内蒙古自治区人民政府办公厅政府信息公开工作年度报告》（2016~2019年）。

（六）城乡社区发展不断加强[①]

1. 加大投入推动城乡社区发展建设

2016年全区投入资金3900万元，采取以奖代补的方式对社区建设进行补助。2017年全区投入资金3900万元推动解决了114个城镇社区办公和活动场所面积不达标问题。2018年全区投入资金2700万元，采取"以奖代补"方式，对全区社区基础设施建设、社区福利性和公益性服务进行资助。2019年全区投入资金1900万元支持社区综合服务设施建设。

2. 全区城镇社区综合服务设施基本全覆盖，农村牧区社区建设试点范围不断扩大

2016年全区2171个城镇社区综合服务设施达标率88.6%，全区城乡社区综合服务设施覆盖率达96%，已建成城中村、城郊村、传统农村等5种符合自治区特点的农村牧区社区1522个，综合服务设施覆盖率达到100%。2017年全区2198个城镇社区基础设施建设面积全部达到300平方米的建设标准。2019年进一步支持社区综合服务设施建设，全区城镇社区每百户居民平均拥有面积已达到国家2020年建设标准。2017年已建成符合自治区特点的农村牧区社区2064个，较2016年底增加500余个，五原县、伊金霍洛旗、包头市青山区赵家店村和通辽市科尔沁区大草房村被民政部确定为全国农村社区建设示范旗县。2018年新建农村牧区社区试点1151个，全区农村牧区社区试点总数达3215个，资助15个国家深度贫困旗县建成60个农村牧区社区建设试点。2019年全区农村牧区社区试点数达4466个。

3. "十个全覆盖"助推农村牧区城乡社区快速发展

从2014年起，内蒙古自治区在全区实施农村牧区危房改造、安全饮水、嘎查村街巷硬化、村村通电、村村通广播电视通信、校舍建设及安全改造、嘎查村标准化卫生室、嘎查村文化活动室、便民连锁超市、农村牧区常住人口养老医疗低保等社会保障"十个全覆盖"工程。2016年，全区加大资金

---

① 该部分数据来自《内蒙古自治区民政厅工作总结》（2016~2019年）。

投入力度，动员企业、社会资金投入和农牧民投工投劳，促进各方力量积极参与农村牧区社区建设。2017年以危房改造和改善农牧民人居环境为重点，巩固"十个全覆盖"建设成果。2018年以坚持农村牧区优先发展、加强农村牧区公共基础设施建设和公共服务建设、实施农村牧区人居环境整治行动等多项举措，助推农村牧区社区快速发展。

（七）促进社会组织健康发展，推动社会组织参与社会发展[①]

1. 全区社会组织数量基本保持增长

由表3可以看出，2016~2019年全区各类社会组织数量基本保持增长。截至2019年底，全区共有各类社会组织16998个，社会团体8414个，民办非企业8444个，基金会140个。

表3 2016~2019年全国、内蒙古社会组织数量统计

单位：个

年份	社会团体 全国	社会团体 内蒙古	民办非企业 全国	民办非企业 内蒙古	基金会 全国	基金会 内蒙古	总计 全国	总计 内蒙古
2016	336000	7362	361000	6180	5559	122	702559	13664
2017	355000	7954	400000	7042	6307	120	761307	15116
2018	366234	8591	444092	7926	7034	134	817360	16651
2019	371638	8414	487112	8444	7585	140	866335	16998

2016年全区社会团体总数7362个，2017年7954个，2018年8591个，2019年8414个，2016~2018年呈逐年增长趋势，2019年比2018年减少177个。

2016年全区共有民办非企业6180个，2017年共7042个，2018年共7926个，2019年共8444个，民办非企业数量稳定增长。

2016年全区共有基金会122个；2017年120个，比上年减少2个；2018年134个，比上年增加14个；2019年140个，比上年增加6个。

---

① 该部分数据来自《中国社会统计年鉴》（2016~2019年）。

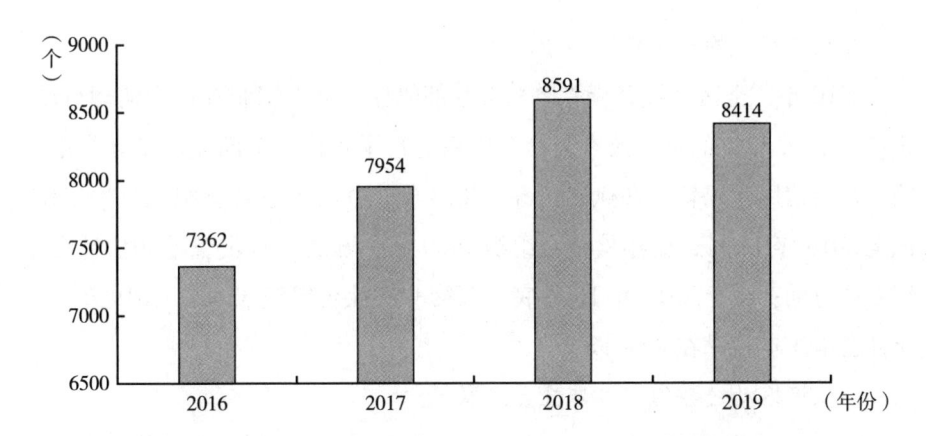

图2 2016~2019年内蒙古自治区社会团体数量变化

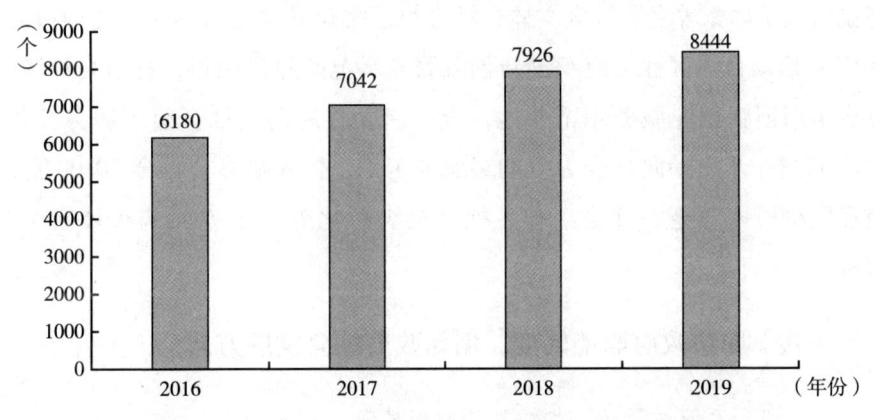

图3 2016~2019年内蒙古自治区民办非企业数量变化

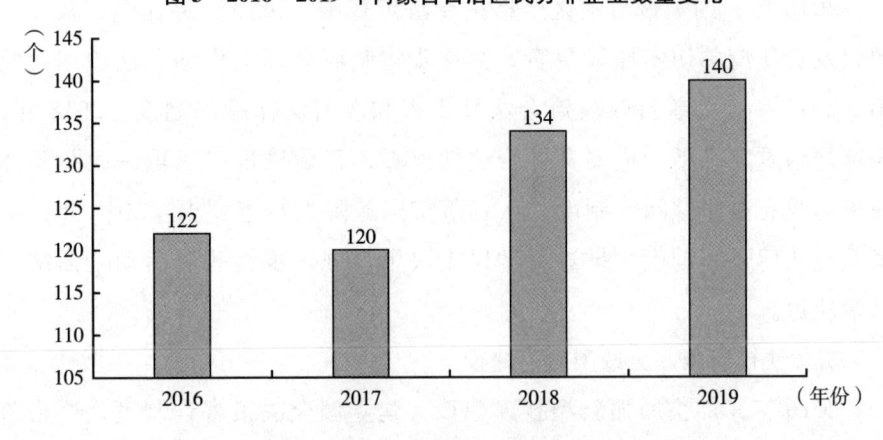

图4 2016~2019年内蒙古自治区基金会数量变化

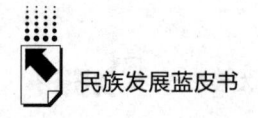

2. 社会组织规范化建设不断加强

2016年,全区持续开展党政机关干部兼任社会组织职务行为清理行动。2017年,对82%的自治区本级社会组织进行了年检,全面完成了社会组织统一社会信用代码转换和赋码任务。2018年,扎实推进社会组织年检工作,截至2018年11月,已年检社会组织1089家,开展了打击整治非法社会组织专项行动;截至2018年10月底,取缔非法社会组织33家。2019年,全年社会组织年检率在80%以上。

3. 积极推动社会组织参与社会发展

2016年安排1400多万元支持社会组织承接政府购买服务工作,在全区范围购买了居家养老、社区文体、社会组织孵化基地运营等9个方面服务。2017年启动自治区社会组织创新创业服务示范园建设项目,打造自治区级社会组织创新创业服务示范基地,全面启动政府购买社会组织服务工作。2018年进一步启动向社会力量购买服务工作,投入福彩公益金2010万元,重点围绕居家养老、社会工作、社会组织孵化等7个方面购买社会组织服务。

(八)加快政府职能转变,创新政府社会发展方式

1. 坚持全面依法行政,加快法治政府建设

2016年,内蒙古自治区严格按照法定权限、依照法定程序与权力清单以及责任清单切实履职尽责,并逐步将政府全部工作纳入法治建设轨道。2017年,完善行政决策合法性审查和政府法律顾问制度。2018年,全区严格重大事项、重要文件合法性审查,开始执行"三重一大"集体决策与政府法律顾问等制度并认真落实国务院大督查要求。2019年,落实政府法律顾问制度,推进科学民主决策,进一步将政府活动全面纳入法治轨道。

2. 加快创新型、廉政型政府建设

2016年,加快加强新型智库建设,建立健全决策咨询制度,严格落实党风廉政建设责任制。2017年,提出各级政府和政府公务员要大兴学

习之风，不断建设学习型政府、创新型政府。2018年，进一步推进政府事权规范化，提出不断增强学习、改革创新、科学发展以及驾驭风险四项本领，深入推进建设充满活力的学习型与创新型政府，深入推进政府系统党风廉政建设和反腐败斗争。2019年，提出要始终把调查研究作为基本工作方法并坚持结论产生在调查研究与科学论证基础之上，加快法治政府建设。

3. 深入推进"放管服"改革，加快服务型政府建设

2016~2019年，内蒙古自治区连续4年深入推进"放管服"改革。2016年，拓宽公共服务供给渠道，全区本级下放行政权力共计196项，同时大幅缩减企业投资项目前置审批事项，推广非涉密项目实现在线审批行动，切实提高为企业和群众办事的便利程度。2017年，营造宽松便捷的准入环境、公平有序的竞争环境和安全放心的消费环境，完善事中事后监管，实现"双随机一公开"监管全覆盖，加快工商注册多证合一，开展"减证便民"专项行动，全面清理各种证明和手续。2018年，全区推广"马上就办""最多跑一次"以及证照分离和网上审批等经验做法，同时推行"互联网+政务服务"。2019年，全区全面清理违反市场原则、妨碍生产要素流动以及影响企业活力的政策规定，大幅压缩工程建设项目审批与企业开办及商标注册时间，完善信用监管，提升监管效能。

（九）加快推进生态环境领域治理体系和治理能力现代化

1. 加强污染防治攻坚工作

党的十九大报告明确提出"要坚决打好防范化解重大风险、精准脱贫、污染防治的攻坚战"，内蒙古自治区2018~2020年连续3年将污染防治列为三大攻坚战之一。2018年制定出台《打赢蓝天保卫战三年行动计划实施方案》《水污染防治三年攻坚计划》《土壤污染防治三年攻坚计划》。2019年制定出台"散乱污"工业企业、工业炉窑、柴油货车超标排放专项治理方案，加快推进重点区域、行业、企业大气环境综合整治，出台《关于加强重点湖泊生态环境保护工作的指导意见》，印发实施《重点流域断面水质污

染补偿办法》《黄河内蒙古段生态环境保护与修复行动计划》《城市黑臭水体治理攻坚战行动方案》，组织完成"一湖两海"水质改善目标论证，制定出台《农业农村污染治理攻坚战行动计划实施方案》，完成4个土壤修复治理试点项目和332个国控监测点监测任务。2020年，自治区提出聚焦污染防治突出问题，落实各项治理措施。①

2. 不断深化环境保护发展领域改革

2016年落实环境保护"党政同责、一岗双责、失职追责"责任制，全区建立环境保护督查机制并进一步推进生态环境损害评估试点工程。2017年实施最严格的水资源管理制度，建立项目环评与规划环评联动机制，深入实施环境保护督察制度，实现自治区对盟市督察全覆盖。2018年自治区重新组建生态环境厅并统一行使生态和城乡各类污染排放监管与行政执法职责，统筹推进环保垂直管理改革，通过《生态环境机构监测监察执法垂直管理制度改革实施方案》，制定出台《关于全面加强生态环境保护坚决打好污染防治攻坚战的实施意见》《关于深化环境监测改革提高环境监测数据质量的实施方案》《生态环境损害赔偿制度改革实施方案》等。2019年持续深化改革，组建自治区生态环境保护督察办公室和东、中、西部督察专员办，加快实施生态环境机构监测监察执法垂直管理制度改革，完成盟市生态环境监测站和自治区核与辐射监测中心揭牌授章工作，12个盟市生态环境局全部完成旗县（市、区）派出分局挂牌，部分机构按新机制运行。2020年，积极推动生态环境立法，施行《内蒙古自治区水污染防治条例》《内蒙古自治区乌海市及周边地区大气污染防治条例》，全区范围内全面深化生态环境领域体制改革并不断加快推进生态环境治理体系与治理能力现代化。

3. 不断筑牢祖国北疆安全稳定屏障

2016年实施重大生态修复工程，实施新一轮草原生态补奖政策。2017年提出要牢固树立"绿水青山就是金山银山"的理念，成功承办《联合国

---

① 该部分数据来自《2020年内蒙古自治区政府工作报告》。

防治荒漠化公约》第十三次缔约方大会与第六届库布其国际沙漠论坛。2018年提出既要保护好现有的绿水青山,还要努力修复生态。2019年全区实施生态修复工程,提出把生态保护建设放在更加突出位置并进一步构筑国家北方重要生态安全屏障。2020年全区开始统筹山水林田湖草系统治理,同时开展大兴安岭与周边地区退耕还林还草还湿试点工程,推进退化草原生态修复国家试点项目与大青山生态修复工程。

(十)全面加强党对社会发展的领导[①]

1. 坚定维护党中央权威,坚持党的集中统一领导

2016年,全区自觉在思想上、政治上、行动上同以习近平同志为核心的党中央保持高度一致,深入开展"两学一做"学习教育。2017年,认真落实习近平总书记重要指示批示精神,牢固树立"四个意识",不断强化责任担当。2018年,全区以习近平新时代中国特色社会主义思想武装头脑、指导实践、推动工作,牢固树立政治意识、大局意识、核心意识、看齐意识四个意识,深入推进"两学一做"学习教育常态化与制度化,开展"不忘初心、牢记使命"主题教育活动。2019年,全区坚持以习近平新时代中国特色社会主义思想武装头脑,坚持理论联系实际,准确把握中央要求做什么、不做什么和怎么做,持续深入推进"两学一做"学习教育常态化、制度化,认真开展"不忘初心、牢记使命"主题教育活动。2020年,全区持续坚持以习近平新时代中国特色社会主义思想为指导并确保党中央、国务院决策部署落实到位,坚定不移地贯彻新发展理念,准确把握党中央对自治区的战略定位。

2. 不断改进党的领导方式和执政方式,不断完善以人民代表大会制度为核心的各项民主执政制度

2016年,全区积极组织实施政府协商计划,提请自治区人大常委会审议地方性法规共计10件,全区制定与修改并废止政府规章共计6件,

---

① 该部分数据来自《内蒙古自治区政府工作报告》(2016~2020年)。

办理人大代表建议和政协提案共计1169件，办复率达100%。2017年，全区深入开展政府协商，进一步完善行政决策合法性审查和政府法律顾问制度，提请自治区人大常委会审议地方性法规共计8件，制定、修改和废止政府规章共计35件，办理人大代表建议和政协提案共计1069件，办复率达100%。2018年，全区提请自治区人大常委会审议地方性法规议案共计27件，制定、修改和废止政府规章共计22件。2019年，全区提请自治区人大常委会审议地方性法规共计9件，制定、修改和废止政府规章共计6件，办理人大代表建议和政协委员提案总计1346件，办复率达100%。2020年，全区提出依法接受人大及其常委会监督，自觉接受政协民主监督，进一步强化审计监督并主动接受社会监督和舆论监督。

3. 全面贯彻落实党的民族政策和民族区域自治制度，开创了民族团结进步事业的新局面

2016~2019年继续完善党的民族区域自治制度。2016年，全区进一步完善差别化支持政策，深入推进兴边富民行动，着力改善边境地区农牧民生产生活条件。2017~2019年，全区持续推进兴边富民行动，加快牧业旗、边境旗市、自治旗以及民族乡等重点少数民族聚居地的发展。2017年，隆重举行庆祝自治区成立70周年大会。2018年，先后开展鄂温克族自治旗与莫力达瓦达斡尔族自治旗成立60周年庆祝活动。2017年全区实施《民族教育条例》并优先重点发展民族教育，进一步实施振兴民族医药工程，进一步保护和发展少数民族优秀传统文化，成功举办第九届全区少数民族传统体育运动会。2018年，认真贯彻习近平总书记提出的"扎实推进民族团结和边疆稳固"的要求，广泛加强各民族交往交流交融，深入推进各民族共同的精神家园建设，9个地区和单位获评全国民族团结进步创建示范区（单位）。2019年，践行守望相助理念，铸牢中华民族共同体意识，全区27个集体和33名个人被授予全国民族团结进步模范集体和模范个人称号。

二 内蒙古自治区社会发展创新的成效和经验

（一）社会发展创新的成效

1. 筑牢民生工程成效显著，进一步兜牢兜准全区社会发展的民生之底

脱贫攻坚方面，实施符合内蒙古实际的"五个一批"即通过易地扶贫搬迁工程脱贫一批、产业扶持帮助一批、教育资助一批、医疗扶助一批、社会保障兜底一批，从易地搬迁、产业、医疗与教育、社会保障方面全面推进脱贫攻坚，持续加大资金投入、强力推进脱贫攻坚工作，加大脱贫监督。2019年内蒙古自治区在全国率先开展扶贫资产清查和管理试点，实施京蒙扶贫协作，为内蒙古打赢脱贫攻坚战以及为全区巩固拓展脱贫攻坚成果与乡村振兴有效衔接奠定坚实基础。促进就业创业方面，启动实施"创业内蒙古"行动计划，形成了符合内蒙古实际的支持企业稳定就业政策机制，建立了职业技能培训制度。分配制度方面，内蒙古自治区不断深化收入分配制度改革，城乡居民收入不断提高，城乡居民之间收入差距进一步缩小。内蒙古自治区社会保障制度不断完善，全区社会保险覆盖面进一步扩大，实施三项养老保险制度改革，实现城乡居民异地就医直接结算，全区社会救助体系建设进一步加强，全区城市棚户区、老旧小区以及农村牧区危房改造工程有序推进。

2. 全区基础性制度不断完善，推进社会发展基础性制度的改革创新

全区各级各类学校教育制度不断完善，学前教育覆盖面不断扩大，义务教育实现基本均衡，高中教育向普及化推进，民族教育水平进一步提高。全区医药卫生体制改革不断深化，蒙中医药事业发展不断推进，蒙医药振兴行动计划进入实施阶段。全区常住人口平稳增长，全区城乡统一的户口登记制度初步建立。

3. 平安内蒙古建设与法治政府建设深入推进，营造出内蒙古社会发展安全稳定的良好法治发展氛围

内蒙古自治区按照总体国家安全观要求不断加强平安内蒙古建设，进一

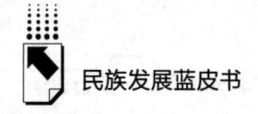

步健全立体化、信息化社会治安防控体系，积极推进供给侧改革、不断改善营商环境。加大公共安全体系建设、全面落实安全生产责任制、构建食品药品领域安全监管网络、持续深化应急管理改革，进一步助推安全建设。全区进一步加快推进生态环境领域国家治理体系和治理能力现代化，不断深化环境保护发展领域改革，进一步筑牢祖国北疆安全稳定屏障。

4. 城乡社区发展不断加强，社会组织活力不断激发，进一步夯实内蒙古社会发展的社会基础

自2016年起，内蒙古自治区不断加大投入、推动城乡社区发展建设，全区城镇社区综合服务设施基本全覆盖，深入实施农村牧区人居环境整治行动。2020年内蒙古自治区发布首批全区农村牧区公共服务体系十大典型案例，对于助推农村牧区社区快速发展发挥重要作用。全区社会组织持续健康发展，社会组织规范化建设不断加强，社会组织参与社会发展能力不断提升。城乡社区发展的加强以及社会组织的健康发展，进一步夯实了内蒙古社会发展的社会基础。

5. 加强党对社会发展的领导，全面加快政府职能转变，坚持全面依法行政，加快法治政府、创新政府、服务型政府、诚信政府建设

内蒙古自治区始终坚持党的集中统一领导，坚持以习近平新时代中国特色社会主义思想为指导，确保党中央、国务院决策部署落实到位，坚定不移贯彻新发展理念，准确把握党中央对自治区的战略定位。不断完善以人民代表大会制度为核心的各项民主执政制度，自觉接受政协民主监督，强化审计监督，主动接受社会监督和舆论监督，不断将政府活动全面纳入法治轨道，加快加强新型智库建设，始终把调查研究作为基本工作方法。2016~2019年连续4年深入推进"放管服"改革，成效显著，信用监管不断完善，监管效能持续提升，通过建立政府文件合法性审查机制、不断完善新闻发布制度，深入推进政府信息公开。

6. 坚持和完善民族区域自治制度，推进国家治理体系与治理能力现代化建设

全区全面贯彻落实党的民族政策和民族区域自治制度，不断开创民族团

结进步事业的新局面，完善差别化支持政策，深入推进兴边富民行动，进一步支持乌兰牧骑事业繁荣发展。全区始终牢记习近平总书记关于"扎实推进民族团结和边疆稳固"的殷切期望，深入推进兴边富民行动，持续深入开展民族团结进步创建活动，推进了国家治理体系和治理能力现代化。2019年，少数民族流动人口服务管理试点工作在呼和浩特市开展，城乡社区被进一步打造成各民族群众共居共学共事共乐的大家庭，各民族群众逐步由空间嵌入拓展到经济、文化、社会和心理嵌入，为进一步构建互嵌式社会结构奠定坚实基础。①

（二）社会发展创新的经验

自治区社会发展成效表明，新时代内蒙古自治区社会发展必须处理好活力与秩序、维权与维稳、法治与德治、共建共治与共享、发展与民生五大关系，深入加强民族团结、不断完善坚持民族区域自治制度，铸牢中华民族共同体意识，加强各民族交往交流交融。

1. 推进社会发展创新，必须处理好激发社会活力与维护社会秩序的关系

近年来，内蒙古全区经济改革取得的成效进一步表明，只有继续坚持深化市场化改革、落实国家大规模减税降费、积极开拓多元化市场、激发并壮大民营企业活力，才能深入激发社会活力。同时，内蒙古地处北疆，只有坚持以开放促改革、深度融入"一带一路"并积极参与中蒙俄经济走廊建设，才能更进一步促进开放活力。激发社会活力的同时，还需进一步维护社会秩序，坚决破除改革障碍，畅通企业诉求渠道，健全企业家参与涉企政策制定机制，继续坚持立改废释并举，积极推进"放管服"改革，进一步优化营商环境，加快研究制定出台与国家法律相配套、与内蒙古高质量发展要求相适应、具有鲜明地方特色和民族特色的地方性法规规章，通过严格落实决策程序、督促履行法定程序，强化执法监督和监督制约，只有通过维护秩序才能激发改革活力。

---

① 《自治区政府新闻办举行主题新闻发布会 铸牢中华民族共同体意识》，内蒙古自治区统计局官网，http://tj.nmg.gov.cn/zzqxx/18632.html，2020年9月28日。

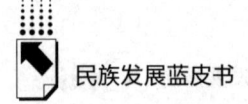

2. 推进社会发展创新，必须处理好保障公民权利与维护社会稳定的关系

近年来，内蒙古在保障全区公民权利与维护社会稳定方面取得的成效进一步表明，推进内蒙古自治区社会发展创新，必须处理好保障公民权利与维护社会稳定的关系。只有建立健全保护公民权益的体制和机制、健全合理的收入分配制度、建立覆盖城乡的社会保障制度和救助制度、建立健全信息公开发布制度，才能协调好不同利益群体的关系、维护好公民的合法权益，才能从根本上维护和谐稳定的社会环境。一是需要建立健全公民利益协调机制、诉求表达机制、矛盾调处机制、权益保障机制。二是创新信访工作，推进信访法治化，只有把群众合理合法的利益诉求解决好了，全区社会才能更加和谐稳定。三是要进一步加强食品药品安全监管、安全生产两项工作，只有保障公共安全并坚决守住全区人民群众生命健康安全防线，才能真正实现根本的稳定。内蒙古曾出现如下重大安全事故，2016年12月赤峰宝马矿业有限责任公司发生"12·3"特别重大瓦斯爆炸事故，造成32人死亡、20人受伤，直接经济损失4399万元；2019年2月和4月先后发生"2·23"锡林郭勒银漫矿业重大生产安全事故和"4·24"乌兰察布东兴化工安全事故，前起事故造成22人死亡、28人受伤，后起事故造成4人死亡、3人重伤、33人轻伤。这些安全事故的深刻教训进一步表明，只有维护社会全方面安全，才能切实保障人民群众生命财产安全，维护社会大局稳定。

3. 推进社会发展创新，必须处理好法治与德治的关系

习近平曾提出"法安天下，德润人心"，就是要坚持法德兼治。推进新时代内蒙古自治区社会发展创新，实现治理体系和治理能力现代化，必须坚持一手抓法治、一手抓德治，同时促进法治与德治相互补充、相互促进、相得益彰。一方面，只有弘扬法治精神，强化法律对道德建设的促进作用，才能深入推进德治建设。一是要进一步完善政府立法体制机制，完善立法评估机制，健全政府规章执行情况报告制度，严格执行重大行政决策法定程序，建立社会稳定风险责任倒查追究机制，建立第三方民意调查机制，提高政府立法公众参与度。二是要加强政府立法计划科学性、加强重点领域立法、进一步规范重大行政决策程序，同时加强公共法律服务，深化普法宣传教育，深入推进集法治宣传、法律咨询、法律援助、人民调解等于一体的公共法律服务平台建设。另一方面，只有在法治建设中充分体现社会主义道德建设，才能强化道德对法治建设的支撑作用。一是要大力推进社会主义核心价值观建设，深入实施公民道德建设工程，重视家庭家教家风建设，培育并践行社会主义核心价值观。二是广泛开展体现内蒙古地域特色的精神文明创建活动，同时学习英雄与楷模，将传承中华优秀传统文化、红色文化，推进草原文化与提升全社会道德水平和文明程度相结合。只有提高社会思想道德素质和文明程度，才能为内蒙古法治建设创造更加良好的人文环境，才能在法治与德治相结合中深入推进内蒙古地区社会发展。

4. 推进社会发展创新，必须处理好共建、共治与共享的关系，打造"人人有责、人人尽责、人人享有"的社会发展共同体

内蒙古自治区社会发展经验表明，进一步创新内蒙古自治区社会发展，必须立足于当代中国国家治理体系和治理能力现代化建设需要，结合自治区社会发展现状，全力打造新时代自治区各族人民共建共治共享的社会发展新格局。一是要加强党对社会发展工作的领导，坚决维护党中央权威和集中统一领导。二是要积极转变政府职能，整合各种资源和力量，充分发挥多民族打造社会发展格局的优势，结合本地特色推动社区发展进程中的社会治理工作[①]，重点扶持发展城乡牧区基层生活服务类、公益事业类、慈善互助类、专业调处类、治保维稳类等社会组织，发挥基层社会组织在社会发展中的重要作用。三是要运用法治方式和现代科技加强源头治理。

5. 推进社会发展创新，必须处理好发展创新与民生保障的关系

创新社会发展中一个普遍性难点是"政府买单、老百姓不买账"，其根源在于没有完全打通社会发展与民生保障之间的堵点。内蒙古自治区民生保障取得的成效表明，只有坚持以人民为中心的发展思想，坚持尽力而为、量力而行，从群众最关心的问题入手，顺应各族群众对美好生活的新期待，持续做好教育、就业、医疗、保障、社会稳定等各项民生事业，落实各项惠民

---

① 李政蓉、郭喜：《打造共建共治共享的社会治理格局》，《内蒙古日报》2019年2月2日。

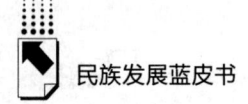

政策，做好普惠性、基础性、兜底性民生建设，才能真正推进社会发展创新。

6. 推进社会发展创新，必须坚持和完善民族区域自治制度，深化民族团结，铸牢中华民族共同体意识

内蒙古自治区是我国民族区域自治制度的发源地，自治区也是革命老区，具有悠久的民族团结光荣传统，被誉为"模范自治区"。内蒙古自治区发展经验表明，只有全面贯彻党的民族政策、坚持和完善民族区域自治制度、以铸牢中华民族共同体意识为主线进一步推动新时代党的民族工作高质量发展、促进各民族共同团结奋斗、共同繁荣发展，才能推进新时代民族地区社会发展创新。同时，在新时代，铸牢中华民族共同体意识更要注意从经济、文化和心理等层面的工作入手，需要加强新时代"各民族文化上的兼收并蓄、经济上的相互依存、情感上的相互亲近"的"三个相互"[①]创新工作。为此，一是要加快内蒙古自治区少数民族和民族聚居地区发展，要支持全区农村牧区实现巩固拓展脱贫攻坚成果与乡村振兴有效衔接，促进农牧业高质高效、乡村宜居宜业、农牧民富裕富足，深入完善沿边开发开放政策体系，深入推进固边兴边富民行动。二是要充分考虑全区不同民族、不同地区的实际，统筹城乡建设布局规划和公共服务资源配置，完善政策举措，营造环境氛围，逐步实现各民族在空间、文化、经济、社会、心理等方面的全方位嵌入，继续在全区深入开展城市民族工作。三是要深入开展民族团结进步教育，立足内蒙古文化建设实际，结合内蒙古的光辉历史，立足于内蒙古多民族历史和文化交往交流交融的成功实践[②]，通过文化遗产之间的相互联结与强化，实现历史文化遗产与各类民族文化遗产之间的深度融合[③]；推动全区各民族文化的传承保护和创新交融，构筑中华民族共有的精神家园，形成

---

① 王延中：《推动新时代各民族"三个相互"创新发展》，《西北民族研究》2020年第3期。
② 乌兰哈斯：《内蒙古各民族交往交流交融的内在逻辑》，《实践（思想理论版）》2021年第5期。
③ 张继焦、吴玥：《民族八省区的文旅融合发展——以历史文化名城的"传统—现代"转型为例》，《贵州民族研究》2020年第7期。

全区人心凝聚、团结奋进的强大精神纽带，增强各族群众对中华文化的认同，引导全区各族群众牢固树立中华民族一家亲观念，增强维护民族团结、维护国家统一的责任感，加强各民族交往交流交融，进一步夯实中华民族共同体的思想基础，高举中华民族大团结旗帜，促进全区各民族在中华民族大家庭中像石榴籽一样紧紧抱在一起。

B.3
新疆维吾尔自治区社会发展报告*

孙 嫱**

摘 要： 近年来，新疆经济发展持续向好、人民生活明显改善、脱贫攻坚取得决定性成就、中央支持和全国对口援疆力度不断加大，新疆经济社会发展取得一系列重大成就。本报告结合新疆工作的实际和特点，从坚持依法治疆、维护社会稳定、维护国家安全，坚持重点扶持、打赢南疆四地州脱贫攻坚战，坚持共享发展、推进社会基础性制度改革创新和社会事业全面进步，坚持因地制宜、实现新疆社会治理创新发展四个方面，呈现近年来新疆社会发展的成就。本报告指出实现新疆的社会稳定和全面发展必须始终坚持、不断完善中国共产党的领导；实现新疆的社会稳定和全面发展必须结合地方实际，深刻把握民族地区特点；实现新疆的社会稳定和全面发展应牢牢抓住基层社会，尤其是南疆基层社会。

关键词： 新疆维吾尔自治区 社会稳定 脱贫攻坚 共享发展 社会治理

改革开放以来，在市场经济及其驱动的社会转型进程中，中国社会主义经济建设取得了举世瞩目的成就，诸多社会问题也随之产生，而要实现社会

---

* 本报告中所有数据均来自官方统计发布结果，在此统一说明。
** 孙嫱，中国社会科学院民族学与人类学研究所新疆历史与发展研究室副主任、副研究员。

持续全面健康发展，对国家和政府的治理工作也提出了新的要求和挑战。进入21世纪，以科学发展观、社会主义和谐社会和服务型政府建设的提出为标志，社会建设和社会治理成为党和国家的重大政策议题，并确立了解决社会问题、缓解社会矛盾、维护社会稳定和社会秩序、改善民生、促进社会公平正义和社会发展的目标。2013年党的十八届三中全会明确提出"推进国家治理体系和治理能力现代化"，以及"推进社会领域制度创新，加快形成科学有效的社会治理体制"的治理目标，表明党和国家开始逐步从国家治理的高度审视社会建设与社会治理问题，更表明党和国家在新的发展阶段治理理念与治理模式的转型。2019年党的十九届四中全会上，习近平总书记立足于中国特色社会主义理论自信、制度自信、道路自信，站在治国理政的高度阐发了社会治理的时代特征。民族地区将党和国家社会治理相关理论与中国民族工作基本理论经验相结合，根据民族地区社会经济发展实际，进行了不懈的探索与实践。

新疆维吾尔自治区位于我国西北边陲、亚欧大陆腹地，面积166.49万平方千米，陆地边境线5600千米，与印度、巴基斯坦、塔吉克斯坦、阿富汗、吉尔吉斯斯坦、哈萨克斯坦、俄罗斯、蒙古国8个国家接壤，为多种文明的荟萃之地。新疆现居住有维吾尔、汉、哈萨克、回、蒙古、柯尔克孜、锡伯、塔吉克、乌孜别克、满、达斡尔、塔塔尔、俄罗斯等55个民族，是中国五个少数民族自治区之一。据2020年统计，新疆总人口为2585.23万人，其中汉族以外的其他民族为1306.72万人。

新疆在我国战略全局中具有特殊地位，既是西北的战略屏障，也是国家重要的能源基地和运输通道；既是实施西部大开发战略的重点地区，也是丝绸之路经济带核心区；既是向西开放的重要门户，也是我国反恐维稳的前沿阵地和主战场。新中国成立以来，在新疆各族人民的团结奋斗下，新疆的社会面貌发生了翻天覆地的变化。回望漫长的历史发展进程，新疆的命运始终与伟大祖国和中华民族的命运紧密相连。新的形势下，新疆工作事关全国改革发展稳定大局，事关祖国统一、民族团结、国家安全，事关实现"两个一百年"奋斗目标和中华民族伟大复兴。在新的发展阶段，新疆经济社发展面临新的机遇和挑战。2014年,在第二次中央新疆工作座谈会上,党中央做出进一步维护新疆社会稳定和实现长治久安的重大战略部署,同时明确将依法治疆纳入中央治疆方略,为新疆社会稳定和发展提供了有力保障。面对社会形势依然严峻复杂,生态环境保护任务艰巨,保障和改善民生任务繁重,就业形势严峻,国家通用语言文字教育和职业教育覆盖面不足,全区整体教育质量有待提高,南疆四地州经济社会发展和脱贫攻坚任务繁重,领导干部思想作风和能力水平有待提高、党员干部先锋模范作用有待强化,人民文明素质和社会文明程度有待提升等一系列挑战,在党中央和各级党委领导下,经过多方艰辛努力,新疆包括社会治理在内的各项工作取得了重大成效。[1] 2021年是国家"十四五"的开局之年,及时对"十三五"期间新疆发展成就、社会治理的成效与经验进行总结具有十分重要的意义。

一 新疆社会发展的主要成就

在2020年第三次中央新疆工作座谈会上,习近平总书记在回顾六年间新疆经济社会发展成就时,强调了四个方面,即经济发展持续向好、人民生活明显改善、脱贫攻坚取得决定性成就、中央支持和全国对口援疆力度不断加大。2014~2019年,新疆地区生产总值年均增长7.2%,居民人均可支配收入年均增长9.1%,所有地州市迈入高速公路时代,累计脱贫近300万人。[2] 其中,新疆社会治理水平和治理能力的不断提升发挥了十分重要的作用。结合新疆工作的实际和特点,本报告将从坚持依法治疆,维护社会稳定,维护国家安全;坚持重点扶持,打赢南疆四地州脱贫攻坚战;坚持共享发展,推进社会基础性制度改革创新和社会事业全面进步;坚持因地

---

[1] 《新疆维吾尔自治区国民经济和社会发展第十三个五年规划纲要》,新疆维吾尔自治区发展与改革委员会网站,http://xjdrc.xinjiang.gov.cn/xjdrc/ghjh/201705/eaeaa9d5a0aa405d8881047e86c3acce.shtml,2017年5月18日。

[2] 《习近平出席第三次中央新疆工作座谈会并发表重要讲话》,新疆维吾尔自治区人大常委会网站,http://www.xjpcsc.gov.cn/article/925/rdyw.html,2020年9月27日。

制宜,实现新疆社会治理创新发展四个方面,呈现近年来新疆社会发展的成就。

(一)坚持依法治疆,维护社会稳定,维护国家安全

1. 稳步推进新疆社会主义民主法治建设

厉行法治是发展中国特色社会主义的内在要求,是实现社会治理体系和治理能力现代化的重要组成部分。新疆维吾尔自治区党委和政府在坚决维护国家宪法和法律的基础上,坚持和完善民族区域自治制度,贯彻落实民族区域自治法,保障各族人民享受和履行平等的权利和义务,特别是平等参与国家政治生活和公共事务的权利。自治地方的各级人民代表大会和人民政府行使管理本地区事务的权力,自治区主席、自治州州长、自治县县长均由实行区域自治的民族公民担任。[①] 选举权和被选举权得到充分保障,依法选举的少数民族人大代表占新疆各级人大代表总数的69.8%,出席第十三届全国人大的新疆代表中少数民族代表占63.3%;自治区第十三届人大代表中少数民族代表占62.1%,自治区第十二届政协委员中少数民族委员占46.7%。同时,根据新疆实际情况,着力构筑更加完善的地方性法规体系、高效的法治实施体系、严密的法治监管体系以及有力的法治保障体系。制定出台涉及经济建设、资源保护、社会治安、民族团结、宗教事务等各个方面的地方性法规,使各民族平等权利得到进一步保障。如2019年起施行《新疆维吾尔自治区人民代表大会代表议案处理办法》《新疆维吾尔自治区人民代表大会代表建议、批评、意见办理规则》《新疆维吾尔自治区邮政条例》;2020年起施行《新疆维吾尔自治区预防和制止家庭暴力规定》,并通过建立"反家庭暴力工作服务站"试点等措施,对如何进一步建立反家庭暴力联动机制进行探索。公正审判权得到切实维护,新疆司法机关坚持罪刑法定、疑罪从无、证据裁判等原则,从侦查、检

---

① 《新疆人权事业的发展进步》,中国政府网,http://www.gov.cn/xinwen/2017-06/01/content_5198813.htm#1,2017年6月1日。

察、审判、执行等各环节充分保障公民获得公正审判的权利；依法保障犯罪嫌疑人、刑事被告人的辩护权；保障各民族公民使用本民族语言文字进行诉讼的权利。① 此外，注重弘扬社会主义法治精神，深入开展形式多样的法治宣传教育活动，以增强人人尊法学法用法守法的观念，在全社会形成良好的法治氛围和法治习惯。

2. 反恐维稳常态化法治化建设成效显著

一段时间以来，新疆地区深受民族分裂势力、宗教极端势力、暴力恐怖势力（简称"三股势力"）的叠加影响，恐怖袭击事件频繁发生，对各族人民生命财产安全造成极大危害，严重践踏了人类尊严。新疆立足本地区实际，采取果断措施，深入开展反恐怖主义、去极端化斗争，坚持"一手抓打击、一手抓预防"。既依法严厉打击暴力恐怖犯罪，又重视开展源头治理，通过着力改善民生、加强法制宣传教育、依法设立职业技能教育培训中心进行帮扶教育等多种方式，最大限度保障公民的基本人权免遭恐怖主义和极端主义侵害。坚持法治思维、运用法治方式是新疆打击恐怖主义和极端主义的重要原则。新疆的反恐怖主义工作、去极端化斗争始终在法治轨道上进行。在国家反恐法律体系的基础上，近年来先后出台了一系列相关法律法规，包括《新疆维吾尔自治区宗教事务条例》（2014年修订，2015年实施）、《新疆维吾尔自治区实施〈中华人民共和国反恐怖主义法〉办法》（2016年实施）、《新疆维吾尔自治区去极端化条例》（2017年实施），为坚决遏制、严厉打击暴力恐怖主义和宗教极端主义提供了强有力的法律武器。依据上述法律法规，2014年以来，新疆打掉暴恐团伙1588个，抓获暴恐人员12995人，缴获爆炸装置2052枚，查处非法宗教活动4858起、涉及30645人，收缴非法宗教宣传品345229件。事实证明，新疆的反恐维稳工作成效显著。截至2020年底，新疆已连续3年多未发生暴力恐怖案件，包括危安案件、公共安全事件在内的刑事案件、治安案件

---

① 《新疆人权事业的发展进步》，中国政府网，http://www.gov.cn/xinwen/2017-06/01/content_5198813.htm#1，2017年6月1日。

大幅下降，极端主义渗透得到有效遏制，社会治安状况明显好转，人民生活安宁祥和。①

3. 各民族大团结事业不断巩固深化

民族团结是新疆社会稳定和长治久安的根基，是新疆各族人民的生命线。加强和创新民族团结工作，常态化开展"民族团结一家亲"和民族团结联谊活动，促进各族群众交往交流交融，并把民族团结贯穿到新疆社会治理工作各个方面，在促进社会安定有序、稳步发展中起到了重要作用。自2016年10月自治区党委决定开展"民族团结一家亲"和民族团结联谊活动以来，自治区省军级领导干部以上率下，带头与南疆四地州基层群众结对认亲，全区各级党政机关、企事业单位、人民团体、新疆军区、新疆生产建设兵团、武警新疆总队、对口援疆省市指挥部等共112万多名干部、职工与169万多户各族群众结对认亲。通过广大干部、职工常态化开展结亲走访活动，用好结对子、勤走访、相互学、多活动、真帮扶、重激励六个载体，宣传党和国家的政策，加强民族团结宣传教育，千方百计地帮助各族基层群众办好事、做实事、解难事，解决各族群众实际困难；各级各部门各单位定期组织开展形式多样的联谊活动，促进各族干部群众多层次多方式多形式走访互动；在各级各类学校广泛开展"进班级、进宿舍、进食堂，联系学生、联系家长，与学生交朋友"活动，引导各族学生自觉爱党爱国爱社会主义，把民族团结的种子播撒在每个学生的心灵深处；在新一轮对口援疆工作中，大力开展援疆省市与新疆受援地对口行业部门之间结对子、医院之间结对子、援疆干部人才与地方各族干部群众结对子，"千校手拉手"和中小学生结对子、写书信等活动，着力把对口援疆工作打造成为民族团结工程。截至2020年10月底，全区干部职工累计走访各族群众1.53亿多户次，捐款10.74亿多元，捐物5514万多件，办实事好事2217万多件，举办以民族团结为主题的各类活动2042万多场次。

---

① 《新疆的反恐、去极端化斗争与人权保障》，中国政府网，http://www.gov.cn/zhengce/2019-03/18/content_5374643.htm，2019年3月18日。

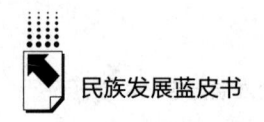

民族团结进步创建工作持久深入。新疆各地通过推进实施民族团结进步创建"细胞工程"，坚持不懈地开展民族团结进步创建进机关、学校、企业、乡（镇、街道）、村（社区）、军（警）营、团场连队、宗教活动场所、景区、窗口单位"十进"活动。始终坚持抓基层打基础，推动民族团结进步示范村（社区）、示范乡（镇、街道）、示范县（市、区）、示范州（地、市）的创建，建设特色鲜明的民族团结进步示范单位，形成以点串线、以线连片、以片带面的示范创建格局。截至目前，昌吉回族自治州、伊犁哈萨克自治州、塔城地区、阿勒泰地区、吐鲁番市、巴音郭楞蒙古自治州、博尔塔拉蒙古自治州、乌鲁木齐市、哈密市、克拉玛依市等10个州（地、市）先后被国家民委正式命名为全国民族团结进步创建活动示范州（地、市），59个单位被国家民委命名为全国民族团结进步创建活动示范单位，14个单位被国家民委命名为全国民族团结进步教育基地，有41个自治区民族团结进步示范区示范单位。同时，大力开展民族团结进步模范评选表彰活动，对民族团结进步模范人物典型事迹进行广泛宣传，努力在全社会形成学习模范、宣传模范、争当模范的社会氛围。截至2020年底，全区共选出国家级、自治区级民族团结进步模范集体（单位）1338个（次），民族团结进步模范个人2315人（次）。2019年9月，全区34个模范集体和43名模范个人在全国民族团结进步表彰大会上受到表彰。

构建互嵌式社会结构和社区环境，推动各族群众形成密不可分的命运共同体。自治区党委结合实际制定出台具体措施，坚持从居住生活、工作学习、吃穿娱乐、婚丧嫁娶等"日常小事"入手，从解决就业、教育、医疗等民生问题做起，通过城市规划建设、政策激励引导等途径，推动居住嵌入、经济嵌入、文化嵌入，营造各民族共居共学共事共乐的社会条件。截至2020年10月，全区共建成互嵌式居住的村1971个、社区1218个、小区3150个，互嵌式市场563个。坚持从娃娃抓起，把民族团结贯穿学校教育、家庭教育、社会教育各个环节、各个方面，推动有条件的学校、幼儿园实行混合编班、混合住宿，让各族青少年从小玩在一起、学在一起、生活在一起、活动在一起、成长在一起。推进军地融合发展,推进教育、医疗、科技、文化等资源共建共享,帮助解决地方群众看病就医、子女入托上学、职业技能培训等方面的困难;军地共同推进"民族团结一家亲"和民族团结联谊活动,推动军地各族群众交知心朋友、做和睦邻居、建美好家园。做好内地新疆籍人员服务管理,充分发挥驻内地30个省区市工作组的作用,积极帮助新疆籍少数民族群众在内地务工经商人员和学生交融发展,引导各族群众构筑你中有我、我中有你、你离不开我、我离不开你、谁也离不开谁的命运共同体。

4. 宗教事务管理工作全面依法加强,公民信仰自由权利得到有力保障

新疆自古便是多元宗教并存之地,目前主要有伊斯兰教、佛教、基督教、天主教和道教等。历史上,极其复杂的宗教关系使新疆局部地区陷入长达数年的宗教战争和数百年的教派纷争,使经济社会受到严重破坏,使人民不仅失去信仰自由而且遭受了深重的苦难。新中国成立后,新疆全面实行宗教信仰自由政策,使各族人民真正获得了宗教信仰自由的权利。然而,国际宗教极端主义思潮对新疆的影响一直存在,近些年新疆宗教极端主义滋生蔓延之势不断加剧。"宗教极端势力策划、实施了昆明'3·01'、乌鲁木齐'5·22'、鄯善'6·26'、莎车'7·28'、拜城'9·18'等一系列严重暴力恐怖事件,残害包括宗教人士和信教公民在内的各族无辜群众。"面对这一情况,自治区坚决贯彻党的宗教信仰自由政策,保护合法,制止非法,遏制极端,抵御渗透,打击犯罪,依法加强宗教事务管理。"新疆先后颁布和修订《新疆维吾尔自治区宗教活动场所管理暂行规则》《新疆维吾尔自治区宗教活动管理暂行规定》《新疆维吾尔自治区宗教教职人员管理暂行规定》《新疆维吾尔自治区宗教事务条例》等法规规章,明确了宗教团体、宗教活动场所、宗教教职人员的权利和义务。"① 为保障公民宗教信仰自由,新疆持续开展去极端化工作,实施《新疆维吾尔自治区去极端化条例》,依法加

---

① 《新疆的宗教信仰自由状况》,中国政府网,http://www.gov.cn/zhengce/2016-06/02/content_5078959.htm,2016年6月2日。

强宗教事务管理,防范和打击宗教极端主义,有效遏制了宗教极端主义渗透蔓延的态势。[①] 同时,伊斯兰教、佛教、基督教等宗教典籍文献以多种语言文字依法翻译出版发行,各族信教公民的多样化需求得到满足。喀什艾提尕尔清真寺、昭苏圣佑庙、克孜尔千佛洞等109处宗教文化古迹被列入全国重点文物保护单位和自治区级文物保护单位,宗教文化遗产得到有效保护。支持宗教界深入挖掘教义教规中有利于社会和谐、时代发展、健康文明的内容,对教义教规做出符合当代中国发展进步、符合中华优秀传统文化的阐释,引导各种宗教秉持中国化历史传统,发挥宗教界人士和信教群众在促进经济社会发展中的积极作用,更好地与社会主义社会相适应。

5. 社会主义精神文明和文化建设持续推进

自治区始终以牢固树立中华民族共同体意识,构筑新疆各民族共有精神家园为目标,深化各类群众性精神文明创建活动,引导各族群众追求现代文明生活,建立健全社会主义道德风尚,注重通过法律和政策向社会传导正确的价值取向,尤其注重开展民族团结的教育。自1983年起,自治区便将每年5月定为"民族团结教育月",集中进行民族团结宣传教育,这一传统延续至今。近几年,自治区把民族团结进步教育纳入国民教育、干部教育、青少年教育和社会教育全过程,通过构建课堂教学、社会实践、主题教育多位一体教育平台,健全长效机制,使民族团结进步教育实现常态化。以社会主义核心价值观为引领,注重青少年爱国主义教育和基层群众的思想政治工作,把社会主义核心价值观融入各族群众生产生活各个方面,转化为情感认同和行为习惯,把智慧和力量凝聚到共建美好家园、共创美好未来上来。

文化建设方面,自治区通过东风工程、农家书屋、农村电影放映工程、广播电视户户通等文化惠民工程持续深入实施,已建立起覆盖区、地、县、乡、村五级的现代公共文化服务体系。文艺创作持续繁荣,文化产业健康发展,文化交流不断深入,文物、文化遗产保护利用不断加强。全民健身活动

---

① 《新疆人权事业的发展进步》,中国政府网,http://www.gov.cn/xinwen/2017-06/01/content_5198813.htm#1,2017年6月1日。

广泛开展，国家公共文化服务体系示范区（项目）创建工作进展顺利，融媒体建设扎实推进。2018 年，新疆成功举办自治区第九届少数民族传统体育运动会。2019 年，全区县乡两级公共文化场馆（站）和贫困地区村级综合性文化服务中心实现了全覆盖。通过多种形式开展文化下基层活动，千余场各类文化惠民演出，免费开放的各级"四馆一站"（图书馆、文化馆、美术馆、博物馆和文化站），一批反映各族人民边疆生活的优秀文化作品极大地丰富了广大群众的精神文化生活，影视作品《远去的牧歌》获全国精神文明建设"五个一工程奖"。

（二）坚持重点扶持，打赢南疆四地州脱贫攻坚战

1. 打赢脱贫攻坚战

打赢脱贫攻坚战是全面建成小康社会最艰巨的任务。实施精准扶贫和精准脱贫，把南疆四地州、边境地区作为扶贫攻坚主战场，实施精准扶贫、精准脱贫，重在提高脱贫攻坚成效。紧扣"两不愁三保障"，扎实推进"七个一批""三个加大力度"，巩固和发展专项扶贫、行业扶贫、社会扶贫、援疆扶贫"四位一体"大扶贫格局，实现扶贫对象精准、项目安排精准、资金使用精准、措施到户精准、因村派人精准、脱贫成效精准等"六个精准"。截至 2018 年底，通过转移就业，将富余劳动力向北疆、内地、兵团转移，已实现 9.65 万贫困人口转移就业，带动 28.95 万贫困人口脱贫；通过大力发展纺织服装、鞋帽、箱包、电子产品组装等产业，培育特色养殖业、种植业，扶持民族手工业、乡村旅游业等，帮助 37.24 万贫困群众就近就地就业，稳定脱贫；将土地收益用于向贫困人口购买劳务，扩大惠及面，带动 51.21 万人就业；根据沿边境深度贫困县实际情况，将贫困户培训转化为护边员，带动 5 万余人就业；与生态补偿机制相结合，在贫困户中选聘草原管护员、生态护理员，实现 5.8 万人稳定脱贫；以搬得出、稳得住、能脱贫为目标，将沙漠边缘、高山深处不适宜生存发展区域的 3.5 万户 16 万人，通过易地搬迁转移到县城工业园区；以社会保障机制为依托，财政每年拿出 20 亿元资金，对 32 万名重度残疾人、丧失劳动力家庭、鳏寡孤独进行社会

保障兜底。脱贫攻坚大数据平台覆盖了全区14个地州市和95个县市区，通过精准动态管理，及时帮扶返贫和新发生贫困人口。2019年，40146户16.94万人喜迁新居，提前完成"十三五"易地扶贫搬迁建设任务。通过农村饮水安全巩固提升工程和危房改造工程，34.6万贫困人口饮水安全问题得以解决，剩余9355户贫困户全部入住安全住房，从此终结了新疆贫困人口住危房的历史。截至2019年底，累计实现脱贫292.32万人、退出3107个贫困村、摘帽22个贫困县，贫困发生率由2014年19.4%降至1.24%。[1] 2020年11月，新疆维吾尔自治区人民政府正式宣布区内最后10个贫困县脱贫摘帽[2]，至此全区308.9万现行标准下贫困人口全部脱贫、3666个贫困村全部退出、32个贫困县全部摘帽，标志着这片占中国陆地面积约1/6的西北土地以及这里2500多万名各族人民告别了绝对贫困。

2. 促进就业创业

就业问题事关新疆社会稳定，自治区聚焦深度贫困地区，以城乡富余劳动力、高校毕业生、退役军人、困难群体为重点，实施积极的就业政策，立足依托产业与就地就近相结合，疆内解决与援疆促进相结合，多渠道促进就业创业。进一步完善就业创业扶持政策，切实落实好税收减免、社会保险补贴、职业培训补贴、创业扶持等就业政策，减轻企业负担，提高企业稳定吸纳就业的能力，发挥企业在促进就业中的主体作用。自治区党委办公厅积极与70家企业对接，当好企业和群众的"连心桥"，实现"一户一就业"目标。大力扶持党组织和党员创办服装厂、农贸市场、饲养合作社34个，以产业带动就业创业，帮助贫困群众致富增收。围绕常态化疫情防控，实施"一企一策一人"，广东援疆干部为新疆奥新实业有限公司上半年房产税和城镇土地使用税实现减半征收，共减免税额6万多

---

[1] 习近平：《坚持依法治疆团结稳疆文化润疆富民兴疆长期建疆 努力建设新时代中国特色社会主义新疆》，央视网，https://news.cctv.com/2020/09/26/ARTIQZNx29Cg9znTTKi4dKJ5200926.shtml，2020年9月26日。

[2] 此次新疆公告退出贫困县序列的10个县全部在南疆地区，分别是喀什地区的莎车县、叶城县、伽师县、英吉沙县，和田地区的墨玉县、皮山县、洛浦县、策勒县、于田县，克孜勒苏柯尔克孜自治州的阿克陶县。

元，推动企业复工复产。积极引导各族群众有序到内地就业，积极配合援疆省市做好疆外就业工作。突出抓好南疆地区就业工作，制定特殊的就业政策，采取有针对性的就业措施，促进城乡居民稳定就业。湖南省在全疆第一个实现"家门口"就业工程贫困村全覆盖，帮助5000余人稳定就业；多途径实现向湖南转移就业3600余人。加强就业援助，帮助就业困难者就业。加强劳动者就业能力建设促进就业。围绕新疆经济社会发展需求，强化就业技能培训、在岗培训、创业培训等职业教育和培训。在高校建立一批创业孵化实训基地。加快建设外出务工人员综合服务中心或工作站。到2020年，建成25个自治区级示范创业孵化基地，实现一县市一基地一园区建设目标，全区新增创业15万人，带动就业45万人。大力推行终身职业技能培训制度，全面实施劳动预备制培训工程，实现南疆地区少数民族"两后生"和农村劳动力国语、职业培训全覆盖。发展地方特色产业促进就业。北京市助推和田第二产业发展，新建标准化厂房和附属设施9万余平方米，解决就业9409人；开发公益性岗位9150个，带动3.7万贫困人口就地就近就业。天津市支持和田实施"百企万户"，培育发展鞋业、袜业、大芸（肉苁蓉）加工等支柱产业，解决贫困群众7000多人就业；实施"百厂万人"，推动卫星工厂、扶贫车间、农机合作社建设运营，带动就地就业8000多人。2019年，区属高校应届毕业生就业率突破90%，提前一年完成南疆贫困家庭劳动力3年10万人转移就业计划，实现每个劳动能力家庭至少1人就业。[1]

（三）坚持共享发展，推进社会基础性制度改革创新和社会事业全面进步

1. 在教育领域大力促进教育公平制度建设

始终把教育放在优先发展的战略地位，全面贯彻党的教育方针，加大教

---

[1] 《2019年新疆区属高校毕业生就业率突破90%》，天山网，http://www.xinjiang.gov.cn/xinjiang/zfxxwgjy/202102/fdf13b08f98f451389ee69a4d795d6e5.shtml，2019年12月27日。

育投入力度，落实教育经费增长机制，确保财政性教育经费支出占生产总值的比重保持在4%以上。加快推进教育领域综合改革，更合理地配置公共资源，加大教师队伍建设的力度，使各类学校教育质量得以提高，推进素质教育，全面提高教育现代化水平。进一步推进学前教育和职业教育，在南疆实现城乡一体三年免费学前教育，实现初高中未就业毕业生能够全面接受职业教育培训。全面推行国家通用语言文字教育，在2018年即实现学前和义务教育阶段国家通用语言文字教育普及率达100%。学前教育毛入园率超过95.95%，小学学龄儿童入学率达99.9%，九年义务教育巩固率达95%以上，因贫失学或辍学的现象已经基本消失。职业教育改革发展取得明显成效，"双师型"教师队伍建设的理念得到推广，产教融合校企合作模式广泛发展，正在探索建立产教融合示范区。高等教育内涵式发展成效显著，与区域产业发展相匹配的学科专业体系正在逐步完善，人才培养的质量明显提高。高校高职结构布局日趋合理，新疆理工学院、新疆科技学院、和田师专、维吾尔医专得以快速发展，另外新成立4所高职院校，同时天山职业技术学院被列入国家民办职业教育试点学校。教师结构性、阶段性、区域性短缺问题逐步解决。各类学校严格落实教育惠民政策，对家庭经济困难学生实现"应助尽助"。提倡和鼓励各民族互相学习语言文字，推进幼儿园、中小学、职业院校、高等学校各族学生混合编班、混合住宿，让各民族学生学习在一起、生活在一起、活动在一起、成长在一起，夯实民族团结的基础。大力加强对内地新疆籍少数民族学生教育管理服务，帮助他们融入学校、融入集体、融入内地。广东省协调投入援疆资金20多亿元，实施援疆项目100多个，帮助64个贫困村2万多户贫困户摆脱贫困，将疏勒县乡村小学打造成"名牌学校"；协调广州市11个区与疏附县10个乡镇33所学校的137个班级及疏附县中小学结对帮扶，组织5059名两地学生互写书信、交往交流。

2. 在医疗卫生领域，突出建立以提高人民健康水平为核心的现代医疗卫生事业制度

新疆全区围绕医药卫生体制改革目标，持续优化医疗资源配置，不断加

强基层医疗卫生体系建设，加强医疗卫生人才队伍建设，健全覆盖城乡居民的医疗卫生服务体系，满足广大群众的医疗卫生需求，使基本公共卫生服务均等化水平明显提高。各级政府大力推进医疗惠民政策。在县和县以上医院实现远程医疗全覆盖，县以下的医疗单位实现远程医疗70%覆盖。大力推动乡镇卫生院、村卫生室标准化建设，其达标率为100%。新疆儿童医院被明确建设成国家区域医疗中心项目。全疆推动实施免费健康体检，对大病、慢病进行分类救治的针对性措施，在体检基础上对15岁以上人群进行肺结核病监测，做到早发现早治疗，通过一系列努力，累计排查出结核病患者14万多名，治疗11万余名，使新疆结核病发病率降到全国平均水平。医疗改革中着力解决群众看病难看病贵的问题，凡农村户籍人员在所属地区的合作医院住院，可以做到先诊疗后付费和一站式结算。医疗服务体系在改革中不断完善，各族群众的健康水平在此过程中得到显著提高。

3. 坚持全覆盖、保基本、多层次、可持续方针

以增强公平性、适应流动性、保证可持续性为重点，全面建成覆盖城乡居民的社会保障体系。通过一系列建设，全区实现基本保障制度更加定型、基本保障更加可靠、体制机制更加完备、制度政策相互衔接、基金运行安全有效、管理服务高效便捷。完善社会保障体系，全面提高城乡低保标准和补助水平，2017年将22个深度贫困县32万名兜底脱贫对象全部纳入低保范围。[①] 全区实施全民参保计划。"基本医疗保险、大病保险、医疗救助"三重保障制度不断完善，参保率稳定在95%以上。城乡居民最低生活保障实现应保尽保，保障水平持续提高。社会救助体系得以全面加强，社会救助的标准和水平明显加强。"五保户"的集中供养率达90%，孤儿集中收养率达92.9%，残疾人的救助日益规范，严格落实了"两项补贴制度"。

大力改善群众的生活条件。全区扎实推进农村安居、游牧民定居和城镇保障性安居工程建设，同时更进一步加大棚户区改造力度，千方百计解决农

---

① 黎大东等：《同心筑梦映天山——新疆70年改革发展稳定述评》，新华网，http://www.xinhuanet.com/politics/2019-09/24/c_1125035658.htm，2019年9月24日。

村群众的住房问题，让城镇中低收入居民和新市民有房可住。2017年，全区完成36.8万套棚户区改造，建成农村安居房30万户。全区推动农村饮水安全巩固工程，通信网络更加完善，城乡居民用电实现同网同价。提升居民灾害补助标准，加强各种重大灾害的应对能力，在阿克陶、呼图壁、塔什库尔干地震中受灾的17355户居民已经入住新居，重建家园的工作有序推进。城镇棚户区改造和公租房建设任务基本完成，南疆22个深度贫困县6.89万户建档立卡贫困户安居房已于2018年全部竣工。2019年全区完成19.79万套城镇保障性住房建设，实施农村安居工程20.02万户。南疆四地州煤改电居民电供暖改造（一期）工程，完成31.6万户电供暖改造任务。全区实现了所有行政村硬化路、客车、动力电、光纤宽带四通。城乡居民的生活面貌发生深刻变化。

4. 加大环境保护与治理力度

新疆把生态文明建设放在突出的战略位置，坚持环保优先和生态立区，走生态环境可持续发展的道路。严守生态底线红线，加大实施大气、水、土壤污染防治行动，坚决制止和惩处破坏生态环境的行为，生态环境保护制度进一步完善。颁布实施《新疆维吾尔自治区实施〈中华人民共和国水土保持法〉办法》《乌鲁木齐市大气污染防治条例》《野生植物保护条例》《湿地保护条例》《煤炭石油天然气开发环境保护条例》等30余部地方性法规规章，两次修订《环境保护条例》。全区实行严格的生态保护和空间用途管制制度，"依法对永久性积雪、重要水源涵养区、饮用水水源地保护区、世界自然遗产地、风景名胜区、自然保护区和重要河流、湖泊、湿地等实施强制性保护"。落实严格的耕地保护制度，划定3962万亩永久基本农田，确保基本农田不被破坏、占用。对天山谷地森林植被加强保护，同时大力推进已破坏区域的修复工程项目。全区实施造林333万亩，治理沙化土地450万亩。实施了第18次塔里木河下游生态输水，下泄生态水量12.14亿立方米。全面实行河长制，对区域内河湖进行依法管理。综合评估水资源利用，对用水总量超标区域坚决实施退耕，在全区范围内推行节水措施，禁止开垦荒地以及新增取水开发项目。在全区推行排污许可证制度，以及推广排污权有偿使用和交易制度。自治区出台生态环境损害责任追究制度，让破坏、污染环境的行为无处遁形，严格调查卡拉麦里山自然保护区违规开发建设等破坏生态环境的行为并严肃追责。通过一系列措施，努力将新疆建成山川秀美、人文厚重、和谐宜居、绿色低碳的生态文明省区。

（四）坚持因地制宜，实现新疆社会治理创新发展

1. 对口援疆——中国民族地区社会治理创新的有效实践

习近平总书记指出："对口援疆是国家战略，必须长期坚持，把对口援疆工作打造成加强民族团结的工程。"新中国成立后，中央及部分省市对新疆的援助从未间断。2010年3月召开的"全国对口支援新疆工作会议"做出开展新的援疆工作决策。"会议确定北京、天津、上海、广东、深圳、黑龙江、吉林、辽宁、河北、山西、山东、河南、江苏、安徽、湖北、湖南、浙江、江西、福建等19个对口援疆省（市）将建立起资金、技术、人才、管理等全方位援疆的机制，且优先改善和保障民生问题，即着力帮助新疆各族民众解决教育、就业、住房等基本民生问题。同时，扶持新疆优势、特色产业的发展。"援疆范围涵盖12个地（州）82个县（市）和新疆生产建设兵团12个师。特别是"十三五"时期，围绕新疆社会稳定和长治久安的总目标，自治区党委和援疆省市按照"坚持凝聚人心，坚持促进各民族交往交流交融，坚持夯实基层基础，坚持久久为功，坚持一切从实际出发"的原则，把"输血"与"造血"、建工程与交朋友、硬件建设与软件建设、物质支持和文化交流结合起来，充分发挥新疆主体作用及支援省市的积极性，着力抓好就业、教育、人才等重点工作，着力改善人民生产生活条件，着力推进产业援疆，着力加强基层政权及反恐维稳能力，着力推动新疆同内地的交往交流交融，不断深化经济、干部、人才、教育、科技、文化、卫生援疆，努力把援疆工作打造成加强民族团结的工程。加强民生建设，惠及各族群众。坚持援疆资金向基层、保障和改善民生、贫困地区和贫困群体倾斜的要求，紧贴群众需求，实施好各族群众最急需、最迫切的民生工程，使各族

群众深切感受到来自祖国大家庭的温暖。截至2019年底，8.75万人次参与援疆，各类援疆资金累计近1200亿元，实施产业合作项目超过1.2万个。国家在此轮援疆工作投入的资金和人力达到了前所未有的高度。长期以来，自然条件束缚了新疆的经济社会发展，进而阻碍了人民生活水平的提高。各援疆单位结合当地具体情况，主要将援疆资金投向基层、多用于改善民生；以脱贫攻坚、产业就业、人才培养等作为援疆建设的重点领域。有数据显示，这轮援疆工作中，各援疆省市投入民生建设的资金占比达70%以上，使用到县市以下基层地区的资金占比高达80%以上。援疆工作成果丰硕，一大批高质量的学校和医院得以建立，一系列产业项目得以落实发展。此外，援疆省市在教育、医疗、人才等柔性援疆项目上投入的力度也在不断加强，采用多种形式吸引人才参与援疆项目，提升新疆干部人才队伍的能力和素质，同时增进各族干部群众的相互认同与交融。亲戚越走越亲，感情越走越近。援疆工作产生了一大批援疆干部，他们就像是架起了一座座民族团结的桥梁，成为维护和推动民族团结的坚定力量。

2. 访惠聚——新疆社会治理创新的重要抓手

2014年，新疆维稳形势严峻，民族团结工作亟待深入，基层社会治理中面临基层组织建设弱、社会自治能力弱、民族分裂暗流问题，新疆维吾尔自治区党委部署开展了"访民情、惠民生、聚民心"活动，"访惠聚"活动作为自治区党的群众路线教育实践活动的重要组成部分，既是过去下基层工作的延续，又是新形势下群众工作的创新，更是新疆特定历史条件下的社会治理方式与治理机制的创新。① 2014年3月5日前，自治区各级部门单位、中央驻疆单位、兵团向全区8668个村、759个队、1985个社区下派工作组11129个、干部74759名，覆盖了全疆所有的村、重点社区，活动最初定为三年期，此工作现已常态化。"访惠聚"驻村工作队是在自治区党委的直接领导和统筹推动下，为实现新疆社会稳定和长治久安的总目标，由新疆各级

---

① 段会平、潘志平：《"访惠聚"：新疆民族团结工作和基层社会治理的创新》，载邢广程主编《中国边疆学》第11辑，社会科学文献出版社，2019。

各部门、中央驻疆单位、新疆生产建设兵团的各级党委和党组织选派优秀干部组成的农村(社区)工作组织。"访惠聚"活动的探索和实践借鉴了中国共产党长期以来做农村工作行之有效的方法——派驻农村工作队,把熟悉党的理论、路线、方针和政策的各级干部下沉到基层,和党在乡村的基层党组织一道,共同担负起乡村治理的重任,这一基层治理的方法在党的历史上被实践证明是非常有效的。[①]"访惠聚"以"群众第一、民生优先、基层重要"为工作主旨,主要负责基层的经济发展与人民群众生活水平的提升,具体工作包括完善基础设施建设、普及文化教育、带领民众脱贫致富等,是新时期新疆统筹经济发展、改善民生的重要举措,且成效显著,主要聚焦以下四方面内容。第一是帮带基层组织,提升乡村治理能力。驻村干部通过思想帮带、作风帮带、能力帮带、责任帮带,在贯彻"三会一课""5+X"制度的过程中,践行"两学一做""学转促""聚焦总目标、作风再整顿"等活动中增强基层党组织的凝聚力和战斗力。驻村干部积极组织深入学习习近平新时代中国特色社会主义思想、习近平系列讲话精神、自治区党委会议精神,不断增强基层干部的"四个意识",坚定"四个自信",做到"两个维护"。通过严肃有效的学习不断提升了基层干部的治理能力,推动了乡村治理走向规范化、科学化。第二是落实惠民政策,密切党群干群关系。从2014年至2018年,每个"访惠聚"工作组都得到自治区的支持,配备了50万元惠民项目资金,驻村干部利用这些资金为基层群众解决了很多现实问题,有的用于修建道路、水渠等基础设施,有的用于建立合作社,发展特色产业,促进基层社会经济的内生力量发展。干部入户走访常态化,及时了解民情民意,掌握群众所需,组建文化队、体育队、志愿服务队,不断丰富村民的精神文化生活。这一系列工作的开展达到了树形象、聚民心的效果,村民对党和政府的信任增加了,基层干部工作的自觉性与自信心也得到了提高。第三是做好帮扶工作,助力脱贫攻坚。驻村干部大多是抽调自各部门的

[①] 朱宪臣:《新疆南疆地区农村党组织建设要正确把握五大关系》,《新疆社科论坛》2016年第3期。

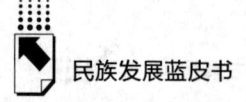

优秀分子，在工作能力和组织纪律方面都表现突出，能较好地贯彻上级的扶贫政策，促其落地生根。驻村干部能依托派出单位的资源，通过捐赠、鼓励发展特色经济、转移就业等多种形式帮助援助对象脱贫。在脱贫工作中，部分驻村工作队派出单位为贫困户提供技术指导，通过技术宣讲队提升贫困户的专业技能，帮助其了解脱贫致富的经验，激发乡村发展的内生动力和自信心。第四是巩固民族团结，筑牢社会稳定根基。驻村干部以"民族团结一家亲"活动为契机，广泛开展"民族团结"联谊活动，拉近各族群众的距离，使各民族像石榴籽那样紧紧抱在一起。建立健全维稳工作制度，重视思想维稳。通过开办常态化的农牧民夜校学习，组织全体村民学习国家通用语言文字、中国文化、法律知识、党中央的重大决策部署，让各族群众学习在一起、生活在一起，彼此更好地交往交流交融，为乡村社会的稳定发展营造良好的环境。

二 新疆社会发展的经验和思考

（一）实现新疆的社会稳定和全面发展必须始终坚持、不断完善中国共产党的领导

党的领导是中国特色社会主义最本质的特征，是中国特色社会主义制度的最大优势，也是推进中国社会治理体系与治理能力现代化的最强动力与根本保障。中央第二次新疆工作座谈会以来，新疆经济社会发展和民生改善取得了前所未有的成就，经济发展持续向好，人民生活明显改善，脱贫攻坚取得决定性成就，各族群众的获得感、幸福感、安全感不断增强。这一切是党中央坚强领导的结果，是全党全国各族人民共同奋斗的结果，也凝聚着新疆2500多万各族儿女的智慧和汗水。在此过程中，中央对口援疆政策的有力执行做出了巨大贡献。2014~2019年，中央财政对新疆维吾尔自治区和兵团转移支付从2636.9亿元增加到4224.8亿元，年均增长率为9.9%，6年合计支持新疆2万多亿元。19个援疆省市全面加强全方位对口支援，累计

投入援疆资金（含兵团）964亿元，实施援疆项目1万余个，引进援疆省市企业到位资金16840亿元，中央企业投资超过7000亿元。[①] 总揽全局，协调各方，举全国之力，全方位多层次集中援助一方之壮举，只有中国共产党和党的领导制度体系能够实现。而援疆强有力的贯彻执行，得益于党的中央组织、地方组织、基层组织上下贯通、执行有力的严密体系，由此也将党的领导落实到新疆社会治理的各领域各方面各环节。自治区在推动社会治理工作过程中，坚决贯彻党的群众路线，完善党员、干部联系群众制度，将群众放到最重要的位置，强调一切工作为了群众。由自治区党委领导的"访惠聚""民族团结一家亲"等活动即是具体落实党的群众路线教育实践活动的重要尝试，是新形势下群众工作的创新，同时更是新疆特定历史条件下社会治理方式与治理机制的创新。

（二）实现新疆的社会稳定和全面发展必须结合地方实际，深刻把握边疆民族地区特点

党的十八大以来，党中央深化对治疆规律的认识和把握，形成了新时代党的治疆方略，为推进新疆社会治理工作提供了基本遵循。新疆社会治理体系与治理能力现代化的不断推进为党的治疆方略提供了全方位保障。新时期党的治疆方略要求坚持从战略上审视和谋划新疆工作，坚持把社会稳定和长治久安作为新疆工作总目标，坚持以凝聚人心为根本，坚持铸牢中华民族共同体意识，坚持我国宗教中国化方向，坚持弘扬和培育社会主义核心价值观，坚持紧贴民生推动高质量发展，坚持加强党对新疆工作的领导。综观全局，新疆的社会治理工作的各个方面，无不是紧扣治疆方略展开，并不断创新抓手、健全制度、细化深化。新疆社会经济发展的持续向好、社会治理水平的不断提升，证明新时代党的治疆方略完全正确，必须长期坚持。因此，在当前和今后一个时期，做好新疆工作，要继续完整准确贯彻新时代党的治

[①] 习近平：《坚持依法治疆团结稳疆文化润疆富民兴疆长期建疆 努力建设新时代中国特色社会主义新疆》，央视网，https://news.cctv.com/2020/09/26/ARTIQZNx29Cg9znTTKi4dKJ5200926.shtml，2020年9月26日。

疆方略，牢牢扭住新疆工作总目标，依法治疆、团结稳疆、文化润疆、富民兴疆、长期建疆，以推进治理体系和治理能力现代化为保障，多谋长远之策，多行固本之举，努力建设团结和谐、繁荣富裕、文明进步、安居乐业、生态良好的新时代中国特色社会主义的新疆。

（三）实现新疆的社会稳定和全面发展应牢牢抓住基层社会，重点在于南疆的基层社会

习近平总书记指出："社会治理的重心必须落到城乡社区，社区服务和管理能力强了，社会治理的基础就实了。"自治区党委组织开展"访惠聚"活动正是创新基层社会治理的重要探索。这一探索借鉴了党的历史上派驻农村工作队的成功经验，由组织协调将各级机关中对党的理论、路线、方针和政策掌握比较好的干部派到基层组织中，与当地干部共同承担乡村治理的重任。"访惠聚"以"群众第一、民生优先、基层重要"为工作主旨，帮带基层组织，进而达到提升乡村干部能力、强化基层党组织的战斗堡垒作用、推动乡村治理规范化和科学化的目标。在此过程中，党的惠民政策得到了落实，党群干群关系得到了改善。驻村干部以"民族团结一家亲"活动为契机，积极组织动员群众参与"民族团结"联谊活动，创造机会增进各族群众的关系，使各民族像石榴籽那样紧紧抱在一起。建立健全维稳工作制度，重视思想维稳，除将面向农牧民开办的夜校常态化外，还动员群众积极学习国家通用的语言文字以及法律知识、党中央的重大决策部署。鼓励各族群众学习在一起、生活在一起，彼此交往交流交融，互敬互爱，共同推动乡村社会的稳定和发展。"访惠聚"工作的开展充分体现了以共建共治共享社会治理格局为目标，及其以人民为中心的核心要义与内在本质。这一过程既是在传帮带中，逐渐激发基层百姓的主动性和积极性，也是在帮助其树立现代农村社会治理理念和自我治理意识。随着这一工作的常态化和不断深入，继续以发挥城乡社会治理中的多元主体作用、夯实治理基础、激活乡村发展活力为目标，实现官方治理和社会调节、居民自治的良性互动。

B.4
广西壮族自治区社会发展报告

艾 晶 李倍倍[*]

摘 要： 广西壮族自治区作为全国脱贫攻坚的主战场之一，在民生工程方面做出了一定的成绩，在巩固脱贫成果的同时，坚持就业和创业相结合，促进多渠道就业，完善了各类社会保障制度。同时，推进基础性制度改革，大力促进教育公平制度建设并建立了以提高人民健康水平为核心的现代医疗卫生事业制度；在原有基础上完善生育制度和户籍管理制度，建立国家安全体制，健全公共安全体系，加快社会诚信制度建设；加强城乡发展，强化党对社会发展的领导，引导社会组织健康发展。经过多方努力，充分调动了社会力量参与社会发展，实现了维权与维稳的目的，体现了德治与法治相结合在社会发展中的优势，推动了社会的共建与共享。在社会的自治、自律方面开拓了新路径，保障了社会与民生的同步发展。

关键词： 广西 社会发展 发展成效 发展经验

一 本区社会发展主要进展

（一）筑牢改善和保障民生工程

1. 实施脱贫攻坚战

广西壮族自治区作为全国脱贫攻坚的主战场之一，任务艰巨、时间紧

---

[*] 艾晶，广西民族大学民族学与社会学学院教授；李倍倍，河南科技大学人文学院社会工作系讲师。

迫。近年来，广西加大产业扶贫政策支持力度，根据自治区特色产业目录，立足资源禀赋，因地制宜，各县确定了县级"5＋2"、村级"3＋1"特色产业，集中项目、资金、技术等要素资源投入，发展种养产业、林业产业和旅游产业等。2018年广西有扶贫任务的县（市/区），"5＋2"特色产业已覆盖超过110万户贫困户，平均覆盖率达77%以上，初步建起"县有扶贫支柱产业，村有扶贫主导产业，户有增收致富项目"的产业扶贫大格局。2016～2019年，广西共减贫450万人，4719个贫困村出列，46个贫困县摘帽[1]；在近几年国家组织的省级党委和政府扶贫开发工作成效考核中，广西连续4年获得"综合评价好"的等次，累计获得中央财政奖励金20.8亿元。

脱贫攻坚任务仍然艰巨，突如其来的新冠疫情也给脱贫攻坚工作带来了一定影响。自治区扶贫办等9个部门，联合出台打赢疫情防控阻击战、保障决胜脱贫攻坚若干措施，随后又陆续出台多项专项支持措施，打出政策组合拳，有效分析应对疫情影响。一方面，着力巩固脱贫攻坚成果，建立防止返贫监测和帮扶机制，出台巩固脱贫成果精准防贫实施办法，按照"线上线下排查、精准识别认定、开单施策帮扶、动态监测管理"的模式开展工作；另一方面，进一步加大挂牌督战力度，持续打好"四大战役"，推进乡村振兴与脱贫攻坚有效衔接，开展解决相对贫困问题，为巩固脱贫成果、解决贫困问题探索新路径[2]。

2. 促进就业创业

2016年自治区大力推进"大众创业、万众创新"，坚持就业与创业相结合、以创业带动就业，创新工作机制，确保全区就业局势稳定。据统计，2016年1～11月，全区累计实现城镇新增就业40.69万人；同年1～10月，全区农村劳动力新增转移就业59.95万人，超额完成年度目标任务；同时，

---

[1] 自治区扶贫办：《担当实干全力以赴 决战决胜脱贫攻坚》，广西政府网，http：//www.gxzf.gov.cn/xwzx/fpyw/t5664817.shtml，2020年7月1日。
[2] 《冲刺！2020年脱贫攻坚收官之战，广西怎么打？》，广西新闻网，https：//baijiahao.baidu.com/s?id=1665140821661102000&wfr=spider&for=pc，2020年4月27日。

高校应届毕业生初次就业率达90.29%[①]。2017年自治区进一步印发《关于做好当前和今后一段时期就业创业工作的通知》，并提出11条新政策，在支持企业发展、推动大众创业、扶持高校毕业生就业等6大方面，从创业孵化基地申请、房租补助、奖励补助等多方面推动大众创业；在扶持高校毕业生就业方面更是以就业补贴、见习补贴、奖励补助等多种补助方式为求职者带来更多实惠。近年来，自治区在扶持"双创"带动就业的基础上，全面实施"互联网＋职业技能培训计划"，发动广大劳动者参加线上职业技能培训和技能评价活动。通过多种形式开发就业岗位，如开展家政服务业提质扩容"领跑者"行动试点工作，开发公益性岗位等挖掘内需带动就业，以及扩大有效投资创造就业、稳定外贸投资扩大就业、培育壮大新动能拓展就业空间等；鼓励企业吸纳就业、稳定高校毕业生就业和加强托底帮扶就业等促进劳动者多渠道就业。

3. 深化分配制度改革

劳有所得，是极为重要的民生问题。作为我国经济体制改革的重要组成部分，收入分配制度改革涉及不同人民群体的实际经济利益的重大调整，直接关系亿万群众切身利益。党的十八大报告指出，"实现发展成果由人民共享，必须深化收入分配制度改革"，这是解决好人民最关心最直接最现实的利益问题、提高人民物质文化生活水平的一个基础性环节。缩小人民群众的收入差距，正确处理效率和公平的关系，规范收入分配秩序，是深化收入分配制度改革的重要内容。

2019年，自治区政府制定了《广西持续增加城镇居民收入的工作方案》，在坚持以人民为中心、分类施策与统筹相结合、促进经济增长的总体要求下以推动自治区城镇居民收入持续且稳定地增长为目标，力争于2021年，自治区城镇居民人均整体收入逐步提高至全国中等水平。在方案实施措施上，以促进就业，增加工资性收入；鼓励创业，增加经营净收

---

① 《广西就业创业"成绩单"亮眼》，广西政府网，http://www.gxzf.gov.cn/sytt/20170103-557617.shtml，2017年1月3日。

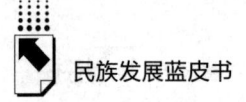

入；组织开源清障，增加财产净收入；落实托底保障工作以及规范分配秩序与强化监督管理为重要工作抓手。在具体实施细节上，在开创更多高质量就业岗位的同时，推行"智慧就业"项目，加强实施"互联网+职业培训""互联网+职业指导"，推进各类互联网人才服务网站建设，提供更好的人才服务平台保障；针对困难群体实施精准兜底保障服务，建立孤儿基本生活最低标准自然增长机制，保障孤儿群体的生活保障，同时完善低保家庭贫困状况评估指标体系的建设工作，进一步扩大低保保障范围，实现科学分类、需求识别与保障服务精准兜底服务。在工资福利制度改革方面，提升中小学教师平均工资水平，使其不低于当地公务员平均工资水平，在政策允许的情况下，通过自治区立法方式，设立符合民族特色的少数民族地区奖励性补贴。

4. 完善社会保障制度

社会保障制度作为现代社会重要的制度之一，面向全体社会成员，保障其基本生存与生活需要，旨在实现"全民皆保障"，特别是保障全体公民在年老力衰、疾病伤残、失业困难、遭遇灾害等特殊情况下的特殊需求，以现金、物质、服务等多种福利服务形式向社会成员提供保障性服务。"十三五"期间，自治区政府不断扩大社会保障范围，推进全民参保计划，努力实现全民皆保障的目标；强化社会救助体系内部衔接，统筹社会保险与社会救助制度，实现医疗、救助、教育、住房、就业等专项救助相衔接的科学救助体系；在医疗保险领域，一方面完善统一的城乡居民基本医疗保险和大病保险制度，另一方面健全医疗保险的稳定、可持续筹资与报销比例调整制度，职工基本医疗保险政策范围内住院医疗费用报销比例稳定在80%左右，城乡居民基本医疗保险政策范围内住院医疗费用报销比例稳定在75%左右；在城乡居民养老保险领域，提高保障待遇水平，逐步提升基本养老金标准；在教育资助方面，落实困难学生（包括残疾学生）的教育资助政策，有效降低困难学生的各项学业困难；在住房保障领域，努力照顾低保、低收入群体，实现应保尽保。在城镇，有效解决外来务工人员、新就业无房职工的实际住房困难问题。在各项民生保障工作中，精准兜底保障困难群体、完善多层次救助体系、扩大保障范围的同时切实提升保障水平。

5.改善住房保障

住房问题既是民生问题也是发展问题，关系千家万户切身利益，关系人民安居乐业，关系经济社会发展全局。近年来，自治区住房城乡建设厅认真按照国家和自治区统一部署，采取有效措施，持续大力推进保障性住房和棚户区改造等保障性安居工程建设，努力改善城镇居民居住条件，惠民生、稳投资、稳预期成效显著。

2018年5月，国务院将广西列为棚户区改造工作真抓实干、成效突出并予以表扬激励的5个省（区）之一，并对自治区保障性安居工程配套基础设施资金予以倾斜、奖励。棚户区改造建设全面推进，超额完成国家和自治区下达的目标任务。棚户区改造住房新开工9.1万套，超额完成国家下达的9万套开工目标任务；基本建成8.96万套，占基本建成任务4.2万套的213.3%。其中，南宁、柳州、桂林、贵港、百色和崇左等6个城市在建设进度、国家和自治区任务计划项目新开工规模、年度完成投资等方面成效突出；南宁市青秀区、良庆区，柳州市鹿寨县，桂林市叠彩区、七星区、平乐县、兴安县、全州县，梧州市万秀区，钦州市浦北县、灵山县，玉林市陆川县，百色市平果县、田东县，贺州市平桂区、钟山县，河池市东兰县，来宾市武宣县，崇左市扶绥县、大新县等20个县（区）通过大力推进集中成片、群众改建意愿迫切的老城区内脏乱差棚户区改造，有效改善了城镇棚户区居民居住条件，提升了城市品质和承载力，为保障和改善民生、稳定区域经济增长做出了贡献。

公共租赁住房保障能力持续提升。截至2018年底，广西公共租赁住房累计分配入住43.66万套，占累计开工48.07万套的90.83%；政府投资公共租赁住房分配入住36.78万套，占累计开工39.4万套的93.35%。2018年全区发放城镇住房保障家庭租赁补贴3.34万户，完成年度目标任务2.8万户的119.29%。2018年以来，在确保解决城镇低收入困难家庭住房问题的基础上，全区15.16万户进城落户农民、外来务工人员和青年教师、青年医生等各类新市民实现住有所居，10.37万户贫困户、残疾人、优抚对象、

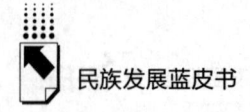

计划生育特殊困难家庭、60岁以上老年人、各类先进模范人物获得优先保障，1.2万户环卫工人、公交司机等重点领域、重点行业困难职工实现定向分配和精准保障，全区累计600多万名城镇住房困难居民圆了"安居梦"。截至2019年3月15日，全区棚户区改造国家任务已开工3.33万套，保障性安居工程完成投资16.2亿元，同比增长63.61%[1]。

（二）推进社会发展基础性制度改革创新

1. 在教育领域，大力促进教育公平制度建设

党的十八大以来，广西坚定不移实施科教兴桂和人才强桂战略，大力推进"双千计划"和教育提升三年行动计划，不断深化教育领域综合改革，协调推进各级各类教育发展，全区教育资源有效扩大，教育主要指标大幅提升，教育质量稳步提高，教育公平持续改善，为富民兴桂事业发展做出重要贡献。近年来，广西教育经费投入连年增长，一般公共预算教育支出占一般公共预算支出比重连续多年在全国排位靠前。教育支出作为广西财政第一大支出，2019年全区一般公共预算教育支出1014.52亿元，同比增长8.7%[2]。此外，自治区通过新增专项债券助力高校教育，如南宁教育园、桂林高校聚集区等项目建设。

教育公平持续推进。2018年，保障67万名随迁子女顺利入学。统筹优质教育资源，对口帮扶薄弱学校，普遍建立"市—县""县—乡""乡—村"三级结对帮扶机制。鼓励引导优质中小学通过管理帮扶、教师发展帮扶、办学条件帮扶、教育教学帮扶、困境学生帮扶等措施实现结对帮扶、联建共建，使各受助校在管理水平、校园文化、师资建设、办学条件、教学质量等方面有明显提高和改善，实现教育资源深度共享。统筹全区中小学校布局，按照"城乡搭配、以强带弱"的原则，科学合理地设立学区。通过改

---

[1] 《惠民生 稳投资 稳预期 广西保障性安居工程稳步推进成效显著》，广西政府网，http://www.gxzf.gov.cn/sytt/20190315-739640.shtml，2019年3月15日。

[2] 《2019年广西财政教育投入1014.52亿元，同比增长8.7%》，广西财政厅网，http://czt.gxzf.gov.cn/xwdt/jgdt/t5518529.shtml，2020年6月5日。

革学校管理体制、教育资源调配机制和教育教学管理方式方法，实现学区内统一进行资源配置、师资调配、教学管理、教学研究、学校招生、质量评价的"六统一"，构建县域、城乡、校际深度合作，优质学校和薄弱学校融合发展，县域内义务教育城乡一体化改革发展的新机制。2019年，80所异地扶贫搬迁安置点学校全部开工建设，全年资助贫困家庭学生约325万人，其中建档立卡家庭学生约110万人；新建改扩建特教学校9所，建成县级特殊教育资源中心8个、普通学校随班就读资源教室85个。扎实推进"双师教学"（城市优秀教师通过互联网技术对农村教师进行长期陪伴式培训）模式改革，利用网络平台为农村学校提供城市优秀教学资源。教育作为国之大计，广西不仅面临着扩大总量与提升质量的双重压力，还面临着缩小区域、城乡、校际发展差距的现实问题，因此，多年来始终作为战略性投入予以优先保障和重点关注。

2. 在医疗卫生领域，突出建立以提高人民健康水平为核心的现代医疗卫生事业制度

为进一步创建诊疗更加安全、就诊更加便利、沟通更加有效、体验更加舒适，区域协同、信息共享、服务一体、多学科联合的新时代医疗服务格局，自治区结合医疗卫生领域发展实际，围绕"优化配置医疗资源""切实提升服务可及性""提高医疗资源利用效率和医疗人才服务能力"的核心目标，促进"十三五"期间自治区"整合型医疗卫生服务体系"的建设工作。

当前自治区已经建立了由医院、公共卫生机构、基层医疗卫生机构共同组成的覆盖城乡的医疗卫生服务体系。2015年，自治区共计有医疗卫生机构34440个，基层医疗卫生机构占比最高；每千名常住人口公立医院床位数仅为3.07张[1]。2021年，医疗卫生服务供给水平显著提升，每千人口床位数、卫生技术人员、执业（助理）医师数、注册护士数分别达5.92张、7.46人、2.52人、3.36人，增幅分别达32.44%、32.50%、31.94%、

---

[1]《广西壮族自治区人民政府办公厅关于印发广西医疗卫生服务体系规划（2016~2020年）的通知》，桂林政府网，https://www.guilin.gov.cn/zfxxgk/fdzdgknr/shgysyjslyxxgk/jbylwsly/ylws/ggylwszcygh/202010/t20201009_1907488.shtml，2016年9月27日。

42.37%；每万人口全科医生数达2.63人，同比增长171.13%①。在医疗卫生资源结构调整方面，"十三五"期间，中医类医疗卫生服务机构数量大幅提升，中医药壮瑶医药在基层的服务可及性得到明显提升。为有效应对人口城镇化、老龄化、疾病普遍化和生育政策调整带来的新变化与新挑战，自治区率先启动严重类型地中海贫血胎儿"零出生计划"，切实保障母婴安全；与此同时，65岁以上老年人健康管理率达70%，二级以上综合医院设立老年病科达40%以上，60%以上养老机构能够提供医疗卫生服务。医疗卫生体系信息化水平大幅提升，推进全员健康数据库工作，建立居民电子病历与电子健康档案，切实实现信息惠民便民。

据统计，截至2019年5月底，全区累计94.15万名贫困患者得到诊疗服务，总救治率达97.51%；集中推进慢性病健康管理，490.46万贫困人口得到家庭医生签约服务；全区贫困人口住院实际报销比例达91.68%，门诊特殊慢性病实际报销比例达83.35%，均达到国家要求；加强对国家确定的21种大病的集中救治工作，累计救治21种集中专项救治大病病人4.42万人，累计救治率达98.7%②。自治区财政下达3亿元补助资金，支持防城港、贺州、来宾、崇左4市人民医院创建三级甲等综合医院工作。同时，加强人口发展、妇幼卫生与健康老龄化工作。启动国家民族地区妇幼健康示范区建设，实施广西严重类型地中海贫血胎儿"零出生计划"、广西地中海贫血防治三年行动计划。以多投资、多举措、重监管切实保障社会弱势群体在疾病预防与诊疗、健康管理方面的现代医疗服务供给。

3. 在人口发展方面，完善计划生育制度

人是生产力中最活跃的因素，人口是经济社会发展中最基础的要素。广西人口发展正在经历一系列的趋势性变动，人口增长、人口流动、人口年龄结构和人口城镇化将发生深刻变化。2015年末的出生人口总数为72万人，

---

① 《广西高质量全面建成小康社会系列新闻发布会（第五场）召开》，广西政府网，http://www.gxzf.gov.cn/zt/xwfb/xwfbh0803/dt/t9723312.shtml，2021年8月3日。
② 《自治区卫生健康委2019年上半年工作总结》，广西壮族自治区卫生健康委员会网站，http://wsjkw.gxzf.gov.cn/xxgk_49493/ghjh/zzqghjh/t5701710.shtml，2019年6月21日。

出生率14.05‰；2018年末总出生人口总数为68.9万，出生率14.12‰，生育总体水平稳定。与全国的平均水平相比，广西完善生育政策的积极效果更加明显，生育率更接近人口正常更替的水平。2018年末，全区户籍总人口和常住总人口分别为5659万人和4926万人，比"十二五"时分别增加141万人和130万人①。

与此同时，人口素质不断提升，2018年，全区义务教育辍学人数从34878人降到8005人，劝返复学26873人，辍学人数减少了77%，控辍保学工作取得明显成效，全年义务教育巩固率达95%，提前两年实现"十三五"规划目标。截至2020年，全区共有计生协组织2.32万个，会员630万人，村居、社区和企事业单位等基层计生协组织17908个，流动人口计生协组织3721个，覆盖率达81.5%，形成了横向到边、纵向到底的工作网络。2019年，全区推行农村计生家庭爱心保险、救助贫困母亲、计生贫困家庭发展帮扶等民生项目，共投入计生保险项目资金1800多万元，全区计生家庭系列保险理赔金额达8307万元；投入贴息金额854万元，为7319户计生家庭发放贷款8000万多元，帮助计生家庭抵御风险、助力计生贫困家庭脱贫致富。

4. 在户籍管理方面，建立全国城乡统一的户口登记制度

依照积极稳妥、以人为本、综合协调的原则，深化户籍管理制度改革，全面实施城乡统一的户口登记管理制度，2015年，广西进一步推行全区户籍制度改革，在全区范围内取消按农业、非农业性质户口登记常住户口的办法，以公民按经常居住地登记常住户口为基本形式，以具有合法固定住所为户口迁移基本条件，实施城乡统一的户口登记管理制度，统称居民户口。充分发挥户籍管理工作在促进经济社会发展、保护公民合法权益和维护社会稳定方面的作用。全面实行居住证制度，即公民离开常住户口所在地到本自治区行政区域内设区市市区居住半年以上的，在居住地申领居住证；并以居住

---

① 《广西统计年鉴2018》，广西壮族自治区统计局网站，http://tjj.gxzf.gov.cn/tjnj2020/2018/indexch.htm。

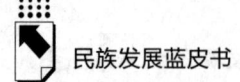

证为载体，建立健全与居住年限等条件相挂钩的基本公共服务提供机制。在具体服务方面，居住证持有人享有与当地户籍人口同等的劳动就业、基本公共教育、基本医疗卫生服务、计划生育服务、公共文化服务、证照办理服务等权利；以连续居住年限和参加社会保险年限等为条件，逐步享有与当地户籍人口同等的中等职业教育资助、就业扶持、住房保障、养老服务、社会福利、社会救助等权利，同时结合随迁子女在当地连续就学年限等情况，逐步享有随迁子女在当地参加中考和高考的资格。

完善与户籍制度改革相关的配套政策，重点是在土地、住房、社保、就业、教育、卫生计生等保障机制，建立畅通的户籍转移通道，促进有能力在城镇稳定就业和生活的常住人口有序实现市民化，稳步推进城镇基本公共服务常住人口全覆盖，尤其在将农业转移人口及其他常住人口养老保险和医疗保险转移接续城镇社会保障体系与住房保障体系，整合城乡居民基本医疗保险制度及其随迁子女受教育、升学考试政策的完善与落实等方面，满足其基本生活需求。

2019年，广西印发《深化户籍制度改革的若干规定》，加大户籍改革力度，全面放开城镇落户条件，取消参保、居住年限、就业年限等落户限制。一方面，农业转移人口进城落户后，已经确权的农村土地承包经营权、宅基地使用权、集体收益分配权不因户籍改变受到影响，可以继续享有农村"三权"合法权益；另一方面，对落户农业转移人口的医疗、养老、就业、随迁子女教育予以保障。

（三）构建国家安全体制

边境安则国家安。广西是面向东盟的国际大通道、西南中南地区开放发展新的战略支点、"一带一路"有机衔接的重要门户，如此战略地位决定了国家安全在自治区的特殊重要性。自治区内，国家安全的内容不仅涉及作为边境要位的通道风险，还涉及区内意识形态风险、社会稳定风险与网络安全风险等具体内容。新冠疫情发生以来，广西壮族自治区有效把握区内主流舆论导向，引领民众安心、众志成城、社会稳定，及时破除错误言论及谣言，努力维护政治安全与社会安全。新时期自治区在具体维护国家安全方面，形成了党委统一领导，各级各部门党委落实主体责任，国家安全专门工作的部门业务主管、有关职能部门支持配合，社会力量广泛参与的新型工作格局，配合、落实两手抓。同时，努力提升和加强人民防线建设，提升各单位国家安全责任意识，通过开展形式多样的宣传工作，深入人民群众、提升群众安全意识。为适应维护国家安全和社会稳定形势需要，2016年，自治区公安厅党委明确了"打三年、建三年、抓三年"的工作思路，树立集中财力办大事的理念，重点推进可视化指挥体系、合成化情报体系、智能化技防体系、信息化监管体系、立体化巡防体系、数字化边境防控体系等"六位一体"的新型社会治安防控体系建设，为广西的社会治安稳定搭建起安全屏障。自治区还推出了举办国家安全教育课、设立街头宣传点、投放海报、公益广告等多种方式推广宣传，做好对各项国家安全法律法规的教育普及，推动国家安全宣传教育进机关、进学校、进农村、进社区、进企业、进军营、进网络，切实将安全意识、法律知识引入全民生活，重视意识提升与各项预防工作。

新冠疫情发生以来，境外疫情蔓延迅速，部分国家疫情较为严重，疫情从自治区边境输入的风险上升，但自治区内主流舆论总体态势积极健康向上。自治区坚持内外双向防护的策略措施，全面严防外部输入，内部紧抓常态化疫情防控，强化物资供应与疫情清零工作，防疫工作取得了阶段性的成果。同时，边境反恐怖、反毒品、反走私偷渡等压力较大，也给自治区的疫情防控工作带来了严峻挑战。因此，统筹推进疫情防控和维护社会安全稳定各项工作，加强对风险的评估研判，完善预警防控体系，提高危机应对能力，把风险隐患解决在萌芽状态，始终是落实安全保障的重点内容。

（四）健全公共安全体系

自20世纪90年代以后，特别是中国—东盟自贸区协议签署以后，广西开启了快速赶超发展的步伐，经济发展、社会开放与市场经济体制的完善推动了广西社会结构快速变迁，社会整体活力不断得到释放的同时，各种风险因素也随之增加，尤其是诱发公共安全问题的社会风险因素不断累积，对广西社会稳定、民族团结和边疆安全格局造成了较大压力[①]。"十三五"期间，广西将以推进应急体系建设为抓手，强基础、重预防、补短板、增能力，全面提高预防和应对突发事件的能力，构建具有广西特色和时代特征的公共安全应急管理体系，为经济社会发展提供安全环境保障。

基层一线是公共安全应急管理的主战场，着力夯实基层应急基础，统筹推进城乡生命线工程、地震安全民居、应急避难场所等公共安全基础设施建设意义重大。广西壮族自治区深入推进风险管理，建立风险隐患数据库，完善相关预警机制，实现了各类重大风险隐患的识别、评估、监控、处置等全过程动态管理；加快建设广西突发事件预警信息发布系统，实现了全区全覆盖。利用智慧化手段，大力推进应急信息化建设，推动自治区、各市应急综合管理平台向县、乡镇延伸、运用，实现互联互通和资源共享；充分利用应急大数据、云计算、互联网等现代信息技术和基础地理信息平台，推动应急管理工作可视化、扁平化、立体化、网络化，逐步实现预测预警、信息报告、综合研判等环节信息化。

（五）加快社会诚信体系建设

社会诚信体系建设是一项复杂的系统工程。人情冷漠、道德滑坡、网络诈骗、经济纠纷等社会问题层出不穷反映的正是社会诚信体系构建的不完善。从制度入手，完善与加强诚信体系建设是社会发展过程中的重要一环。

"十三五"期间，自治区秉持以褒扬诚信、惩戒失信，部门联动、社会协同，依法依规、保护权益，突出重点、统筹推进为基本原则；严格按照法律法规和政策规定，不断加强和完善信用信息的记录、整合和应用，推进诚信制度的建设。以自治区信用信息平台为基础，充分利用大数据、云计算等

---

① 李俊清、谢尚果、卢小平：《推进广西公共安全治理体系与能力现代化研究》，《广西民族大学学报》（哲学社会科学版）2016年第2期。

信息技术手段，对信用数据进行归集、分析、挖掘并深度应用；充分运用信用激励和约束手段，建立完善跨地区、跨部门、跨领域的联合激励和惩戒机制；不断提升公共管理服务水平和社会发展能力，形成政府部门协同联动、行业组织自律管理、信用服务机构积极参与、社会舆论广泛监督的共同发展格局，促进市场主体依法诚信经营，维护市场正常秩序，营造"守信者处处受益、失信者处处受限"的社会信用环境。同时力争构建全面的事前、事中、事后三阶段，分层分类监管机制。在事前监管环节，全面推行信用承诺制度，广泛开展市场主体守法诚信教育，拓展信用报告应用；在事中监管环节，完善市场主体信用信息归集共享机制，扩大市场主体信用信息自愿注册的覆盖面，落实信用评价应用和分级分类监管；在事后监管环节，全面开展失信联合惩戒，完善信用修复机制。

2018年底，初步建立了覆盖全区企业、自然人、社会组织、机关事业单位的社会信用体系框架和运行机制，基本形成比较完善的信用信息记录、整合和应用机制，自治区各有关部门、各重点行业信用信息系统基本建成并与自治区信用信息平台实现交换共享，基本建立政府部门联合奖惩机制。截至2020年底，广西壮族自治区全面构建以信用信息资源共享为基础的覆盖全社会的公共信用信息系统、以法规机制为保障的信用监管体系，守信联合激励和失信联合惩戒机制全面有效运行，全社会守信践诺意识显著增强，以信用为核心的新型监管机制基本建成。为实现正向激励与加强社会风气建设，在依法依规加强对失信行为的行政性约束和惩戒的同时，多渠道选树诚信典型，建立行政审批"绿色通道"和"容缺受理"机制。

（六）强化城乡社区发展

党的十八大以来，以习近平同志为核心的党中央从党和国家事业发展全局出发，就推进国家治理体系和治理能力现代化提出一系列新理念新思想新战略，并把基层社会发展提升到新的高度。2020年7月23日，习近平总书记在吉林考察时强调，一个国家治理体系和治理能力的现代化水平很大程度上体现在基层。夯实基层发展根基，提高社区发展效能，既

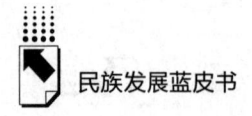

是社会发展创新的重要目标，也是不断增强人民群众获得感、幸福感、安全感的必然要求。

"十三五"期间，广西壮族自治区在加强与完善城乡社区发展方面，结合自治区发展实情，多次出台了在城乡社区发展体系建设、社区服务能力、发展水平等方面的政策。在发展理念与发展实践探索中始终探索党组织如何引领社区发展创新，切实把社区党组织建设成为宣传党的主张、贯彻党的决定、领导基层发展、团结动员群众、推动改革发展的坚强战斗堡垒。切实发挥好党组织在多元参与社区发展格局中的引领性作用，把群众所需与政府所为有效衔接起来。

在社区发展水平方面，南宁市鼓励探索在无物业管理或者"弃管"物业的老旧小区依托社区居民委员会进行自治管理，探索农村社区选聘物业服务企业提供社区物业服务等。每个县（区）每年选择一两个街道（乡镇）的2~3个基层群众性自治组织开展规范化试点建设，主要是推进组织机构健全、服务场所功能完善、运行机制规范、村（居）民自治活跃有序的城乡社区建设。同时，完善城乡社区民主选举制度，通过依法选举提高城市社区居民委员会成员中的本社区居民比例，鼓励符合条件的农民工经过民主程序参加社区居民委员会选举，保障外出务工农民民主选举权利。积极调动社区居民参与的主体作用，探索将居民参与社区发展、维护公共利益情况纳入社会信用体系等。

同时，加强对城乡社区社会救助对象、贫困人口、困境儿童、精神障碍患者、社区服刑人员、刑满释放人员和留守儿童、妇女、老人等群体的人文关怀、精神慰藉和心理健康服务。引导人民调解员、基层法律服务工作者、农村土地承包仲裁员、社会工作者、心理咨询师等专业人员，在物业纠纷、农村土地承包经营纠纷、家事纠纷、信访化解等方面发挥作用，切实提升城乡社区发展水平。有效鼓励和引导各类市场主体，探索建立社区公共空间综合利用机制，合理规划建设文化、体育、商业、物流等自主服务设施，鼓励和引导各类市场主体创新发展。同时，鼓励社会力量参与社区服务，重点发展社区养老、家政、文化、餐饮、物流等服务业态，实现在基层社会发展中国家、社会、市场三方力量的有效融合、相互促进与共建共享。

（七）促进社会组织健康发展

"十三五"期间，为促进全区社会组织健康有序发展，有效发挥社会组织服务国家、服务社会、服务群众、服务行业的功能与作用，广西壮族自治区党委、政府高度重视社会组织管理工作，持续推进社会组织管理改革。自治区党委、政府出台了《关于改革社会组织管理制度促进社会组织健康有序发展的实施意见》。稳妥推进四类社会组织直接登记试点，通过优化培育发展环境、重点发展基层社会组织等9项措施，降低准入门槛、简化登记程序。推进"互联网+社会组织"建设，建成"四系统、一网站"（社会组织统一社会信用代码库系统、电子证照库系统、年检系统、登记验资系统，社会组织网）。同时，建立了"分级负责、分类管理、分片兜底"的社会组织党建管理体制。各级民政部门、社会组织党建部门将党建工作贯穿社会组织的登记、年检、评估等业务的全过程，连续4年开展党建工作"百日攻坚"，推进党的组织和党的工作"两覆盖"。

2017~2018年，社会组织参与政府决策咨询、社会发展等项目220多个，23个社会组织入选了"广西特色新型智库联盟"，一些社会组织在规范行业标准、推动行业诚信建设方面走在了全国前列；社会组织开展扶贫项目480余个，投入资金近1亿元，受益对象5万余人次，社会组织的作用力、影响力、正能量越来越受到社会关注和群众认可。社会工作和志愿服务管理扎实推进，培育社工人才服务载体，社会工作服务机构从2012年的2家增长到2018年的163家，全区考取社会工作资格证书的有4665人。推进政府购买社会工作服务，2018年自治区安排资金1570万元支持引导各地实施社工项目。研究制定志愿服务记录和证明办法、志愿服务激励办法、支持和发展志愿服务组织的实施意见等文件，完善志愿服务发展政策。加强注册服务管理，截至2018年底，全区在全国志愿服务信息系统的注册志愿团体、志愿者已分别有5000多个、139

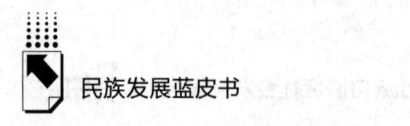

万多人，服务时间120多万小时①。

同时，打击整治非法社会组织取得阶段性成果。2018年4月以来，按照民政部、公安部的统一部署，自治区民政厅会同公安厅，深入推进打击整治非法社会组织专项工作。成立专项工作领导小组，会同自治区公安厅制定专项行动方案，建立日常监管机制，明确定期会商、信息共享、联合执法等事项。深入排查摸底，做到"五清"——数量摸清、种类摸清、活动场所摸清、活动内容摸清、负责人摸清，建立月排查制度和"零报告"制度。

（八）创新社会发展方式

从"管理"到"发展"，是社会发展理念的创新，也是工作方式方法的飞跃。"十三五"期间，自治区以社会发展精细化为目标，在创新社会发展体制、改进社会发展方式方面做出了有益探索，逐步向法治化、精细化、智能化、数据化转变。

2020年初新冠疫情防控中，柳州市通过运用"大数据+网格化"和家庭医生网格"面对面"随访等方式，充分调用"健康小马"深入基层开展精准摸排，取得良好效果。在党建引领方面，自治区各地把党的领导贯穿乡村发展各方面的过程中，探索和总结出不少经验。浦北县创新性地在镇村之间设置片区党建工作站，在各行政村设置党群服务中心，在条件成熟的自然村引导成立自然村党支部或党小组，健全"县+镇+站+村+自然村"的五级党组织网络。在县级层面，浦北县实行基层办、扶贫办、村办"三办融合"，积极发挥"1+2+N"工作机制的统筹协调作用，推动各领域各部门资源力量向乡村一线倾斜，有力保障了脱贫攻坚工作的人力、物力、财力。百色市创新"党建+"系列品牌，"民主生活会案例分析""农事村办""农家课堂"等各具特色的党建活动密切了党群、干群关系，提升了基层党组织规范化水平。在推进法治建设方面，自治区通过优化法治资源、统筹社会力量、平衡社会权益、调解社会关系、规范社会行为，多元化解群众

---

① 《广西社会组织管理改革发展开创新局面》，广西壮族自治区民政厅网站，http://www.mca.gov.cn/article/xw/dfdt/201812/20181200013909.shtml，2018年12月21日。

纠纷，尤其是通过整合优化"一村一警""一村一法律顾问"等法律公共服务资源，基本实现"三官一律"工作队在广西的全覆盖，不断丰富服务主体，全面吸纳人民调解员、仲裁员、公证员、有威望的村干部和族老等参与，逐步建立上下互动、主体多元的矛盾化解机制。在利用大数据、云计算与物联网等技术手段推进治理体系与治理能力现代化建设中，自治区深入推进区块链的建设，深入分析广西区块链产业发展的优势和面临的挑战，积极做好产业规划布局，以此推动"数字广西"区块链产业健康有序发展。

（九）加大环境保护与发展力度

为了营造山清水秀的自然生态，实现环境和经济协调发展，基于对"十二五"时期广西环保工作的全面回顾、对"十三五"规划与全国同步全面建成小康社会的分析研判，自治区结合区域环境，制定了《广西环境保护和生态建设"十三五"规划》，力争全区生态环境质量保持全国前列。具体涉及自治区水、空气、土壤等环境质量总体保持优良，主要污染物排放总量达到国家要求，环境风险得到有效防范，国土生态安全屏障更加稳固，生态公共服务更加完善，构建"一屏五区一走廊"生态安全体系。环保工作具体采取"三步走"战略。第一步，2016年环境问题大诊断。按照桂林市环保综合督查的模式，对全区14个设区市集中开展环保综合督查，对环境问题全面诊断，查清病因、制定措施、落实责任。第二步，2017~2019年环境问题大治理。对诊断出的问题进行全面发展，解决突出环境问题，改善环境质量。第三步，2020年环境质量大提升、大考核。

2019年，广西突出精准治污、科学治污、依法治污，打好污染防治攻坚战，推动生态环境质量持续改善。截至2019年12月29日，广西环境空气质量优良天数占全年总天数的91.9%，同比提高0.4个百分点；PM2.5平均浓度33.6微克/立方米，同比下降5.5%；地表水水质优良比例为96.2%[1]，排

---

[1] 《2019年广西生态环境保护工作亮点综述》，广西政府网，http://www.gxzf.gov.cn/zyhjbhdcfkyjwtzgzl/t1232480.shtml，2020年1月2日。

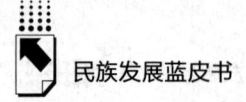

名全国第三，生态环境质量总体保持良好。在精准治污方面，按照护清水、治差水、保饮水的思路，广西重点加强漓江、九洲江、南流江等重点流域水环境发展，持续实施饮用水水源地保护工程。2019年1～12月，全区70段城市黑臭水体中完成整治67段，完成率达95.7%。南宁、桂林入选国家第二批城市黑臭水体治理示范城市；贺州市入选国家第三批城市黑臭水体治理示范城市。在依法治污方面，广西土壤污染防治依照"打基础、建体系、守底线、控风险"的工作思路，持续开展重点行业企业用地调查、加强涉重金属行业污染防控、强化污染地块土壤环境管理等工作；截至2019年10月，广西信息采集调查单位提交调查结果为99.95%，高于全国平均水平92.03%。在系统科学推进生态发展和保护方面，广西已经基本完成了一批具有生态修复效果好、资金撬动作用大、直观效果好的项目，有效践行了习近平总书记提出的"绿水青山就是金山银山"理念，实现经济、社会、生态效益相结合。截至2019年12月底，308个项目中，283个已立项，开工建设252个，开工率81.82%，57个项目已完成验收，完成投资61.58亿元；119个奖补资金项目中已开工项目97个，奖补资金项目开工率81.51%。

（十）全面加强党对社会发展的领导

在推进社会发展现代化的进程中，党的领导是创新社会发展的根本前提、根本推动和根本保证，要充分发挥党在社会发展中把方向、谋大局、定政策、促改革的作用，就必须全面增强党领导社会发展的能力。基础不牢，地动山摇。要不断夯实基层社会发展这个根基。提高社区发展效能，关键是加强党的领导。要推动党组织向基层延伸，把基层的工作做好，这样才能"任凭风浪起，稳坐钓鱼台"。

"做实网格党建，促进精细化发展"是党中央对提升党组织领导基层发展工作水平的要求。扎实开展党员"双报到"活动，调动党员参与社区建设管理的积极性，充分发挥党员先锋模范作用，增强基层党组织的组织力、凝聚力、战斗力。开展"网格化"党建以来，柳州市柳南区始终不忘初心，以党建为统领、以网格为载体、以服务为宗旨，推行"信息在网格采集、需求在网格发现、资源在网格整合、问题在网格解决"，突出"四网合一"，坚持"三联"互动、"三化"融合、"三心"关怀、"三建"互促，全区基层发展精细化成效显著，柳南区被民政部确认为"全国街道服务管理创新实验区"。通过网格员队伍化、"红色管家"协同化、志愿服务精准化融合构建"资源网"，增强城市基层党建发展力；以居民群众的实际需求为出发点和落脚点，设立"议事亭""红色圆桌坊"等网格阵地，通过"吾事五说"党群议事会等网格议事平台收集、了解居民需求，以"自管服务＋结对服务＋购买服务"的模式做活网格发展，以自管服务"热心"、结对服务"暖心"、购买服务"贴心"的"三心"关怀构建服务网，增强城市基层党建服务力；同时，结合街道管理体制改革，借助"街社派单、部门解单"工作机制，建立健全网格事项发现、上报、分转、办理、反馈的工作机制，畅通网格发展快速响应渠道，强化网格运转保障。建立"扁平化"网格机制，借助街道"大工委"、社区"大党委"共驻共建资源，实施"网格收单、街道分单、大工（党）委审单、单位领单、群众评单"五单工作法。厘清网格发展事项权限，由社区党组织对网格内收集到的问题和群众诉求进行分析研判，对政府管理事项、公共服务事项等"大事"，通过向上级职能部门派单、协调辖区单位等方式进行解决；对社区公共事项、公益服务事项等"小事"，组织社区自治组织、社会组织等共同解决；对居民家庭、个人事务等"私事"，引导居民群众自行解决或寻求市场服务，以此建立"三事分流"机制。以"三建"互促构建"保障网"，增强城市基层党建保障力。

二 新时代本区社会发展创新的成效、经验和思考

（一）活力和秩序的关系

确保社会既充满活力又和谐有序是我国社会发展的重要政策目标，二者相互促进。社会活力在我国现实生活中更多体现为社会自组织、公益慈善行

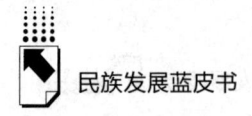

为、社会参与等。社会活力更多被认为是社会参与度高、阶层流动性好、社会信任度高、社会组织发达,可见,最能体现社会活力的是社会参与。在社会管理转向社会发展后,更加注重社会力量参与到社会发展中来,将政府管不到的或不好管的事务交由社会组织管理,充分调动社会组织参与社会发展的积极性,集合社会力量共同推动社会向前发展。

截至2018年9月,全区在各级民政部门登记的社会组织已达26702个(其中社会团体13797个、民办非企业单位12819个、基金会86个)[1];2019年,广西在打击各类犯罪中,全年受理各类案件758120件,同比上升20.19%,审结、执结700210件,同比上升24.27%[2],社会治安持续好转,群众安全感显著提升。以南宁市乐益行社会工作服务中心为例,在社区戒毒康复社会工作方面,南宁市乐益行社会工作服务中心通过与政府部门合作,发挥社会组织在社会禁毒特别是在社区戒毒、社区康复工作方面多元化的特殊作用,拓展了社会力量参与戒毒康复工作的渠道和方式;在社工参与社区矫正工作方面,南宁市乐益行社会工作服务中心在政府各部门多方支持下,打造"社工+社区矫正工作人员+同伴/专业志愿者"的模式,大大提升了公益活动中社区矫正人员的参与率,有力推进社区矫正工作社会化,发挥了社会组织参与社会发展的应有作用。

(二)维权与维稳的关系

社会矛盾是社会经济发展到一定阶段的必然产物,基层作为社会矛盾的集中爆发地,预防和化解基层社会矛盾关系到群众的民生福祉、经济的健康发展和国家的长治久安。习近平总书记指出:维权是维稳的基础,维稳实质上就是维权。这一重要指示,为预防和化解社会矛盾提供了重要遵循。

社会矛盾的频发首先表现为信访数量的激增。2020年上半年,全区信

---

[1] 《广西社会组织管理改革发展开创新局面》,广西壮族自治区民政厅网站,http://www.mca.gov.cn/article/xw/dfdt/201812/20181200013909.shtml,2018年12月21日。
[2] 《广西法院晒2019"成绩单":这些数据让公平正义看得见》,人民网,http://gx.people.com.cn/gb/n2/2020/0115/c179430-33719073.shtml,2020年1月15日。

访系统做到新冠疫情防控工作和信访工作"两手抓",实现"两不误""双促进",信访形势稳中向好、结构稳中向优、效率稳中增效、服务稳中提质、工作稳中创新,精细做好群众来访接待场所新冠疫情防控工作,确保来访群众和全区信访系统工作人员无一感染病例。新冠疫情发生以来,积极畅通网上信访渠道,48个区直机关和315个市县机关门户网站增加了网上信访入口,实现信访事项网上流转办理,网上信访占比达64.08%,推动形成了"多网访、少走访"的工作导向;开通涉疫信访事项绿色通道,做到"不见面"信访即到即办、特事特办、快速办理,解决了一大批涉疫信访事项。运用项目化管理模式,全面组织推进"三重"信访问题治理暨信访积案化解攻坚专项行动,中央和自治区交办信访积案实体化解率达42.92%,同比增长14.36个百分点,取得历年同期最好成效。

升级社会发展效能同样需要社会组织的成长和发育,充分发挥第三方社会组织的矛盾调解功能。社会组织扎根于社会,与广大人民群众联系密切,能及时感受到社会矛盾的焦点问题,并及时地对这些焦点问题采取协调措施,第一时间对处于萌芽状态的社会矛盾进行处理,尽可能地将社会矛盾的负面影响控制到最低程度。如广西罗城仫佬族民族地区成立的妇女中心户组织,由当地为人正直、办事公道、生活阅历丰富的妇女组成,她们积极参与一些家庭矛盾的调处,由于身处当地的生活中,对当地的一些纠纷情况较为熟悉,能结合实际进行调解,加之调处公正、不偏不倚,获得了人们的普遍依赖,将很多矛盾和纠纷及早予以解决。

(三)法治与德治的关系

民族地区的特殊性归根结底是文化的特殊性。社会发展的最终目标是实现善治。法治与德治各有特点,但是单纯的依法治国和单纯的以德治国都有其局限性,好的社会发展需要法治与德治相结合。法治是社会发展的根本保障,在法治基础上建立一个由多元发展主体参与的制度化、规范化和程序化的有效的社会治理体系,正确处理社会发展中的各种关系,为中国社会的发展提供根本保障,社会发展需要法治与德治相结合,社会发展离不开法治硬

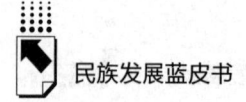

件，更不能没有道德软件；法治不是万能的，抓法治建设的同时更应注重社会公德建设。和谐社会的构建必须坚持法治为基、德治为本的双重维度。运用现有资源及经验，依据社会自身运行规律和社会发展的相关理念及规范，不但要考虑社会、政治、经济等因素，也要与主流价值观念相契合，与社会的道德文化相结合。在我国，创新社会发展离不开坚实的道德文化基础。

我国作为一个法治历史并不悠久的国家，人们的法治意识尤其是少数民族地区人们的法治意识并不是很强，因此，要发挥民族内部组织在法治化发展中的补充作用。民族地区社会发展中所遇到的矛盾和问题，人们首选的解决方式往往并非国家的法律，而是选择人们日常的处理方式来协商解决或是运用本民族一直沿用的惯例加以解决，这就是各民族在长期历史发展过程中形成的乡规民约，实则是一种民间的法治化方式。仫佬族是广西特有的少数民族之一，在传统宗族制度下形成了"冬头裁决"的规约制度，新中国成立后，"冬头裁决"被赋予了新的形式和内容，尤其在一般的民间纠纷中发挥着重要作用。如东门镇中石村天水屯银姓四冬之一的房族老人银显德在一起中石村大银屯与天水山场纠纷案件中，他不仅是一"冬"的代表，还是司法所调解处案件的保证人，他的意见得到村民的认同，对于纠纷的最终解决发挥了关键作用[①]。

相对于国家法而言，德治更具柔性，更有弹性和空间。因此，民族内部组织在维持民族地区正常的社会秩序、定纷止争时起着重要作用，乡规民约对国家法也起着重要的辅助和补充作用，它往往能在国家法介入前有效地解决社会纠纷，或是在国家法所不能顾及的范围内发挥作用。如对农业生产秩序、环境清洁、邻里关系这样的琐碎纠纷国家法律往往鞭长莫及，民族内部组织却能在其中起到较好的协调作用，这些民族内部组织的规约，与国家法形成互补关系，协调了社会发展中的矛盾，妥善解决了发展中出现的问题。

---

① 劳玲、黄新锋、覃如洋、农海涛：《广西特有少数民族族规民约的社会治理价值——以仫佬族为例》，《中共桂林市委党校学报》2020年第1期。

（四）共建与共享的关系

习近平同志指出："不了解农村，不了解贫困地区，不了解农民尤其贫困农民，就不会真正了解中国，就不能真正懂得中国，更不可能发展好中国。"因此需要充分认识减贫发展在社会发展整体格局中的重要意义，坚决打赢脱贫攻坚战，不断推进社会发展现代化。

自深圳市罗湖区结对帮扶广西西林县以来，双方本着"真情帮扶、优势互补、互利共赢、友好协作"的原则，跨越地理空间，开启东西部扶贫协作之路，扶贫协作工作取得明显成效。2019年以来，罗湖、西林两地积极探索研究脱贫后对口扶贫协作的新思路、新举措，创新性地提出实施教育扶贫、健康扶贫、蜜蜂扶贫、生态扶贫等方面的协作，探索脱贫之后的成效巩固与可持续发展之道。在教育帮扶中，针对西林县学校教育管理水平较低的情况，罗湖区选派人才到西林县罗湖实验小学、西林中学、西林民高任校长，示范推进；开展教育信息一体化帮扶，利用大数据和5G新技术，把西林紧缺的教育需求和罗湖教育强区的优质资源，通过腾讯云教育平台紧密结合起来，分批次在西林中小学开展智慧共享教学活动，整体提升西林的教育教学水平。在医疗扶贫中，罗湖区先后五批选派了34名不同专业的医疗专家（包括麻醉师、护士长）到西林开展下乡义诊、培训医技人员、医疗管理、示教手术、新增适宜技术、参与疑难病例抢救等医疗帮扶。利用自身现有的资源和技术优势，捐赠西林县价值25万元的远程诊疗系统及价值50万元的"罗湖云医疗"App系统，帮助西林县实现远程实时会诊，让西林老百姓足不出县就可以享受到罗湖乃至全国专家的诊断，留下一个"不走的医疗队"。扶贫协作促提升，共建共享共发展，东西部扶贫协作不仅给贫困地区带来了资金、技术，取得了好成效，而且对当地转变观念，提高社会发展水平起到了重要作用，其意义和影响深远。

（五）共治与自治的关系

民族区域自治制度是我国的基本制度之一，实践表明，民族区域自治制度为民族地区善治做出了巨大贡献[①]。社会发展的根本目的是推动社会的自治、自律和良性运转，进而推动整个社会的发展；社会基层发展的综合性平台是社区。全国人大十二届二次会议指出，社会发展的重心必须落到城乡社区，社区服务和管理能力强了，社会发展的基础就实了。推进社会发展创新，必须坚持共建共治共享的发展理念，充分发挥发展理念，发挥党和国家在发展中的权威性和引领性，建设社会发展共同体，提高发展体系的运行效率，激发整体发展效能。

"微发展"作为社会发展精细化的一种实现路径，以社区、小区、楼栋等"微组织"为单位，将社会发展的任务落小落细，打破了过去政府大包大揽的管理模式，提高群众对于公共事务的参与度，推动多元参与发展格局下实现内部微发展。目前在自治区内登记注册的物业企业4100多家，覆盖了95%以上的新建住宅小区。小区物业作为社会群体的聚集点、利益关系的交会点、社会矛盾的集聚点，把以往社区管理、物业管理"两张皮"变为"一盘棋"，有利于解决社区基层的现实难题。在未来的发展中，仍需进一步完善由社区居委会和物业公司"互融互通"的发展机制，将物业管理和行政管理整个纳入社区服务和管理体系。同时通过"支部+物业"，充分发挥物业党支部的战斗堡垒作用，通过社区网格员在物业党支部中任职等形式，解决社区与物业之间沟通协调不够的难题，在矛盾纠纷调解、社区文化建设、社会治安防控等方面充分发挥物业的积极作用，为基层社会发展提供有力支持，有效推动"微发展"的共建共享。

（六）发展与民生的关系

从政策思路与地方实践来看，我国各级政府普遍把民生保障作为推进社会发展工作的重要抓手。党的十七大、十八大要求，"把保障和改善民生放在更加突出的位置"，最大限度增加和谐因素，增强社会创造活力。保障与改善民生是一项紧迫的任务，是社会发展的基础，就业、教育、医疗、养老

---

① 黄骏：《理性认识中国共产党在民族地区的社会发展》，《理论导刊》2017年第6期。

等问题得不到很好解决，社会发展就是空的，要让百姓得到改革红利，才能将矛盾化解在基层。

从群众角度来说，一个个具体的利益权益诉求，构成了社情民意的整体表达；从执政为民的角度来说，推进经济社会发展的大事情大政策，以及群众看病就医、教育就业、吃饭出行等具体问题，都在增进人民群众福祉的范畴之内。寻求民生建设的最大公约数，并不等于就可以忽略群众所谓"鸡毛蒜皮"的小事。2019年11月12日，广西纪检监察网发布的情况称，日前，自治区纪委监委会同8个部门，公布了专项整治第一批成果。其中，实施"畅返不畅"整治工程，已完成农村公路畅通1138千米；推进贫困地区自然村屯通硬化路建设，已完成硬化屯级道路9390条，完工率97.6%；开展清理河湖乱占、乱采、乱堆、乱建突出问题，全区首轮排查发现的2547个"四乱"问题，已整治完成2522个，整治销号率99%[1]。专项整治漠视侵害群众利益问题，提升人民群众幸福指数，不一定要声势磅礴浩大，但一定要有执政为民的大情怀，而大情怀在许多时候，往往体现在维护群众利益的小细节小事情上，体现在既细且实的保障改善民生措施上。也恰是这些具体细碎的民生小事情里，更见执政者的初心与使命担当。

---

[1]《自治区纪委监委公布第一批专项整治漠视侵害群众利益问题工作成果》，广西纪检监察网，http://www.gxjjw.gov.cn/staticpages/20191112/gxjjw5dca294f - 145480.shtml，2019年11月12日。

B.5
宁夏回族自治区社会发展报告

王玉栋[*]

摘　要： "十三五"时期，宁夏社会发展成就显著。赢得脱贫攻坚战，就业、居民收入、社会保障与住房等各项民生持续改善。持续推进社会服务制度改革创新，大力建设"互联网+教育"示范区和"互联网+医疗健康"示范区。完善国家安全体系，加强民族宗教工作，维护社会和谐稳定。不断健全公共安全体制机制，推动"平安宁夏"建设再上新台阶。推进"诚信宁夏"建设，加快社会诚信制度建设。推动社会组织健康发展，重视培育发展社区社会组织。推进社会治理现代化，创新社会治理方式，加强城乡社区治理。加大生态环境保护与治理力度，建设天蓝地绿水美的美丽宁夏。加强党对社会发展的领导，为社会发展提供坚强组织保证。"智慧宁夏"代表新时代宁夏社会发展"智慧化"创新之路的重要探索。

关键词： 宁夏回族自治区　社会发展　发展成就　发展创新

一 "十三五"时期宁夏社会发展成就

（一）大力促进民生保障与改善

1. 实施脱贫攻坚战

宁夏西海固地区是集革命老区、民族地区、贫困地区于一体的国家

---

[*] 王玉栋，北方民族大学西北民族地区政府管理与社会治理研究中心研究人员。

集中连片特困地区,是"十三五"时期全区脱贫攻坚的主战场。2016年习近平总书记视察宁夏,主持召开东西部扶贫协作"银川会议",发出了打赢脱贫攻坚战的"冲锋令"。根据中央的战略部署和习近平总书记的系列讲话精神,"十三五"时期宁夏将脱贫攻坚列为全区经济社会发展全局的重中之重,制定实施《宁夏回族自治区"十三五"脱贫攻坚规划》。

围绕"三年集中攻坚,两年巩固提高,力争提前脱贫"的奋斗目标,宁夏采取"发展生产脱贫一批、异地搬迁脱贫一批、发展教育脱贫一批、生态补偿脱贫一批、社会保障兜底一批"5条扶贫路径;加强金融扶贫、技能培训和闽宁协作;大力实施金融脱贫行动、能力提升脱贫行动、交通脱贫行动、水利脱贫行动、危窑危房改造和人居环境整治脱贫行动、医疗保障和卫生脱贫行动、人才和科技脱贫行动、旅游脱贫行动、"互联网+"脱贫行动、文化脱贫行动、光伏和电力脱贫行动、"三留守"和贫困残疾人关爱脱贫行动、社会帮扶脱贫行动等"十三项"脱贫行动计划,出台"脱贫富民36条"。强化"干部联系、贫困识别与动态管理、到村到户扶持、扶贫资金整合使用管理、社会扶贫、督查考核评估"6项精准扶贫保障机制。

"十三五"时期,宁夏累计投入财政扶贫资金400余亿元[①],脱贫攻坚成效显著(见表1)。到2020年底,全区贫困人口全部脱贫,农村贫困发生率从2016年底的11.10%降为零。宁夏异地扶贫搬迁经验在全国推广。

表1 "十三五"时期全区脱贫攻坚成效

年份	农村贫困人口(万人)	贫困发生率(%)
2015	58.12	—
2016	43.20	11.10

[①] 计算时间跨度为2016~2020年,该数据来自2017~2021年《宁夏回族自治区政府工作报告》。

续表

年份	农村贫困人口（万人）	贫困发生率（%）
2017	23.90	6.00
2018	12.00	3.00
2019	1.88	0.47
2020	0.00	0.00

注：2015年全区农村贫困人口数据来自《宁夏回族自治区"十三五"脱贫攻坚规划》，贫困发生率缺失；2016年全区脱贫攻坚成效统计数据是根据《宁夏回族自治区2017年国民经济和社会发展统计公报》相关数据计算所得；2017年、2018年、2019年全区脱贫攻坚成效统计数据分别来自《宁夏回族自治区2017年国民经济和社会发展统计公报》《宁夏回族自治区2018年国民经济和社会发展统计公报》《宁夏回族自治区2019年国民经济和社会发展统计公报》；2020年全区脱贫攻坚成效统计数据来自《2021年宁夏回族自治区政府工作报告》。

2. 促进就业创业

"十三五"期间，宁夏实施就业优先政策，坚持以创业带动就业，加强就业培训，购买政府公益性岗位，紧抓重点人群就业及退役官兵就业安置；实施产业扶贫，以产业带动贫困家庭就业；推进"百村示范、千村整治"工程，打造一批休闲农业、健康养老等特色小镇，带动农民就近就业；2020年全面落实就业优先政策，制定稳就业"13条"、保就业"18条"，发放就业补贴近11亿元，发放稳岗补贴3.9亿元。2016~2018年宁夏每年城镇新增就业人数稳定在8万人左右，2016~2019年城镇登记失业率从3.92%下降到3.74%。受新冠疫情影响，2020年全区城镇新增就业有微幅下降，城镇登记失业率回升到2016年的3.92%。2016~2020年，农村劳动力转移就业保持逐年增长的势头，从74.40万人增长到80.27万人（见表2）。

表2 "十三五"时期全区就业情况

年份	城镇新增就业（万人）	城镇登记失业率（%）	农村劳动力转移就业（万人）
2016	8.20	3.92	74.40
2017	8.25	3.87	75.53
2018	8.03	3.89	78.08

续表

年份	城镇新增就业(万人)	城镇登记失业率(%)	农村劳动力转移就业(万人)
2019	7.83	3.74	79.42
2020	7.30	3.92	80.27

注：2016~2020年全区就业数据分别来自《宁夏回族自治区2016年国民经济和社会发展统计公报》《宁夏回族自治区2017年国民经济和社会发展统计公报》《宁夏回族自治区2018年国民经济和社会发展统计公报》《宁夏回族自治区2019年国民经济和社会发展统计公报》《宁夏回族自治区2020年国民经济和社会发展统计公报》。

在创业方面，"十三五"期间，宁夏大力推进大众创业、万众创新，推动"五证合一""证照联办""证照分离"等商事制度改革；出台优化营商环境"1+16"政策文件，建立职业资格、行政事业性收费清单，加快企业登记注册便利化，清除创业障碍；发放创业担保贷款，为创业者提供金融支持。实施"引凤还巢"工程，鼓励支持各类人才返乡创业；突出创新人才供给，完善评价、激励和服务体系，推动科技成果转化收益分配改革，深化科技特派员创业行动；实施企业家素质提升工程，建立"亲清"政商关系，支持优秀企业家专心专注创业。2016~2019年宁夏每年新增市场主体从9.58万户增加到10.80万户。

3. 增加居民收入

2016~2020年宁夏通过实施居民收入增长计划和富民工程，做好财政惠民政策，发展富民产业，扩大就业，深化工资津贴制度改革，落实个人所得税专项附加扣除政策，促进城乡居民收入持续稳定增长（见图1）。2016~2020年宁夏全体居民年人均可支配收入快速增长，城镇居民年人均可支配收入从27153元增长到35720元，农村居民年人均可支配收入从9851.6元增长到13889元。2016~2019年宁夏全体居民年人均可支配收入年增长速度维持在9.0%左右，快于全区经济增长速度；农村居民年人均可支配收入增长速度快于城镇居民年人均可支配收入增长速度，前者年增长速度维持在8.0%~9.8%，后者年增长速度维持在7.6%~8.5%。尽管受新冠疫情影响，2020年宁夏全体居民年人均可支配收入仍保持较高增长势头，特别是城乡居民年人均可支配收入增速均高于全国同期增速，城镇居民和农村居民年人均可支配收入分别增长4.1%与8.0%。

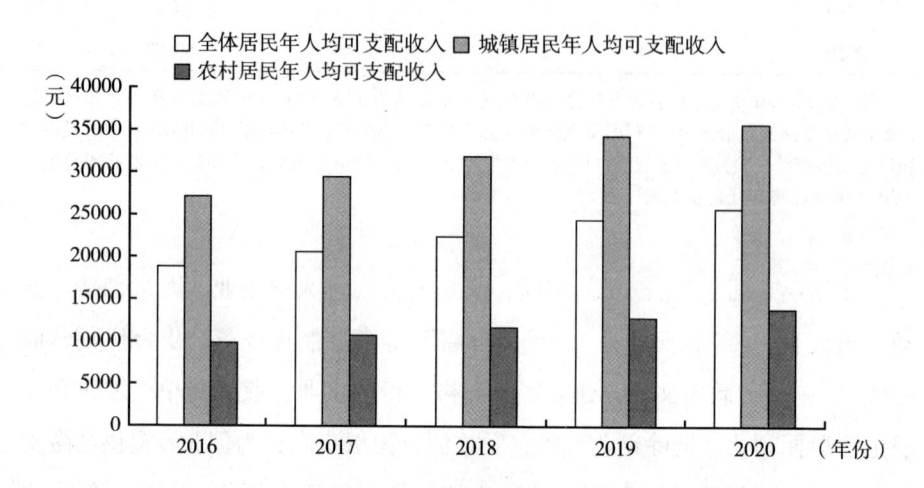

图1 2016~2020年全区城乡居民年人均可支配收入

注：2016~2020年全区城乡居民人均可支配收入数据分别来自《宁夏回族自治区2016年国民经济和社会发展统计公报》《宁夏回族自治区2017年国民经济和社会发展统计公报》《宁夏回族自治区2018年国民经济和社会发展统计公报》《宁夏回族自治区2019年国民经济和社会发展统计公报》《2021年宁夏回族自治区政府工作报告》。

4. 完善社会保障制度

"十三五"期间，宁夏完善社会保障制度，强化基本保障功能，提高城市低保标准、农村低保标准、高龄津贴标准、孤儿养育津贴标准及专项救助标准等，实现农村低保与扶贫标准"两线合一"，完善社会救助/保障标准上涨机制，切实保障困难群众的基本生活。持续提升社会保障水平，不断提高城乡居民/职工养老金标准、城乡居民基本医疗保险补助标准，企业职工基本养老保险实现省级统筹，社会保障金按时足额发放。

2016~2020年宁夏推进全民参保计划，健全基本养老保险制度，完善被征地农民参加养老保险政策，落实企业基本养老保险基金中央调剂制度，实现工伤保险制度全覆盖，社会保障覆盖范围持续扩大，参加各项社会保障的居民、职工人数逐年增长，详细情况见表3。

表3 "十三五"时期全区居民、职工参加社会保障情况

单位：万人

年份	参加基本养老保险*	参加基本医疗保险	参加失业保险	参加工伤保险	参加生育保险
2016	382.30	594.05	85.70	83.54	76.54
2017	391.39	618.22	88.55	90.35	81.73
2018	397.69	626.25	91.97	93.32	88.07
2019	421.26	633.74	97.36	119.58	94.69
2020	478.76	658.76	102.73	132.56	105.73

注：2016~2020年全区居民、职工参与社会保障数据分别来自《宁夏回族自治区2016年国民经济和社会发展统计公报》《宁夏回族自治区2017年国民经济和社会发展统计公报》《宁夏回族自治区2018年国民经济和社会发展统计公报》《宁夏回族自治区2019年国民经济和社会发展统计公报》《宁夏回族自治区2020年国民经济和社会发展统计公报》。

*基本养老保险包括城镇职工基本养老保险和城乡居民基本养老保险。

不断优化完善社会保障体系，改革社保费征收体制，划转部分国有资本充实社保基金；完善医保补助政策，实行基本医疗保险和大病保险"一站式"结算，巩固完善城乡居民区内异地就医直接结算制度，率先在全国推行工伤保险医疗费即时结算；建立重特大疾病健康补充医保机制，调整完善基本医疗保险政策和医保药品目录；建设完善养老服务体系，落实退役军人优抚安置待遇，加大对农村留守老人、妇女儿童、残疾人与失独家庭等特殊群体的关心关爱服务。为保障受新冠疫情影响的困难群众基本生活，2020年宁夏累计发放各类救助补助资金26.1亿元。

5. 改善住房保障

"十三五"时期，宁夏住房价格增速较快，特别是首府银川市的新建商品住宅销售价格一度领跑全国70个大中城市。为促进房地产市场平稳健康发展，宁夏坚持"房子是用来住的、不是用来炒的"住房定位，建立多主体供应、多渠道保障、租购并举的住房制度。重视困难群众的住房问题，加强住房保障工作，改造数十万户/套危窑危房、棚户区住房等，全面完成"大棚房"清理，实现危窑危房动态清零，为数万户农民改建抗震宜居农房，新建回购移民住房数万套，保障了困难群众的住房需求。

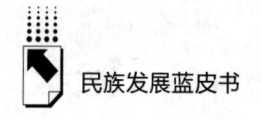

（二）推进社会服务改革创新

1. 促进教育公平均衡发展

"十三五"期间，宁夏坚持办好人民满意的教育，落实立德树人根本任务，完善教育体系，改善各级各类学校办学条件，提升教师素质和教学水平，推动教学改革，提高办学质量和办学水平，促进学生德智体美劳全面发展，取得显著成就。过去5年，宁夏重点促进教育公平均衡发展。试行学前教育服务由政府购买，改造建设老旧幼儿园，普惠性幼儿园覆盖率达89.1%。推行义务教育阶段学生营养改善计划，改造小学、初中薄弱学校千余所，各县（市、区）教育均衡发展，通过自治区级验收，率先在西部实现县域义务教育基本均衡发展。"十三五"期间，宁夏获批成为全国首个"互联网+教育"示范区，利用互联网与教育的深度融合，促进优质教育资源均衡配置、更好地惠及全区人民。支持特殊教育和民办教育发展，促进教育公平，保证各类学生得到优质教育。

在入学率方面，"十三五"时期全区教育公平水平不断提升（见表4）。2016~2020年全区学前教育毛入园率从77.94%增长到88.51%，适龄儿童接受学前教育的机会在不断增长；在义务教育阶段，全区小学学龄人口入学率维持在99.93%及以上，初中阶段毛入学率从104.53%增长到112.90%；在高中阶段，全区毛入学率维持在90%左右；全区高等教育毛入学率从43.15%增长到54.70%，高等教育惠及越来越多的居民。

表4 "十三五"时期全区各阶段教育入学率

单位：%

年份	学前教育毛入园率	小学学龄人口入学率	初中阶段毛入学率	高中阶段毛入学率	高等教育毛入学率
2016	77.94	99.98	104.53	91.35	43.15
2017	81.46	99.93	107.04	90.33	45.95
2018	83.30	99.99	110.74	89.71	49.50

续表

年份	学前教育毛入园率	小学学龄人口入学率	初中阶段毛入学率	高中阶段毛入学率	高等教育毛入学率
2019	86.35	100.20	115.50	91.50	52.75
2020	88.51	100.00	112.90	93.00	54.70

注：2016~2020年全区教育入学率数据分别来自《宁夏回族自治区2016年国民经济和社会发展统计公报》《宁夏回族自治区2017年国民经济和社会发展统计公报》《宁夏回族自治区2018年国民经济和社会发展统计公报》《宁夏回族自治区2019年国民经济和社会发展统计公报》《宁夏回族自治区2020年国民经济和社会发展统计公报》。

2. 以提高人民健康水平为中心，建设"健康宁夏"

"十三五"期间，宁夏推动以治病为中心向以提高人民健康水平为中心的转变，推进"健康宁夏"建设，现代医疗卫生事业制度建设取得新进展，全区医疗水平和居民健康水平持续提高。

"十三五"期间，宁夏积极深入推进综合医改，跻身国家第二批综合医改试点省区，银川市、石嘴山市国家城市医联体启动兴建，县域综合医改试点成效明显，推动优质医疗资源下沉；大力建设"互联网+医疗健康"示范区，初步搭建五级远程医疗服务体系；基本医疗保险、大病保险及医疗救助制度实现全覆盖；开展医保复合型支付方式改革，医保支付制度改革成为国家医改亮点，实现与所有省（区、市）定点医疗机构异地就医直接结算，完善"一免一降四提高一兜底"医疗保障体系；取消公立医院药品加成，鼓励社会资本办医，支持中医药传承创新。

加强妇幼保健与重大疾病防控工作，开展"关爱妇女儿童健康"行动，免费筛查特定群体重大疾病。实施全民健身计划和广泛开展全国卫生运动，定期举办体育运动赛事，完善公共体育设施，以全民健身促进全民健康。

"十三五"期间，全区医疗卫生资源逐年显著增加。2016~2019年全区医疗卫生机构数量从5256个增加到5395个，卫生技术人员从44721人增加到55346人，医疗卫生机构床位从3.54万张增加到4.09万张，每千人口医疗卫生机构实有床位数和每千人口卫生技术人员数量均明显增加。2017~2019年全区每年总诊疗人次从4026.85万人次增加到4365.55万人次。

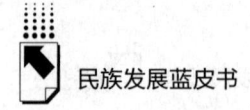

面对2020年1月爆发的新冠疫情，宁夏坚决服从党中央部署，坚持人民至上、生命至上，第一时间响应处置，在全国率先实行发热门诊全免费，迅速阻断疫情传播，未发生死亡病例；响应国家号召，组织优秀医疗专家人员和抗疫物资驰援湖北，支援沙特阿拉伯与科威特抗疫，推行防疫健康码，不断优化常态化防控机制。

3. 促进人口均衡发展，完善计划生育服务制度

"十三五"期间，宁夏以促进人口均衡发展为主线，实施"全面两孩"政策，创新完善人口计划生育服务管理工作，不断提升计划生育服务管理水平。完善生育登记服务制度，全面实施网上生育登记，简化工作流程，拓宽服务渠道，全面落实"最多跑一次"便民措施，实现生育登记与生育津贴报销制度有效衔接。防治出生缺陷，免费筛查新生儿48种先天遗传代谢疾病，为计划生育特殊家庭提供优先便利的医疗服务，提升流动人口基本公共卫生计生服务均等化水平。推动公共场所和用人单位标准化母婴设施建设。落实"少生快富"扶贫工程、农村部分计划生育家庭奖扶扶助制度、特别扶助制度、独生子女保健费等奖扶政策，开展幸福家庭创建活动。加强出生人口监测，开展生育状况抽样调查，分析预测人口变动趋势和对全区人口发展的影响。

"十三五"期间，宁夏常住人口从674.90万人逐年增长到720.27万人；2016~2019年人口自然增长率总体呈下降趋势，从8.97‰波动式下降到8.03‰，而同期全国人口自然增长率则从5.86‰逐年下降到3.34‰；2016~2020年全区人口性别比维持在103.83以内，低于同期全国人口性别比，比同期全国人口性别结构相对更加合理（见表5）。

表5 "十三五"时期全区人口均衡发展情况

年份	常住人口（万人）	人口自然增长率（‰）	人口性别比（女=100）
2016	674.90	8.97	103.51
2017	681.79	8.69	101.89
2018	688.11	7.78	101.70

续表

年份	常住人口（万人）	人口自然增长率(‰)	人口性别比（女=100）
2019	694.66	8.03	101.66
2020	720.27	—	103.83

注：2016~2020年全区人口数据分别来自《宁夏回族自治区2016年国民经济和社会发展统计公报》《宁夏回族自治区2017年国民经济和社会发展统计公报》《宁夏回族自治区2018年国民经济和社会发展统计公报》《宁夏回族自治区2019年国民经济和社会发展统计公报》《宁夏回族自治区第七次全国人口普查公告（第一号）》《宁夏回族自治区第七次全国人口普查公告（第三号）》。

4.推进户籍制度改革，建立城乡统一的户口登记制度

"十三五"期间，宁夏改革户籍制度，推行居住证制度，首府银川市实行城乡统一的户口登记制度，全面取消城区人口落户限制，进行户籍制度配套改革，增强城镇就业的农业转移人口的归属感，促进农业转移人口市民化，城镇化率逐年增长。2016~2020年全区常住人口城镇化率从56.29%增长到64.96%。

（三）完善国家安全体系

"十三五"期间，宁夏坚持总体国家安全观，立足本区实际情况，统筹全区国家安全工作，完善国家安全体系。以政治安全为核心，坚决捍卫党的领导执政地位、中国特色社会主义制度和国家利益。全面贯彻党的民族宗教政策，重点维护好民族宗教领域安全稳定；全面推进民族团结进步事业，增强各族群众的"五个认同"观念，铸牢中华民族共同体意识，促进各族群众手足相亲、守望相助、交往交流交融。固原市等10个单位被命名为全国民族团结进步创建示范单位，银川市、石嘴山市成功创建全国民族团结进步示范市，进一步巩固发展民族团结、宗教和顺、社会和谐稳定的良好局面；坚持宗教中国化方向，坚决依法制止利用宗教干预社会生活、公共事务，坚决遏制宗教极端化倾向，持续整治"三化"问题，引导宗教与社会主义社会相适应。坚持党对国家安全工作的绝对领导，形成党委统一领

导、政府部门齐抓共管、群众广泛参与的工作体制机制；加强国家安全工作队伍建设，提升国家安全工作能力，坚持群众路线，加强总体国家安全观宣传教育，举办全区首届国家安全知识竞赛，积极开展年度国家安全教育日活动，打牢国家安全的群众基础；加强国家安全的法治保障和科技支撑，加强对破坏国家安全言论行为的执法惩处力度，获得3项首届国家安全科技进步奖。

（四）健全公共安全体制机制

过去5年，宁夏不断健全公共安全体制机制，推动"平安宁夏"建设再上新台阶。建成食品安全追溯信息平台，实现市县乡三级食品药品安全快速检测服务体系全覆盖，严格执行"四个最严"食品药品安全监管制度。健全应急管理体系，提升突发事件应急救援能力；强化预测预警预报，加强地震气象监测预警、消防安全工作，提高防灾减灾救灾能力。落实安全生产责任制，成立新的安全生产委员会，加强安全生产专项治理及重特大安全生产事故预防，2017~2019年宁夏安全生产工作连续3年国家考核为优秀等次。"十三五"时期，从统计数据上看宁夏公共安全总体有较大幅度改善（见表6）。2016~2020年，宁夏生产经营性事故数量从327起逐年减少到196起；亿元GDP生产安全事故死亡人数从0.150人逐年减少到0.043人；道路交通万车死亡率不超过2.275%；煤矿百万吨死亡人数从0.311人波动式下降到0.111人；火灾数量从2016年的4133起减少到2018年的2910起。

表6 "十三五"时期全区公共安全统计数据

年份	生产经营性事故数量(起)	亿元GDP生产安全事故死亡人数(人)	道路交通万车死亡率(%)	煤矿百万吨死亡人数(人)	火灾数量(起)
2016	327	0.150	2.20	0.311	4133
2017	256	0.057	2.05	0.026	3284
2018	242	0.049	2.15	0.115	2910

续表

年份	生产经营性事故数量（起）	亿元GDP生产安全事故死亡人数（人）	道路交通万车死亡率（%）	煤矿百万吨死亡人数（人）	火灾数量（起）
2019	222	0.046	2.032	0.040	—
2020	196	0.043	2.275	0.111	—

注：2016~2020年全区公共安全数据分别来自《宁夏回族自治区2016年国民经济和社会发展统计公报》《宁夏回族自治区2017年国民经济和社会发展统计公报》《宁夏回族自治区2018年国民经济和社会发展统计公报》《宁夏回族自治区2019年国民经济和社会发展统计公报》《宁夏回族自治区2020年国民经济和社会发展统计公报》。

（五）推进社会诚信制度建设

"十三五"期间，宁夏推进"诚信宁夏"建设，加快社会诚信制度建设，建立多部门联动的信息共享机制和多部门联合惩戒机制，推进政务、工程建设、交通、科研、医药卫生计生、生态环保、产品质量等多个行业领域诚信体系建设；设立诚信红、黑名单，加强信用监管，发挥典型模范带动作用，加大失信惩戒力度；联通信息孤岛，实现多级政府部门涉企信息的互联互通，"信用中国（宁夏）"广泛使用，建立宁夏失信被执行人曝光平台，初步建成银川市信用信息共享平台；营造全社会诚信的环境氛围，建立覆盖全区的城乡诚信文化教育基地，针对不同的社会群体、从业人员开展专门的诚信教育和诚信管理，提高全社会的诚信意识，一人获得2019年中央宣传部、国家发改委联合发布的"诚信之星"。首府银川发挥诚信体系在新冠疫情防控和企业复工复产中的积极作用，对有利于疫情防控的市场社会行为进行诚信奖励，对不利于疫情防控的市场社会行为进行失信惩戒，对受疫情影响发生的失信行为暂不实施失信处置，根据信用等级确定对企业进行信用贷款的支持。

（六）促进社会组织健康发展

"十三五"期间，宁夏结合本地实际，在全国率先出台《关于改革社会

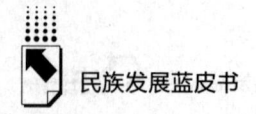

组织管理制度促进社会组织健康有序发展的实施意见》，积极促进社会组织健康发展。加强社会组织党建，推动社会组织的党组织和党的工作全覆盖；改革社会组织管理制度，降低社会组织准入门槛，建立健全社会组织等级评估奖励机制，加强、改进社会组织登记审查，推进地方行业协会商会与行政机关脱钩，加强政府部门、新闻媒体、社会公众对社会组织的综合监管和社会组织的自律；推进社会组织、人才队伍建设，推进政府购买服务，加大财税支持力度，培育孵化基地，完善社会组织培育发展体系，大力支持社区社会组织发展，发挥社区社会组织帮扶各类特定群体和困难家庭、承接社区公共服务、助力社区志愿服务发展等社区治理方面的作用。截至2019年底，全区共有社区服务机构和设施2662个，其中社区服务中心57个、社区服务站2047个。

（七）推进社会治理现代化

"十三五"期间，宁夏大力推进社会治理现代化，在社会化、精细化、智慧化、法治化方面持续创新社会治理方式。坚持党建引领、政府负责，打造共建共治共享的社会治理共同体，发动企事业单位、社会团体、专业组织、自治组织、社工、志愿者、居民群众等各类社会主体和社会力量参与社会治理，推动社会治理社会化。完善网格化服务管理模式，从城市社区向农村社区推广，提升基层治理的精细化与精准化。推动互联网、物联网、大数据技术与县域社会治理进一步融合，银川市金凤区建成智慧社会治理平台，提升了县域社会治理的信息化、智慧化，银川市西夏区积极探索在社会治理中引入区块链技术。强化社会治理的法治保障，探索市域社会治理的本地模式，建立政治引领、法治保障、德治教化、自治强基、智治支撑的"五治体系"，增强市域社会治理工作的定力、潜力和活力，提高治理精准性，提升治理效能。

加强城乡社区治理，提出全区城乡社区治理的总目标，不断完善全区城乡社区治理体系和提高社区治理能力。健全党领导的自治、法治、德治相结合的城乡社区治理体系，深化以社区党组织为核心、居委会为主导、社区居民为主体、多方参与和良性互动的治理格局,构建纵向到底的社区党组织体系,推进社区党组织—网格党支部—楼栋党小组三级组织链条全覆盖,全面推行网格化管理和服务。建立"一书三单"制度,明确基层社区治理需求、服务项目、共治资源及各类社区主体的责任等;"推动社会治理和服务中心下移"至社区,以政务代办服务、应急救助服务、公共法律服务、医疗卫生服务、托幼养老服务、文化体育服务、公共就业服务、商业便民服务、居民物业服务等社区"九大服务"解决群众的"操心事、烦心事、揪心事";通过增社区、增人员、增报酬、增面积、增警力和增效能等"六个增""把更多资源下沉到"社区,重视科技支撑,打造智慧社区,探索"网络+网格"治理模式,提升社区治理的能力,提高服务的精准化、精细化和智能化,增强居民的获得感、幸福感与安全感。

(八)加大环境保护与治理力度

"十三五"期间,宁夏牢固树立"绿水青山就是金山银山"的理念,加大生态环境保护与治理力度,建设天蓝地绿水美的美丽宁夏。将保障黄河长治久安纳入工作重点,加强两岸堤防、河道控导、滩区治理与城市防洪,努力建设黄河流域生态保护和高质量法治先行区。提高水资源利用效率,以水资源作为最大刚性约束规划城市发展。2016~2019年全区全年总用水量由64.89亿立方米增长至69.90亿立方米;万元地区生产总值用水量维持在181~201立方米,万元工业增加值用水量维持在35~42立方米,与"十二五"时期相比,两个用水指标均有一定幅度下降。出台实施"生态立区28条",持续开展蓝天、碧水、净土保卫战,积极整改中央环保督察及"回头看"反馈问题;推进重点区域大气环境综合治理,2016~2020年全区五个地级市平均优良天数比例从75.2%增加到85.1%;建立五级河(湖)长制,综合治理水污染,劣V类水体全部清零;2017~2020年黄河干流宁夏段入境至出境连续4年保持Ⅱ类优水质,全区地表水质量不断改善,截至2019年底,地表水达到或好于Ⅲ类水体比例为80.0%;加强固体废弃物综合治理和利用,加强城乡生活垃圾分类与转运处理,截至2019年底,生活垃圾处理率达99.28%。

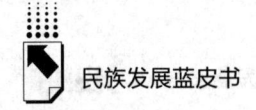

努力建设祖国西北地区重要生态安全屏障，加强中部荒漠草原防沙治沙及贺兰山、六盘山、罗山等自然保护区建设，划定生态保护红线；2016~2019年全区年均完成营造林约130万亩，森林覆盖率从2015年的12.63%增至2019年的15.2%，建成区绿地率增至2019年的37.99%；银川市荣获全球首批"国际湿地城市"；2016年与2018年共治理荒漠化土地140余万亩。

（九）坚持党对社会发展的全面领导

"十三五"期间，宁夏以习近平新时代中国特色社会主义思想为指导，深入学习贯彻党的十八大、十九大精神和习近平总书记视察宁夏时的重要讲话精神，增强"四个意识"、坚定"四个自信"、做到"两个维护"，加强党对社会发展的全面领导，为脱贫攻坚、民生服务改善、国家安全与公共安全体系完善、社会诚信建设、社会组织健康发展、社会治理现代化、生态环境保护等提供坚强的组织领导保证。

二 宁夏社会发展思考

（一）加强政治建设，坚持党的全面领导

宁夏回族自治区在"十三五"时期所取得的社会发展成就离不开政治建设与党的领导。"十三五"期间，宁夏回族自治区政府始终加强政治建设的统领作用，将党的领导贯穿于政府工作全过程各方面，深学笃行习近平新时代中国特色社会主义思想，不忘初心、牢记使命，增强"四个意识"、坚定"四个自信"、做到"两个维护"，坚持党对社会发展的全面领导，为各项社会事业发展提供政治引领与坚强的组织领导保障。

（二）坚持"以人民为中心"，重视解决民生难题，消除绝对贫困

"十三五"期间，宁夏始终坚持"以人民为中心"，围绕各族群众急难愁盼民生问题，创新完善民生措施与精准施策，加大财政投入，民生状况发生较大改善，赢得脱贫攻坚战的胜利。据统计，"十三五"期间，宁夏投入

民生资金5291亿元,比"十二五"所投入的民生资金增长50%,城乡居民人均可支配收入均比2010年翻了一番,所有贫困县全部摘帽,1100个贫困村全部出列,现行标准下60余万农村贫困人口全部脱贫。[1]

(三)承担维护西北乃至全国生态安全的重要使命,构建"多元共治"的环境治理体系

宁夏地处黄河上游、沙漠与黄土高原交会地带,干旱少雨,风大沙多,生态环境非常脆弱,是我国西北生态安全屏障。"十三五"期间,宁夏牢固树立生态文明理念,担负起维护西北乃至全国生态安全的重要使命,着力打造西北地区生态文明建设先行区,积极构建"多元共治"的环境治理体系,政府发挥主导作用,企业是环境治理的主体,动员广大社会组织和公众共同参与环境治理。环境治理取得显著成效,生态环境9项约束性指标超额完成,全区空气优良天数比2015年增加15天,森林覆盖率由11.9%提高到15.8%。[2]

(四)全面贯彻党的民族政策与宗教工作基本方针

民族宗教工作在宁夏全局中始终占有重要战略地位。做好民族宗教工作,需要牢固树立马克思主义民族观宗教观,深刻理解习近平总书记关于民族宗教工作的重要论述,全面贯彻党的民族政策与宗教工作基本方针,重点维护好民族宗教领域安全稳定,全面推进民族团结进步事业,铸牢中华民族共同体意识,坚持宗教中国化方向,依法管理宗教事务,坚决遏制宗教极端化倾向,持续整治"三化"问题,引导宗教与社会主义社会相适应,进一步巩固发展民族团结、宗教和顺、社会和谐稳定的良好局面。

(五)走社会发展的"智慧化"创新之路

"十三五"时期,宁夏在加强和创新社会发展方面取得较大成就,无论

---

[1] 《2021年宁夏回族自治区政府工作报告——2021年1月29日在宁夏回族自治区第十二届人民代表大会第四次会议上》,宁夏回族自治区人民政府官网,https://www.nx.gov.cn/zzsl/zfgzbg/202102/t20210205_2593163.html,2021年2月5日。
[2] 数据来自《宁夏回族自治区2020年国民经济和社会发展统计公报》。

是在改善民生、推进社会服务制度创新方面,还是在完善国家安全体系、健全公共安全体制机制、促进社会组织健康发展、推进社会诚信建设、加强社会治理现代化、环境保护与治理等方面都取得了显著成效、积累了一定经验,其中"智慧宁夏"代表了宁夏在智慧化创新上的重要探索,将新一代信息技术应用于社会发展,特别是提升社会治理现代化方面。

虽然地处西北民族地区,早在"十二五"时期宁夏就紧跟东部发达省市的步伐,研究如何应用互联网、云计算、大数据和人工智能等新一代信息技术实现政府、社会与企业的互联互通和管理决策,规划和启动建设"智慧宁夏"。"十三五"时期,"智慧宁夏"基础设施逐步完善,开始逐渐应用于政务、交通管理、司法、扶贫、教育、医疗卫生、社会诚信、城乡供水、人力资源与劳动保障监察及新冠疫情防控等社会发展服务与治理领域,推出了"我的宁夏"App、由智能机器人或智能终端机提供的政务办理与法律服务、智慧公安"宁警通"平台、"掌上公交"App、智慧扶贫综合管理服务平台、"互联网+教育"和"互联网+医疗卫生"等,启动建设银川市"智慧人社+劳动保障监察"监管服务平台。2020年宁夏成功获批"互联网+城乡供水"示范区,教育信息化水平位居全国第七。在县域社会治理层面,具有代表性的如银川市金凤区,引进新一代信息技术建立"智慧金凤"社会治理综合平台,各部门联动、社会组织协同和群众参与,集管理、执法与服务于一体,通过摄像头抓拍、物联网防控、无人机巡航与移动终端群众举报,巡查辖区内公共秩序、环境、安全等3大类11项问题,与社区网格化管理服务相结合,社区群众通过"金凤e家"服务端参与社会治理、办事咨询、反映问题、提建议,基本实现"小事不出网格、大事不出社区"。

以"智慧宁夏"为代表的新技术应用于社会发展服务与治理的创新实践,取得了显著经济社会效益,特别是在统筹推进新冠疫情防控与经济社会发展中发挥了重要作用,促进了宁夏社会发展服务与治理的智慧化、信息化、精细化、现代化,提升了群众的获得感、幸福感、安全感,助力建设经济繁荣、民族团结、环境优美、人民富裕、美丽新宁夏。

B.6 西藏自治区社会发展报告

王剑峰*

摘　要： 党的十九大以来，西藏积极贯彻落实党中央新时代党的治藏方略，把铸牢中华民族共同体意识贯穿社会发展各领域，把维护祖国统一、加强民族团结、凝聚人心作为社会发展的重要目的，把改善民生作为社会发展的重要内容，从战略上重视社会发展部署，从制度上健全社会发展机制，统筹协调稳定、发展、生态、强边四件大事，大力实施民生工程，建立健全基层组织建设，创新寺庙管理方式，走出一条经济共享、社会包容、文化繁荣的具有西藏特点的社会发展之路，为社会和谐和长治久安奠定了基础。

关键词： 社会发展　社会治理　当代西藏

西藏属于内陆边疆农牧业地区，地理条件复杂，生态环境脆弱，人文环境独特、发展基础薄弱，在诸多约束性因素条件下，如何理解新时代的西藏社会发展？实现怎样的社会发展？如何推进创新社会发展？西藏自治区党委、政府全面贯彻落实新时代党的治藏方略，围绕稳定、发展、生态、强边四件大事，从西藏特点出发，在社会发展方面进行了诸多有益探索，取得卓著成效，开创社会建设新局面，走出了一条具有中国特色、西藏特点的边疆民族地区的稳定发展之路，为实现西藏的长治久安奠定了坚实基础。

---

* 王剑峰，中国社会科学院民族学与人类学研究所研究员。

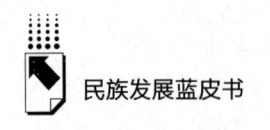

一 从国际和国内两个大局看西藏社会发展的战略意义

从外部来看，冷战结束以来，国际政治格局不断调整变化，面对世界百年未有之大变局，中美两国战略矛盾日益凸显，意识形态斗争在新的条件下具有新的特点。叛逃国外的"藏独"集团持续不断地对西藏的渗透活动与西方压制中国崛起的企图一拍即合，互相利用，狼狈为奸。

从国内来看，新中国成立70多年来，特别是改革开放40多年以来，中国经济发展令世界瞩目，但也面临不少的挑战，集中体现为"人民日益增长的美好生活需要和不平衡不充分的发展之间的矛盾"。有的矛盾在少数民族聚居地方会被错误地符号化为民族矛盾，进一步加大了社会治理难度。

西藏是我国具有特殊重要性的一个边疆少数民族自治地方。经过和平解放70年、改革开放40多年的发展，"解决了许多长期想解决而没有解决的难题，办成了许多过去想办而没有办成的大事，各项事业取得全方位进步、历史性成就"。[①] 尤其是西藏取得脱贫攻坚的决定性胜利，基本消除绝对贫困，同全国携手共进，全面建成小康社会，站在历史的新起点。

进入新时代，面对国内外形势和任务的新变化，西藏工作必须贯彻落实新时代党的治藏方略："必须坚持中国共产党领导、中国特色社会主义制度、民族区域自治制度，必须坚持治国必治边、治边先稳藏的战略思想，必须把维护祖国统一、加强民族团结作为西藏工作的着眼点和着力点，必须坚持依法治藏、富民兴藏、长期建藏、凝聚人心、夯实基础的重要原则，必须统筹国内国际两个大局，必须把改善民生、凝聚人心作为经济社会发展的出发点和落脚点，必须促进各民族交往交流交融，必须坚持我国宗教中国化方向、依法管理宗教事务，必须坚持生态保护第一，必须加强党的建设特别是

---

① 《习近平在中央第七次西藏工作座谈会上强调：全面贯彻新时代党的治藏方略 建设团结富裕文明和谐美丽的社会主义现代化新西藏》，中国政府网，http://www.gov.cn/xinwen/2020-08/29/content_5538394.htm，2020年8月29日。

政治建设。"①

因此,西藏社会发展必须把中央的要求和西藏区情有效结合起来,全面贯彻新时代党的治藏方略,吃透区情民情,针对区域特点,创新社会发展,推进社会治理体系现代化和治理能力现代化。

二 西藏社会发展的制度机制与实践特色

(一)处理好稳定、发展、生态、强边四者关系

一个后发展社会其现代化过程往往周期短、强度大,是一个快速的现代性获取过程,在这个过程中,要处理好经济发展与社会稳定之间的关系问题。矛盾的根源一方面是贫困和落后,社会成员对发展极其渴望,但自身的能力不足导致社会无法满足这些渴望;另一方面,随着物质生活的满足,人们精神文化的需求也会不断增强和提高。习近平总书记在十九大报告中强调:"中国特色社会主义进入新时代,我国社会主要矛盾已经转化为人民日益增长的美好生活需要和不平衡不充分的发展之间的矛盾。"② 当前西藏的社会发展,不仅有上述矛盾,同时还存在一个特殊矛盾,即各族人民同分裂势力之间的斗争。因此,要"坚持对达赖集团斗争的方针政策不动摇"③。这是当前西藏经济社会发展要面对的特殊区情,有别于其他省份。西藏要想实现高质量的社会发展和长治久安,离不开这个现实条件,必须准确把握。没有外援,解决不了发展禀赋不足问题;没有发展,解决不了不平衡不充分

---

① 《习近平在中央第七次西藏工作座谈会上强调:全面贯彻新时代党的治藏方略 建设团结富裕文明和谐美丽的社会主义现代化新西藏》,中国政府网,http://www.gov.cn/xinwen/2020-08/29/content_5538394.htm,2020年8月29日。
② 习近平:《决胜全面建成小康社会 夺取新时代中国特色社会主义伟大胜利——在中国共产党第十九次全国代表大会上的报告》,中国政府网,http://www.gov.cn/zhuanti/2017-10/27/content_5234876.htm,2017年10月27日。
③ 《2015年8月习近平同志在中央第六次西藏工作座谈会上的讲话》,新华网,http://news.xinhuanet.com/mrdx/2015-08/26/c_134556316.htm。

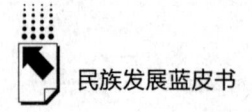

欠发达的问题；没有稳定，发展也就失去了社会支持条件。

"十三五"以来，西藏党委和政府贯彻落实中央第六次西藏工作座谈会和中央第七次西藏工作座谈会的精神，立足西藏社会发展现实基础，正确处理发展、稳定、生态、强边四者关系，走出一条具有中国特色、西藏特点的发展路径。在发展方式上，把科学发展和经济社会协调发展统筹协调。在发展目标上，以民生为导向，向农牧区倾斜，提高农牧区基本公共服务水平，改善农牧民生产生活条件。在发展机制上，充分利用区内、区外两个发展资源，首先是用足中央的政策扶持；其次是用好兄弟省份的援助，扩大同内地的交流合作；最后是更加注重提升自我发展能力。在可持续性方面，处理好发展与保护的关系，在保护高原生态环境、做好国家生态安全屏障的前提下，做好发展规划和发展行动，更加注重国防安全和边疆建设，维护祖国统一，捍卫领土完整。在具体做法上也形成了鲜明的特色。

一是大力发展以互联互通为目标的基础设施建设。基础设施建设是所有发展的先决条件。"十三五"以来，西藏综合交通体系不断完善，目前进藏公路基本实现全线黑色化，连接国内外的航线达到120条，川藏铁路拉林段已基本建成，林芝至雅安段已经动工；全区能源保障能力显著加强，电力装机容量达到401.85万千瓦，比2015年增加152万千瓦；全区信息化水平不断提高，685个乡镇全部100%通光纤，并实现4G通信全覆盖。目前，一个以拉萨为中心，"三纵、两横、六个通道"为主骨架，东部连接四川、云南，西部连接新疆，向北通达青海，南部向外连接印度、尼泊尔，西藏自治区区内公路交通网络初步实现地市互通、县乡连接，以公路运输为主，民航、铁路、邮政为辅的综合交通运输体系已初步建成。

二是以绿色发展为理念，严把生态红线。青藏高原是中国众多河流的发源地，是生态保护的屏障，发展任务重，"十三五"时期是国家唯一的省级整体贫困地区，发展瓶颈显而易见。西藏自治区党委和政府在发展战略上，坚持有所为有所不为，严守社会稳定和保护生态环境两条红线；在项目设立上，严格进行环保评估，一票否决，严禁上马高污染、高耗能、高排放的"三高"项目；扶持那些能够发挥西藏比较优势的产业项目，这些比较优势符合西藏特点，具有民族特色，具有可持续性。党的十九大以来，在发展理念上，西藏统筹协调生态保护与经济发展的关系，坚持绿色发展和可持续发展理念；在具体做法上，利用高原独特的自然和文化资源，把高原特色转化为产业优势，利用高原农业资源，发展高原绿色食（饮）品和农畜产品；利用藏族文化资源，发展民族手工业等一系列特色产业，走出一条生态化的产业发展之路、产业化的生态保护之路。西藏的绿色发展之路，取得显而易见的效果。西藏地级及以上城市空气质量优良天数比例在99%以上，地表水水质达标率达100%，西藏仍然是世界上环境质量最好的地区之一。

据西藏自治区发改委提供的数据，"十三五"期间，西藏地区年生产总值突破1800亿元，人均地区年生产总值超过50000元，增速均高于全国平均水平。2020年西藏城镇居民人均可支配收入达41156元，农村居民人均可支配收入达14598元。西藏已历史性地消除绝对贫困，消费结构发生巨大变化。"十三五"期间，"西藏农牧民群众人均消费粮食下降126公斤、消费蔬菜提高23公斤，衣着消费增加584元，交通和通信支出增加近一倍，医疗保健支出增长160.9%，人均文化娱乐服务支出增长167.6%"[①]。

（二）大力实施教育惠民战略，推动公共服务均等化

从社会发展来看，教育既可以促进个体的心智发展，也可以通过知识和技术积累，提高劳动参与率。人力资本积累的一个重要途径就是教育，教育投资在某种程度上决定着不同发展水平的社会最终走向趋同。教育也可以培育认知，增强社会的认同与凝聚，提助社会实现整体性的进步。

"十三五"以来，西藏高度重视教育事业发展，取得了历史性成就。"十三五"期间，西藏教育支出年均增长15%，建立健全完善了财政教育保障政策，实现学前至高中阶段十五年教育"三包"、城镇困难家庭子女助学金政策全覆盖、学生营养改善计划义务教育阶段农牧民子女全覆盖等。

---

① 新华网提供数据，http://big5.news.cn/gate/big5/www.xinhuanet.com/2021-01/21/c_1127010461.htm。

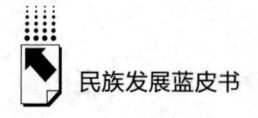

西藏农牧区实行学前教育免费政策，免收保教费、交通费、杂费等，同时由自治区免费提供幼儿读物等。学前教育学生资助政策包括学前教育阶段农牧民子女补助政策和城镇困难家庭子女助学金制度、城镇学前教育公办学校免费教育、民办学校定额免费补助政策和农牧区学前双语教育免费政策三部分。资助标准为自2018年秋季学期起执行调整后的新标准，即二类区每生每学年3120元，三类区每生每学年3220元，四类区或边境县每生每学年3320元。特殊教育学校、随班就读学生标准为每生每学年6000元。城镇学前教育公办学校免费教育、民办学校定额免费补助政策资助对象为城镇幼儿园（含民办、其他部门办）在园幼儿，年生均免费标准为3600元。据教育厅公布的数据，2019年落实学前教育阶段学生资助资金6.12亿元，受助学生25.63万人次。其中，农牧民子女补助及城镇困难家庭子女助学金3.52亿元，惠及学生11.80万人；农牧区和城镇学前教育免费教育资金2.60亿元，惠及学生13.83万人。

义务阶段教育在校生免收学杂费。义务教育学生资助政策包括农牧民子女"三包"政策和城镇困难家庭子女助学金制度、农牧区义务教育学生营养改善计划和义务教育阶段免费教育政策。资助标准为自2018年秋季学期起执行调整后的新标准：二类区每生每学年3620元；三类区每生每学年3720元；四类区或边境县每生每学年3820元。特殊教育学校、随班就读学生标准为每生每学年6000元。农牧区义务教育学生营养改善计划资助对象为所有农牧区（不含县城）义务教育学校在校学生（国家试点对象）。同时，自2014年春季学期起，将县级以上义务教育学校就读的农牧民子女在校生纳入地方试点工作。资助标准为每生每天4元，全年按200天核定，即每生每学年800元（资金与"三包"经费统筹使用）。义务教育阶段免费教育政策资助对象为全区义务教育阶段学校在校学生（含民办），免费标准为义务教育在校生免收学杂费，免费提供教科书及定量作业本，免费配发汉语字典。自2017年开始，实行城乡统一的义务教育免费教育补助政策标准：小学生每生每学年260元（教科书费80元），初中生每生每学年380元（教科书费120元）。据教育厅公布的数据，2019年落实义务教育阶段学生资助资金21.04亿元，受助学生136.24万人次。其中，农牧民子女"三包"及城镇困难家庭子女助学金16.25亿元，惠及学生44.62万人；免费教育资金1.39亿元、惠及学生48.02万人；农牧区义务教育学生营养改善计划资金3.40亿元（国家试点1.68亿元、地方试点1.72亿元），惠及学生43.60万人。

普通高中教育学生资助政策包括普通高中教育阶段农牧民子女"三包"政策和城镇困难家庭子女助学金制度、普通高中教育阶段免费教育政策和普通高中奖学金制度。普通高中教育阶段农牧民子女"三包"政策资助对象为农牧民子女"三包"政策实施范围和对象，以及城镇困难家庭子女助学金政策实施范围和对象。资助标准为自2018年秋季学期起执行调整后的新标准，即二类区每生每学年4120元；三类区每生每学年4220元；四类区或边境县每生每学年4320元。特殊教育学校随班就读学生标准为每生每学年6000元。普通高中教育阶段免费教育政策资助对象为普通高中阶段教育公办学校及县级以上教育行政主管部门授权委托承担普通高中阶段教育的民办学校在校学生。免费标准为重点高中每学期每个学生920元，其中包括学费500元、住宿费100元、杂费200元、教科书费120元；非重点高中每学期每个学生620元，其中包括学费200元、住宿费100元、杂费200元、教科书费120元。教育厅公布的数据，2019年落实普通高中教育阶段学生资助资金3.29亿元，受助学生12.44万人次。其中，农牧民子女"三包"及城镇困难家庭子女助学金2.39亿元，惠及学生5.92万人；免费教育资金0.90亿元，惠及学生6.52万人。

此外，2019年西藏落实中职教育阶段学生资助资金1.71亿元，受助学生4.66万人次。其中，农牧民子女"三包"及城镇困难家庭子女助学金0.95亿元，惠及学生2.32万人；免费教育资金0.76亿元，惠及学生2.34万人；国家奖学金17万元，奖励学生29万人。落实本专科生学生资助资金3.32亿元，受助学生5.95万人次；建档立卡贫困户大学生"三免一补"教育补助政策资金0.49亿元、资助学生1.16万人；高校毕业生学费补偿和国家助学贷款代偿资金0.75亿元、补偿代偿学生0.66万人；国

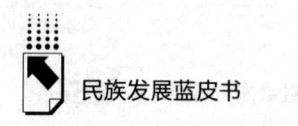

家助学贷款贴息和风险补偿资金0.004亿元、惠及学生0.14万人；落实研究生国家奖学金、学业奖学金、国家助学金0.21亿元，奖助研究生0.47万人。

（三）大力推进公共卫生事业发展

公共卫生投入不断增长。据西藏自治区卫生厅提供的数据，"十三五"时期，医疗卫生支出年均增长近20%。2020年，"医疗保险财政补助标准年人均585元，高于国家标准35元。支持基层医疗卫生机构服务能力建设，建立村医岗位补贴制度，年人均补助达到13200元；按每村每年1万元的标准，支持村卫生室能力建设。基本公共卫生服务项目补助标准达到年人均94.82元，高于国家标准20.82元"[①]。

从医疗保险制度安排来看，建立了以基本医疗保险为主体，医疗救助与大病保险、应急救助互为补充衔接的多层次医疗保障体系，在全国率先整合城乡居民基本医疗保险制度。

卫生健康服务体系更加健全，覆盖区、市、县、乡、村五级的城乡卫生健康服务体系已全面建立，基本医疗、疾病预防控制、妇幼保健、急救和巡回诊疗体系趋于完善。卫生健康服务的提升重在人才、科技和基础设施建设。数据显示，"十三五"期末，西藏每千人拥有床位数4.88张、每千人拥有卫生技术人员5.54人、每千人拥有执业（助理）医师2.41人。另外，西藏高度重视发挥传统医学在健康服务中的作用。目前，全区89%的乡镇卫生院和38%的村卫生室都能够提供藏医药服务。

自治区卫生健康服务的信息化建设取得明显进展，目前全民健康信息网络已延伸到7个市、74个县区、692个乡镇卫生院和社区卫生服务中心，17家地市以上医院实现网上预约挂号。目前正大力推进在线支付、网络医院和健康教育在线服务等功能，能提供智慧医疗服务的医院占20%以上，患者

---

① 数据来自国务院网站，http://www.scio.gov.cn/xwfbh/gssxwfbh/xwfbh/xizang/Document/1695248/1695248.htm。

就医体验、就医效率和群众满意度明显提升。

大力推进公共卫生服务。由于历史和文化的原因，广大农牧区公共卫生知识比较缺乏，需政府从公共产品和专业人才方面加大投入力度，多措并举，细化和完善服务内容，扩大基本公共卫生服务覆盖面，提升基本公共卫生服务水平，尤其在地方病防控领域，西藏自治区承诺绝不把棘球蚴病带入全面小康社会。为此，2016~2020年，西藏筛查了290多万包虫病患者，实现了患者"应治尽治、应管尽管、应助尽助"；在自治区党委政府的高度重视下，棘球蚴病防控工作成效显著，可以说取得了决定性胜利；全区棘球蚴病患病率2016年是1.66%，2020年降至0.26%。

健康是人力资本之一，也是减贫的重要手段。据自治区扶贫办统计，自开展医疗保障扶贫工作以来，全区已有6.33万名建档立卡贫困户享受医疗扶贫政策，逾4700名大病患者得到政策性救治，近2万名慢性病患者享受签约服务，对近1200名重病患者提供兜底保障，从而减少了因病致贫的概率。截至2019年底，全区建档立卡户"因病致贫、因病返贫"的情况已不存在。

现代公共卫生和健康服务体系的完善，大大提升了人民群众的健康福祉。"全区人均预期寿命由'十三五'初期的68.2岁提高至2019年的70.6岁，孕产妇死亡率、婴儿死亡率和5岁以下儿童死亡率分别由'十三五'初期的100.92/10万、16‰和20.2‰，下降到2019年的63.68/10万、8.9‰、11.37‰，提前实现2020年健康西藏建设指标。"[1] 新冠疫情是对西藏公共卫生服务能力的一次检验，西藏实现医务人员"零感染"，全国病例数最少且最早清零。事实证明，西藏卫生事业取得了长足发展，为保障西藏各族人民健康，促进西藏社会发展做出了贡献。

（四）以增加劳动参与促进社会融入

创建更多的就业岗位，使人人有工作干，是社会政策要达到的一个目

---

[1] 中国西藏新闻网，http://xz.people.com.cn/n2/2020/1022/c138901-34366442.html，2020年10月22日。

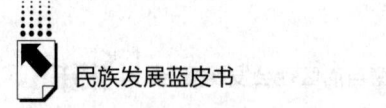

标。经济增长是否提供了更多的就业，这是衡量经济增长是否具有包容性、共享性的一个重要指标。就西藏来说，就业不仅是改善民生的重要手段，也是实现社会稳定的重要措施。

西藏自治区党委、政府深知就业的重要性，"十三五"期间，西藏自治区累计安排就业补助资金63亿元，西藏自治区城镇新增就业21.06万人，城镇登记失业率控制在3%以内。实现农牧民转移就业433万人次，转移贫困人口劳动力18.74万人，提前完成"十三五"目标。从多方面予以补助，支持高校毕业生就业创业。截至2020年10月，全区2020年应届高校毕业生27769人，就业率达93.52%；2.59万名城镇就业困难人员实现就业，城镇零就业家庭持续动态清零。

以发展民营经济为抓手，拓展就业渠道。"十三五"期间，西藏民营经济贡献了90%的税收、90%的人口就业。截至2020年第三季度末，全区民营经济市场主体达34.6万户，占全区各类市场主体的97%，同比增长12.89%；注册资本10276.54亿元，同比增长17.57%。其中民营企业7.15万户，注册资本9608亿元，同比分别增长16.06%、17.65%；个体工商户26.04万户，注册资本406.26亿元，同比分别增长12.64%、21.7%；农牧民专业合作社13856户，出资额131.58亿元，同比分别增长2.85%、14.1%。吸纳就业达126万人。

以增加农牧民收入为目标，促进农牧民转移就业。"十三五"以来，西藏坚持把增加农牧民收入作为核心目标，通过开展技能培训、工程项目吸纳就业、组织化转移就业等举措推动农牧民就业。2016年以来，全区农牧民转移就业累计实现近500万人次，促进农牧民持续增收。如何促进农牧民转移就业是个老大难问题，技能培训是必然选项。西藏针对18~45岁的青壮年农牧民，进行实用技术包括养殖、车辆驾驶、汽车维修、餐饮服务等培训工作。为鼓励群众参加培训的积极性，除了免费培训，还给予从250元到3000元不等的补助，对于那曲、昌都、阿里等地边远农牧区群众愿意参加培训的，补助标准上浮10%。

(五）健全社会保障体系，构筑社会稳定安全网

社会保障制度是一种调节收入分配的机制，是缩小贫富差距、避免两极分化的重要机制。西藏党委、政府把社会保障作为凝聚人心的一个重要抓手，以期促进社会公正，维护社会稳定。

城乡社会救助体系不断完善，城乡低保应保尽保。党的十九大以来，西藏自治区建立了以城市居民最低生活保障制度、农牧区特困群众生活救助制度和五保户供养制度为基础，以临时救济和社会帮扶为补充，与西藏自治区经济社会发展相适应的城乡社会救助体系基本框架。

加快推进城乡养老、医疗保险、城乡最低生活保障等政策全覆盖。目前，西藏已将绝大多数社会人群纳入社保范围，基本实现养老、医疗保险制度全覆盖。2012年实施《西藏自治区寺庙僧尼参加社会保险暂行办法》，广大僧尼群众也被纳入社保范畴，从制度层面上做到应保尽保。

以农村社会保障和救助体系为例，2007年西藏开始建立农村最低生活保障制度。2012年1月起，西藏自治区将家庭年人均纯收入低于2300元的农村居民全部纳入保障范围，对应的扶贫对象是83.3万人，占西藏自治区农牧区总人口的34.42%。2018年1月1日，西藏自治区农村最低生活保障标准提高到每人每年3840元。2020年，西藏自治区农村最低生活保障标准再次提高到每人每年4545元。同时，政府还持续开展扶贫、灾害救助等工作，巩固和加强了西藏自治区农牧区的社会救济事业。截至2018年，西藏自治区全区农村居民有18.76万人享受政府最低生活保障，发放低保救助金5.50亿元。2012年初，西藏自治区开始实行新型农村社会养老保险制度，2012年4月开始发放首批养老金时，西藏自治区有21.95万农牧民参与了新型农村社会养老保险。2015年7月1日起，西藏自治区合并实施原有的新型农村社会养老保险和城镇居民社会养老保险，建立了全区统一的城乡居民基本养老保险制度。截至2019年初，缴费标准设为每年500元、700元、900元、1100元、1300元、1500元、1700元、1900元、2100元、2300元、2800元、3300元等12个档次，以满足广大城乡居民的不同需要。截至

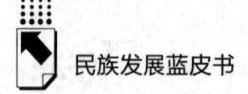

2017年，西藏自治区74个县（区）年满60周岁的居民均可领取基础养老金，领取人数共计283647人；2018年，西藏自治区全区城乡居民领取社会养老保险人数达到165.90万人。

在推进医疗公共服务均等化方面，城乡居民基本医疗保险制度整合是一项重点任务，2020年已完成，保障人口实现全覆盖。居民医保年人均补助标准是585元，2020年当年，城乡居民年度医疗费最高报销额度高达14万元。据估算，该数值接近西藏当年城乡居民年人均可支配收入的7倍。大病专项救治病种数量扩大到38种。结算机制更加便捷，实现先诊疗后结算。社会保险实现全覆盖，保险基金收支基本平衡。

安居工程是西藏社会主义新农村建设的重要内容，是服务广大农牧民群众的民生工程。西藏城市化水平较低，但2019年常住人口城镇化率也已达到31.5%。在城镇化和新农村建设中，西藏的特色实践是边境小康村建设，把精准扶贫、乡村振兴与守边固边兴边有机结合，建设幸福家园，守护神圣国土。

（六）以社区治理为抓手推进社会治理精细化

改革开放前，中国社会管理是以单位为细胞，个体从属于某一特定单位，概莫能外。改革开放后，单位的经济组织功能被剥离，社会管理也开始走向去单位化。在市场化环境下，原子化的个体经过再组织，逐渐被纳入现代社会治理体系，党的十八大以来，西藏大胆探索，效果显著。

以服务促治理，实施强基惠民政策。"强基惠民"是强基础惠民生的简称。村居社区组织化管理的承担者是村两委。村两委干部和基层党员普遍存在老龄化、政策理解不深等能力问题，党支部组织生活少，甚至空白。有鉴于此，西藏自2011年开始实施驻村工作队制度，至今已有10年。

在精细化治理机制上，实施社区网格化管理，网格内实施双联户制度。这些创新措施以服务促治理，以民生赢民心，取得了良好的社会治理效果，打牢了社会治理的基层基础。"驻村工作队""驻村民警""双联户"是西藏社会治理独具特色的创举，社会治理成为一个共同体，党委、政府、社区、家庭都是这个共同体中的利益攸关方。

（七）创新寺庙管理机制

藏传佛教在西藏历史悠久、寺院僧尼多、信众多。另外，以十四世达赖喇嘛为首的分裂势力不断利用宗教与我争夺话语权、主导权，宗教工作历来都是西藏社会治理的重点和难点，如何将寺院僧尼群众纳入社会治理框架，是西藏自治区党委、政府需要长期思考的问题。

在治理机制方面，建管理机构，派遣驻寺工作队，建领导班子，协助寺庙管理委员会管理宗教事务，选派优秀干部进驻寺庙。

在工作任务上，实现每个寺院干部"要交一个朋友，即每个驻寺干部都要与一至几名僧尼交成知心朋友，及时了解他们的生活困难和思想动态。开展一次家访，即每个驻寺干部都要联系一至几名僧尼，深入自己所联系的僧尼家中搞一次家访，切实了解僧尼家庭的实际情况。办一件实事，即发挥各自优势，为每个僧尼家庭解决一件最迫切、最现实的困难和问题，让他们切身感受到党和政府的温暖。建一套档案，即为每个僧尼建立一套档案，详细记录其个人信息和家庭状况，切实做到心中有数、底数清楚，便于管理服务。畅通一条渠道，即通过电话、通信、家访等方式，建立起驻寺干部与僧尼家庭联系的稳定渠道，与其家人共同教育引导僧尼爱国爱教、遵规守法。形成一套机制，即建立起寺庙管委会（专职特派员）、驻寺干部、僧尼、家庭共同负责、协调联动的构建和谐模范寺庙的好机制"[①]。

在公共服务方面，大力推进寺庙"九有"，使每个寺庙"有领袖像、有国旗、有路、有水、有电、有广播电视、有通信、有报纸、有文化书屋"。

在社会保障方面，落实医疗保险、养老保险、低保、人身意外伤害保险全覆盖，免费为在编僧尼进行健康体检。

---

① 《西藏要求在全区寺庙管理机构开展"六个一"活动》，中华人民共和国中央人民政府网，http://www.gov.cn/gzdt/2011-11/29/content_2005640.htm，2011年11月29日。

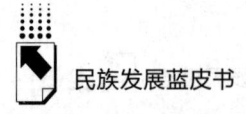

在教育引导方面，开展"遵循四条标准、争做先进僧尼"教育实践活动、开展和谐模范寺庙暨爱国守法先进僧尼创建评选，开展弘扬历代高僧大德以"爱国爱教、遵规守法、弃恶扬善、崇尚和谐、祈求和平"为主题的法制宣传教育。

在正向鼓励激励方面，开展和谐模范寺庙暨爱国守法先进僧尼创建评选活动，实施百名高僧大德培养工程，开展爱国爱教宣传服务下乡活动，完善利寺惠僧措施，确保宗教和睦、佛事和顺、寺庙和谐。

三　西藏社会发展实践的经验启示

经济社会的发展离不开稳定的社会环境。在世界百年未有之大变局中，在中华民族伟大复兴的征程上，国际敌对势力对我大加干扰和破坏，海外"藏独"集团也在不断变换伎俩，不断翻新颠覆渗透手法，利用西藏抹黑中国，干扰西藏稳定大局。在这种复杂局面下，西藏自治区党委和政府认真贯彻落实新时代中央治藏方略，推进西藏新时代社会治理体系现代化和治理能力现代化，积累了丰富的经验，也取得了令人满意的效果，具有积极的启示意义。

（一）必须不折不扣地贯彻落实新时代党的治藏方略

进入新时代，以习近平同志为核心的党中央高度重视西藏工作，先后召开中央第六次、第七次西藏工作座谈会，总结历史经验，研判历史趋势，形成新时代党的治藏方略，"即必须坚持中国共产党领导、中国特色社会主义制度、民族区域自治制度，必须坚持治国必治边、治边先稳藏的战略思想，必须把维护祖国统一、加强民族团结作为西藏工作的着眼点和着力点，必须坚持依法治藏、富民兴藏、长期建藏、凝聚人心、夯实基础的重要原则，必须统筹国内国际两个大局，必须把改善民生、凝聚人心作为经济社会发展的出发点和落脚点，必须促进各民族交往交流交融，必须坚持我国宗教中国化方向、依法管理宗教事务，必须坚持生态保护第一，必须加强党的建设特别是政治建设。新时代党的治藏方略是做好西藏工作的根本遵循,必须长期坚持、全面落实"①。西藏经济社会发展之所以取得这样的成就,首要的经验就是不折不扣地贯彻落实新时代党的治藏方略。

(二)着力维护社会持续稳定和各民族团结进步

2015年中央第六次西藏工作会议以来,西藏社会大局全面稳定且持续稳定,成绩来之不易。西藏党委、政府战略上统筹内外,始终坚持对达赖集团的定性不变,对达赖集团的斗争不动摇,织密社会治理网,防范和打击各种分裂活动。依法治藏水平不断提升,社会治理扎实有效。通过扫黑除恶专项斗争,西藏"连续五年没有发生重大政治性、群体性事件和暴力恐怖案件,群众安全感满意度保持在99%以上"②。

完善寺庙管理长效机制。藏传佛教治理的核心是如何用一套机制使管人管事、驻寺工作队和寺管会协同共治,是西藏寺庙管理的机制创新,是引导宗教与社会主义社会相适应的新探索。对信教群众来说,就是通过教育引导移风易俗,实现社会进步。对僧尼喇嘛来说,就是把"遵行四条标准、争做先进僧尼"教育实践活动细化、实化,使其入心入脑。既保障各族群众的宗教信仰自由,又要实现宗教活动和谐有序、遵纪守法、维护社会稳定、维护民族团结、捍卫国家安全,铸牢中华民族共同体意识。

(三)不断提高社会治理法治化水平

一是全面贯彻实施宪法,切实巩固法治根基。宪法是国家大法,依宪执政是全面依法治藏的首要任务,维护宪法法律权威,全面贯彻实施宪法,任何组织和个人的任何活动都不能超越宪法。"为了维护宪法权威,全面加强

---

① 《习近平在中央第七次西藏工作座谈会上的讲话》,中共中央党校网站,https://www.ccps.gov.cn/xtt/202008/t20200829_142973.shtml。
② 《2021年西藏自治区政府工作报告》,西藏自治区人民政府办公厅,http://www.xizang.gov.cn/zwgk/xxfb/zfgzbg/202103/t20210324_197174.html,2021年3月24日。

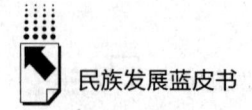

备案审查和专项清理工作。对西藏现行有效的113件地方性法规进行清理，对生态环保、军民融合类法规进行4次专项清理。"①

二是稳步推进全面立法。西藏自治区成立以来，区人大先后通过了300余部地方性法规和具有法规性质的决议、决定，国家法律法规在西藏都有相应的实施办法和实施细则。2018年，"区人大常委会编制了五年立法规划，确定民族团结、民生事业、生态保护等重点领域的立法项目77件"②。

三是以法治社会建设推动社会治理创新。"依法深入开展反分裂斗争、依法加强意识形态工作、依法治理民族事务、依法加强宗教事务管理、依法加强生态文明建设、依法加强边境管控，切实推动社会治理从'要我稳定'向'我要稳定'转变。"③

（四）基层社会治理方式不断创新

一是夯实基层基础，根基稳才能定民心。特殊的自然、社会和历史基础决定着西藏必须走出自己的社会治理之路。强基础惠民生是西藏创新社会治理的一项重大举措。自2011年10月始，西藏从区、地、县、乡四级党政机关和事业单位，"每年选派2万多名优秀干部组成工作队，进驻全区5464个行政村（居委会），与群众同吃、同住、同学习、同劳动，面对面拉家常、听意见，手把手算细账、谋发展，心贴心办实事、解难事，实现了干部驻村全覆盖。10年间，20余万名驻村队员和广大基层干部群众心连在一起，劲儿使在一处，解决了一大批群众关心和反映强烈的实际困难和问题，推动了农牧区整体面貌发生历史性巨变"④。广大驻村干部走进基层社会，通过入

---

① 《加快推进全面依法治藏》，《西藏日报》2019年7月24日，https：//www.sohu.com/a/328896569_160909。
② 《加快推进全面依法治藏》，《西藏日报》2019年7月24日，https：//www.sohu.com/a/328896569_160909。
③ 《吴英杰在自治区党委全面依法治藏工作会议上的讲话》，《西藏日报》2021年4月20日，http：//www.xizang.gov.cn/xwzx_406/xw_tp/202104/t20210420_200066.html。
④ 参见《和谐高原谱新篇》，中国西藏新闻网，http：//www.xzxw.com/xw/xzyw/202108/t20210819_3827319.html，2021年8月19日。

户调查了解民情民意，从源头上预防社会矛盾，从根本上化解社会矛盾。

二是细化服务对象，明确治理目标。"从 2011～2020 年，自治区先后在全区建成 698 个便民警务站，全天候 24 小时执勤巡逻。警务站把服务管理分成一个个网格，形成了一个个'环环相扣'的'3 分钟警务圈'"[1]，群众有问题随叫随到、及时处理，不仅提高了服务效率还增强了群众的安全感。

"先进双联户"创建活动，以项目促管理，发挥群众公民参与的积极性和主动性，实现了社区治理的共享性和公共性。"据统计，仅 2018 年，全区联户单位共排查化解矛盾纠纷 1.6 万余起，实现增收 1.6 亿余元。"[2]"双联户"为维护社会稳定和发展区域经济奠定了坚实的基础。将"双联户"服务管理工作与网格化信息共享机制对接，"形成以乡镇综治办和派出所为核心、以社区民警和治保人员为骨干、以村（居）民联保组长为基础的社会管理体系，实现了解决问题一通到底、社情民意一传到顶"[3]。

结　语

"现代性产生稳定性，而现代化却产生不稳定性。"[4] 西藏同全国一道，已经走进社会主义现代化建设的快车道，在现代化的新征程中，培育现代性和发展现代性是西藏不断走向现代文明社会的必然选择。经济增长可能并不必然带来社会认同，而且，经济增长的机会和经济增长的成果如果不能被社

---

[1] 参见《和谐高原谱新篇》，中国西藏新闻网，http：//www.xzxw.com/xw/xzyw/202108/t20210819_ 3827319.html，2021 年 8 月 19 日。
[2] 《"平安西藏"成为亮丽名片》，《西藏日报》2019 年 4 月 2 日，https：//www.tibet3.com/news/tbgzh/2019-04-02/109773.html。
[3] 参见《和谐高原谱新篇》，中国西藏新闻网，http：//www.xzxw.com/xw/xzyw/202108/t20210819_ 3827319.html，2021 年 8 月 19 日。
[4] 〔美〕亨廷顿·塞缪尔：《变动社会的政治秩序》，张岱云译，上海译文出版社，1989，第45 页。

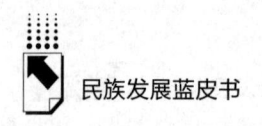

会所共享，也可能带来社会撕裂和社会失序。

鉴于西藏特殊的人文、社会、环境和区位条件，应统筹稳定、发展、生态、强边四件大事，在发展方式上，"坚持新发展理念。把新发展理念贯穿发展全过程和各领域，构建新发展格局，切实转变发展方式，推动质量变革、效率变革、动力变革，实现更高质量、更有效率、更加公平、更可持续、更为安全的发展"①。

在社会文明建设领域，"提高社会文明程度。推动形成适应新时代要求的思想观念、精神面貌、文明风尚、行为规范"②。在意识形态领域，把铸牢中华民族共同体意识作为工作主线，重点是维护祖国统一、加强民族团结，除了加强"四史"教育③，特别要加强西藏地方与祖国关系史教育，不断增强"五个认同"④。

在社会治理方式上，进一步"加强和创新社会治理。完善社会治理体系，健全党组织领导的自治、法治、德治相结合的城乡基层治理体系，完善基层民主协商制度，实现政府治理同社会调节、居民自治良性互动，建设人人有责、人人尽责、人人享有的社会治理共同体"⑤，一方面做到治理有效，另一方面又要保持社会活力。因此调动不同社会治理主体的主动性和参与性至关重要。"推动社会治理重心向基层下移，向基层放权赋能，加强城乡社区治理和服务体系建设，减轻基层特别是村级组织负担，加强基层社会治理队伍建设，构建网格化管理、精细化服务、信息化支撑、开放共享的基层管

---

① 《中共中央关于制定国民经济和社会发展第十四个五年规划和二〇三五年远景目标的建议》，中华人民共和国中央人民政府网，http://www.gov.cn/zhengce/2020-11/03/content_5556991.htm，2020年11月3日。
② 《中共中央关于制定国民经济和社会发展第十四个五年规划和二〇三五年远景目标的建议》，中华人民共和国中央人民政府网，http://www.gov.cn/zhengce/2020-11/03/content_5556991.htm，2020年11月3日。
③ "四史"即党史、新中国史、改革开放史、社会主义发展史。
④ "五个认同"即对伟大祖国、中华民族、中华文化、中国共产党、中国特色社会主义的认同。
⑤ 《中共中央关于制定国民经济和社会发展第十四个五年规划和二〇三五年远景目标的建议》，中华人民共和国中央人民政府网，http://www.gov.cn/zhengce/2020-11/03/content_5556991.htm，2020年11月3日。

理服务平台"。①

　　党的十八大以来，在西藏历届党委和政府共同努力下，各族人民团结奋斗，取得了社会稳定、民族团结的大好局面，来之不易。只有动员最广大的社会力量，最广泛的社会参与，才能最终实现西藏社会持续发展稳定和长治久安。

---

　　① 《中共中央关于制定国民经济和社会发展第十四个五年规划和二〇三五年远景目标的建议》，中华人民共和国中央人民政府网，http://www.gov.cn/zhengce/2020－11/03/content_5556991.htm，2020年11月3日。

B.7
青海省社会发展报告

马明忠 张科*

摘 要： "十三五"期间，青海省以社会治理工作为主线，围绕社会发展、生态保护、民族工作、国家安全等特殊性因素，深入推进平安青海、法治青海建设，广泛开展民族团结进步示范区创建，构建了"三种类型、四个层级"的社会治理模式，社会治理实现了由应急向常态、粗放向精细、被动向主动的转变，为社会发展奠定了坚实的工作基础，走出了一条具有青海特色的发展之路。

关键词： 青海省 社会发展 民族团结进步示范区

青海多民族聚居、多宗教并存、多文化融容，有汉、藏、回、土、撒拉和蒙古六个世居民族，其中土族和撒拉族是全国两个特有的人口较少民族，五大宗教俱全，藏传佛教和伊斯兰教影响深远。全省有55个民族、少数民族人口占49.47%，有6个少数民族自治州、7个自治县和28个民族乡，民族区域自治面积达98%，是全国少数民族人口占比最高和民族区域自治面积最大的省份，也是除西藏外全国最大的涉藏工作重点省，在国家治理全局中具有重要的战略地位。青海省"十三五"期间以社会治理引领社会发展，围绕生态保护、民族工作、国家安全等特殊性因素，走出了一条具有青海特色的发展之路。

---

* 马明忠，中共青海省委党校（青海省行政学院）民族宗教学教研部主任，教授；张科，青海民族大学民族学与社会学学院副院长，教授。

一 青海省社会发展的主要进展

（一）以民生改善全面推进社会发展

青海省在社会发展中把保障和改善民生作为基层工作的基础，民生事业中尽一切可能把群众最需要的作为大事来抓，财政支出的2/3都倾向于民生事业，以此提升人民生活质量，从而实现全体人民共同迈向全面小康社会的目标。

1. 以脱贫攻坚实现社会持续发展

建立完善的扶贫脱贫工作机制和考评体系，以政策的优先扶持为支撑，创新各类扶贫模式。青海省由于地广人稀，贫困人口分布区域面广，农村、牧区贫困人口呈现不同特点，全省42个县（市、区）属于贫困县，其中15个属于国家扶贫开发重点县。自脱贫攻坚战开始以来，青海省按照"四年集中攻坚，一年巩固提升"的总体部署，以"两不愁三保障"为基本目标，推进精准扶贫、精准脱贫，减贫成效逐年显现。扶贫脱贫工作中逐步形成"1+8+10"政策体系。"十三五"期间，青海省在8个市（州）、38个县（市、区）、266个乡（镇）、1249个村实施易地扶贫搬迁项目，搬迁安置农牧民群众5.2万户20万人，其中，建档立卡贫困户3.3万户11.89万人，实现了绝对贫困全面"清零"目标。

2. 以促进就业创业推进社会稳定

青海省坚持把就业作为经济社会发展的重要目标，国民经济社会发展五年规划及年度计划中把城镇新增就业和调查失业率纳入其中。2016~2019年新增城镇就业人口分别为6.35万人、6.1万人、6.2万人、6.3万人，农牧区劳动力转移就业人数分别为119万人次、108万人次、113.9万人次、113万人次，城镇登记失业率连续多年控制在3.1%以内，高校毕业生总体就业率连续多年保持在89%，使党的就业优先政策能够有效实施。"十三五"期间，青海省加大特色优势产业、循环经济主导产业、重点企业和重

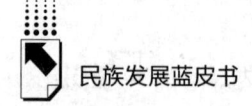

点项目吸纳当地劳动力的比例，巩固提高骨干产业和大中企业促就业的政策措施，以实施新兴战略产业为基础，加快培育发展支撑全省发展、扩大新增就业的支柱产业。优先发展生产性、生活性等新兴服务业，扩充就业创业吸纳能力，打造新的就业增长点。

3. 以深化分配制度改革促进社会公平

收入分配制度改革是促进社会公平的有效措施，逐步形成以工资、财产、经营、转移性收入为主的多渠道增收的新格局。坚持以市场调节为基础，建立健全收入初次分配机制，逐步完善税收、社会保障、转移支付的再分配调节机制，促使经济发展、居民增收、生态优化同步，逐步实现劳动者报酬提高和劳动生产率提高、生态产品增加同步的收入增长长效机制，更好地体现发展依靠人民、发展为了人民、发展成果人民共享。建立健全农村牧区产权确认登记制度，引导农牧民群众依法自愿有偿转让土地、林地承包权，宅基地使用权和集体收益分配权。2016年开始农村牧区改革，建立土地增值收益"三权"分置分配办法，使进城农牧民无后顾之忧。"十三五"期间强化尊重知识、守正创新，充分体现智力劳动价值的分配导向政策，以品德、能力和业绩为岗位职责导向，完善福利待遇、职务职称晋升、住房补助、医疗保障、子女入学等优惠条件，鼓励创业创新，建立科学、公平、公正的人才评价和激励机制；加快科技成果转化，提高成果转化收益比例，依法赋予创新领军人才更大的人财物支配权、技术路线决策权。

4. 以完善社会保障制度提升社会保障水平

加快推进城乡社会保障体系建设，构建多层次社会保障体系，着力提升社会保障水平。坚持实施全民参保计划，完成社保提标扩面任务，基本实现法定人员全覆盖。完善城乡居民基本医疗保险制度，鼓励发展商业医保，加大对农村牧区贫困人口和城镇困难群众的医疗救助力度；建立城乡居民基础养老金标准正常调整机制，2019年实现为企业和机关事业单位退休人员月增养老金人均213元，城乡低保标准分别提高到580元/月和4300元/年。逐步完善社会救助、社会福利、公益慈善、优抚安置和残疾康复服务机制；强化社会救济救助、养老保险制度，保障人们有尊严地生活，增加获得感、幸福感。逐步建立起养老、敬老、孝老政策体系和制度机制，打造医养结合服务机构，大力推进社区居家养老服务，2017年新建、改扩建社区日间照料中心15个，农村老年之家50个。

5. 以改善住房保障提高居民住房水平

优化住房供需结构，建立健全以政府提供基本保障为主、以市场为辅的多层次需求的住房供应体系，稳步提高居民住房水平，保障住有所居。建立起政府、市场多主体供应、多渠道保障、租购并举的住房制度。确立了推进以新市民为出发点的住房供给制度改革，支持进城农牧民在城镇购房，打通商品房和保障房政策通道，发展住房租赁市场，释放住房刚性和改善性需求，实施城镇棚户区住房改造8.06万套、农牧民危旧房改造6.5万户。2016年商品住房库存面积下降25.6%，有效化解了房地产库存。2017年建设各类城镇保障房38.7万套，新建农牧区各类住房35万户，城乡近1/3的人口改善了住房条件。同时，启动为期三年的棚户区改造计划，2019年实现城镇棚户区改造1.13万套、老旧小区综合改造5万套、农牧民居住条件改善工程3万户。加强住房公积金归集扩面工作，加大公租房保障力度，不断落实好城镇困难群体住房保障政策，多渠道改善和保障困难群体和新市民基本居住条件。

（二）以社会治理基础性制度推进社会改革创新

推进社会治理基础性制度主体建设，构建全民共建共享的社会治理格局，提高社会治理能力和水平，完善"党委领导、政府主导、社会协同、公众参与、法治保障、科技支撑的社会治理体系"，使政府治理和社会调节、居民自治良性互动，从而实现社会充满活力、安定和谐。

1. 大力促进教育公平制度建设

优先发展教育事业。突出教育质量提升工作，学前教育实现普惠性，不断完善"1+9+3"（1是指学前教育，9是指小学+初中，3是指职高三年）教育经费保障和异地办学奖补机制，"两基"教育成效显著，义务教育巩固率达96.8%，学前三年毛入园率提高3.8个百分点，高中阶段毛入学率提高4个百分点。涉藏州县所有学生和西宁、海东贫困家庭学生实现15年免费教育，健全特殊教育和高中阶段教育保障机制，实现5万人以上县普通高中全覆盖，建成三江源民族中学。全力解决进城入镇务工人员子女上学难问题，义务教育基本实现优质均衡。新建3所高职院校，搭建职业教育"一主五辅"政策体系；加快省属高职院校迁址和扩建的步伐；青海师范大学新校区建成投入使用，开启省校共建青海师范大学新模式；西宁大学已开工建设，深化青海大学部省合建，高校一流学科和重点学科建设取得重大进展，青海民族大学获得博士学位授予权，博士后科研流动站实现零的突破。逐步建立产教融合和校企合作机制，职业教育校企合作获国务院嘉奖，以促进职业教育、高等教育、继续教育协调发展。新建及改扩建75所公办幼儿园，新建扩建基础教育学校336所，以扩大普惠性学前教育资源为重点，提前实现了学前教育、高中阶段教育普及的目标。

2. 建立以提高人民健康水平为核心的现代医疗卫生事业制度

依托与国家卫健委共建高水平医院为目标，全面提升全民健康水平，以国家高原病诊疗中心、区域棘球蚴病医疗中心、儿童及孕产妇急危重症救治中心和县域医共体信息化建设为契机，深化"三医"联动，推进"互联网+医疗健康"，提升紧密型医共体建设水平，组建医联体115个。重点实施健康青海三年行动，实现全省村卫生室标准化、全覆盖，城乡每万名居民配备2~3名全科医生，建立家庭医生团队1979个，签约310万人。扩大门诊用药医保报销范围，如高血压、糖尿病等，大幅降低集中招标采购药品费用，让利于民。加强地方病专项防治攻坚行动，实现棘球蚴病、结核病病人全免费治疗和救治全覆盖，建立慢性病、重大传染病防治和急救体系。优化医疗保险关系转移、异地结算、大病保险和医疗救助制度，提高居民医保人均财政补助标准。[①]

3. 进一步完善计划生育制度提高人口增长

"十三五"期间，青海总人口持续增加，到2019年底常住人口达到

---

① 刘宁：《政府工作报告——2020年1月15日在青海省第十三届人民代表大会第四次会议上讲话》，《青海政报》2020年第2期。

607.82万人。城乡格局发生重大转变，城镇常住人口337.48万人，城镇人口总量已超过乡村人口，城镇化率达55.52%。少数民族人口达289.99万人，占47.71%，少数民族人口总量逐步接近汉族人口。2019年人口出生率13.66‰，人口死亡率6.08‰，人口自然增长率7.58‰，比上年低0.48个千分点，人口增长缓慢。[①] 总人口抚养比接近40%，老年人口抚养比超过10%，人口年龄结构向老龄化转变，学龄人口总数减少，老龄化已经来临，家庭养老功能出现弱化现象，养老服务业需求增大。2020年修订了《青海省人口与计划生育条例》，进一步完善青海省计划生育制度。

4. 建立全国城乡统一的户口登记制度

全省人户分离的人口为115.80万人，其中流动人口95.20万人。至2019年末，全省户籍人口589.03万人，其中农村户籍人口占比较高，达346.36万人，占全省户籍人口58.80%，城镇户籍人口242.67万人，户籍人口城镇化率较低，仅为41.20%。为了促进户籍管理制度改革，2015年《青海省人民政府关于进一步深化户籍制度改革的实施意见》颁布实施，探索建立新型户籍管理制度，即城乡户口统一登记为居民户口，逐步取消农业户口与非农业户口，充分发挥户籍人口登记的管理职能。以居住证制度完善流动人口管理，保障流动人口各项权益，其中以连续居住年限和参加社会保险年限等为条件，使持有居住证者能够在中等职业教育资助、就业扶持、住房保障、养老服务、社会福利、社会救助等方面与当地居民享有同样权利。建立健全人口信息管理制度、实际居住人口登记制度，实现居民身份证号码为唯一标识的全省人口基础信息库，完善各项信息系统，实现跨部门、跨地区信息整合和共享，为制定人口发展战略和政策提供技术支持。省会西宁市开放落户限制，采取积极措施吸引大中专院校毕业生和引进人才落户，全省全面放开建制镇和小城市落户限制。

---

① 青海省统计局：《2019年青海省国民经济和社会发展统计公报》，《青海日报》2020年2月28日。

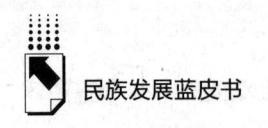

(三)积极构建具有青海特色国家安全体制

青海地域辽阔,是固疆稳藏的战略要地,把维护经济发展、社会稳定和民族团结作为国家安全工作的重点,构筑青海社会发展的安全屏障,开创维护国家安全新局面,逐步形成了"省委牵头协调,各领域协同作战,责任单位具体负责,全社会共同参与"的国家安全工作格局。始终以防范抵御"颜色革命"为主线,深入开展反分裂、反恐怖、反渗透、反间谍、反邪教的斗争,深入推进平安青海的建设,切实维护社会安全和经济安全。加强网络服务的安全性能,坚持依法治网,将维护网络安全作为深入推进"一优两高"战略布局的重要举措,建立网络安全审查制度,确保网络服务的安全性、可控性,提升网络舆论引导水平。建设大美青海,维护生态安全,以改善环境质量为核心,以解决环境领域突出问题为重点,统筹推进生态建设,逐步形成青海国家生态安全屏障效应,筑牢青海绿色发展的生态之基。加强宣传引导,有效维护文化安全,积极开展"四史""五观"教育,铸牢中华民族共同体意识。统筹维护推动科技、资源、军事、海外利益和新兴领域工作的开展,确保全省各项国家安全事业平衡协调、持续健康发展,维护好科技安全、资源安全、军事安全、海外利益安全和新兴领域安全。

(四)健全公共安全体系

青海省坚守安全红线,以《中共中央国务院关于推进安全生产领域改革发展的意见》和《中共青海省委青海省人民政府关于推进安全生产领域改革发展的实施意见》为契机,始终坚持以人民为中心,坚持生命至上、安全第一,以推动安全生产和消防领域改革为主线,以"防范化解重大安全风险、坚决遏制重特大事故"为重点,牢固树立安全发展理念,健全完善安全生产责任体系、法治体系、风险防控体系和监管保障体系,全面加强安全生产风险防范,强化应急管理体系建设,深化安全知识宣传普及,全力推进社会共治,筑牢防灾减灾救灾的人民防线。加快推进应急管理体系和能力现代化,全力防控各类重大事故和灾害风险。"十三五"期间实现了事故总量、死亡人数、较大事故起数"三个下降",未发生重大及以上生产安全事故和重特大火灾事故,为全省经济发展、社会稳定和人民生命财产安全提供了重要保障。①

(五)加快社会诚信制度建设

青海省按照国家的总体安排部署,持续完善政策措施,不断加强政策引导,由点及面、深入推进"信用青海"建设,全省社会信用体系建设不断深化,为经济社会持续健康发展提供了稳定支撑。依据《青海省社会信用体系建设规划(2014—2020)》,形成了《青海省信用信息共享目录(2019年版)》《青海省信用数据归集共享清单(2019年版)》《2019年省级单位(市州)社会信用体系建设工作任务清单(共性任务、个性任务)》,充分发挥了信用在创新监管机制、提高监管能力和水平方面的基础性作用,进一步完善社会信用体系,服务经济社会发展。实践中,以信用监管为着力点,强化事前、事中、事后监督,深化"放管服"改革、持续优化营商环境;健全失信联合惩戒对象认定机制,建立重点关注名单纳入机制,如将存在失信行为尚未达到失信联合惩戒对象认定标准的市场主体,纳入重点关注对象名单,实施与其失信程度相对应的严格监管措施。通过诚信体系建设,全社会诚信意识普遍增强。

(六)加强城乡社区治理

青海省以"三基"建设为抓手,创新社区治理体制机制,提升社区综合服务能力,着力构建党委领导,政府主导,相关部门密切配合,社会力量广泛参与的城乡社区治理机制,以满足社区居民多层次、多样化需求,初步

---

① 宋明慧:《省安委会议暨2020年度全省应急管理工作会议召开》,《青海日报》2020年1月18日。

形成社区、社会组织、社会工作"三社联动"服务格局，促进城乡治理协调发展，使"枫桥经验"青海化，形成具有地域特色的治理模式，如西宁市平安建设一条街、海东市农村小技防、海西蒙古族藏族自治州平安企业创建、玉树藏族自治州"村寺并联"综合治理、果洛藏族自治州重点乡镇综合整治"班玛经验"以及黄南藏族自治州泽库县、果洛州达日县"牧区网格化服务管理"等。全省共建成市（州）级综治中心8个、县（市、区）级45个、乡镇级414个、村（社区）级4486个。

（七）促进社会组织健康发展

青海省登记注册的社会组织有5000多家，覆盖全省各个领域，成为推动青海省经济社会发展的一支重要力量。"十三五"期间，青海省颁布了《关于改革社会组织管理制度促进社会组织健康有序发展的实施意见》，建立政社分开、权责明确、依法自治的社会组织制度，形成结构合理、功能完善、竞争有序、诚信自律、充满活力的社会组织发展格局。青海省重点培育和优先发展行业协会商会类、科技类、公益慈善类、城乡社区服务类社会组织。对除直接登记之外的其他社会组织，继续实行登记受理机关和业务主管单位双重负责的管理体制。对社会服务机构，建立分级登记管理制度，以县（市、区）、市（州）登记管理为主。积极完善社会组织发展扶持政策，扩大政府向社会组织购买服务的范围和规模，把社会组织人才发展纳入全省人才发展规划，逐步增加社会组织在各级党代会代表、人大代表、政协委员中的比例。进一步加强了对社会组织负责人、资金、业务活动及涉外活动监管，探索建立专业化、社会化的第三方监督机制，明确社会组织加强自身建设，健全法人治理结构，开展诚信自律建设。同时，坚持党的领导与社会组织依法自治相统一，把党的工作融入社会组织运行和发展过程，充分发挥党组织作用，更好地组织、引导、团结社会组织及其从业人员，推动社会组织党建工作水平全面提升，充分发挥社会组织党组织战斗堡垒和党员先锋模范作用。

（八）加大环境保护与治理力度

"十三五"期间，青海省把生态文明建设放在突出位置，建立了具有青海特色的生态文明制度体系，青海省制定了生态文明制度建设总体方案，率先在全国省级层面对生态文明体制改革做出顶层设计，以绿色政绩观引导生态保护核心领域GDP考核制度，不以经济指标衡量地区发展，建立差异化绩效考核评价制度和奖惩机制。2016年《三江源国家公园体制试点方案》开启了我国国家公园体制试点，制定了我国第一个国家公园条例《三江源国家公园条例（试行）》，以法律法规筑起了三江源生态保护的法治屏障。"十三五"期间，青海的生态保护制度从无到有，逐步纳入规范、科学体系，从单一治理向综合治理转变，从微观治理向精准治理和总量控制、总量质量双管控宏观治理转变，污染控制整体水平得到不断提升。

二 新时代青海社会发展创新的成效、经验和思考

"十三五"期间，青海省委省政府高度重视社会发展，以社会治理工作为主线，深入推进平安青海、法治青海建设，构建了"三种类型、四个层级"的社会治理模式，社会治理实现了由应急向常态、粗放向精细、被动向主动的转变，为社会发展奠定了坚实的工作基础。

（一）新时代青海省创新社会发展的主要成效

1. 大力发展经济，切实保障和改善民生

坚持把发展作为解决民族问题的总钥匙。坚持国家支持、对口援青、差别化扶持和自力更生相结合，不遗余力推动少数民族地区经济社会加快发展，基础设施、公共服务、民生保障和生态环境发生了翻天覆地的变化。2019年，六个自治州实现地区生产总值1139.12亿元，比2015年累计增长23.2%。全省城镇、农村居民人均可支配收入分别达33830元和11499元，较2010年增加2.44倍和2.97倍，提前实现了翻一番目标，基本公共服务

主要指标达到西部地区平均水平。公路从新中国成立初期的不足500千米跃至8万千米,铁路实现零的突破达到2000千米,以机场、高铁、高速公路为骨架的立体交通网络基本形成,世代逐水草而居的牧民住上了定居房,生产生活水平得到大幅提升,民族地区步入了经济增长动能更足、发展质量更高、群众得实惠最多的时期。坚持以人民为中心的发展理念,全力推进少数民族地区教育、卫生、住房、脱贫等事业,切实保障和改善民生,实现各族群众学有所教、病有所医、老有所养、住有所居、弱有所扶。教育先行,涉藏州县所有学生和西宁海东贫困学生享受15年免费教育,义务教育巩固率达96.8%,控辍保学工作走在全国前列。加大医疗保障力度,覆盖全省的基本医疗服务、基本医疗保障、基本药物供应和基本公共卫生服务体系全面建立,社会福利制度向普惠性方向迈进。全省实施保障性住房、棚户区改造、危房改造近100万套(户)。大力推进脱贫攻坚,扶贫、扶志、扶智一体推进,物质脱贫与精神脱贫相互促进。2019年,青海两个人口较少民族率先实现整族脱贫;2020年,42个贫困县全部摘帽、1622个贫困村全部退出、52万贫困人口全部脱贫,实现了绝对贫困全面"清零"。深入推进精神脱贫工作,引导宗教界服务精准脱贫,落实节俭办教各项措施,有效降低了信众的宗教负担。积极开展乡村移风易俗活动,倡导厚养薄葬、喜事新办、丧事简办,引导群众摒弃陈规陋习,过健康和谐文明的新生活。2020年7月,海东市颁布实施了全国首部《移风易俗促进条例》。

2. 坚持党的领导,以社会治理引领社会发展

把党的领导贯穿社会发展的全过程,发挥党总揽全局、协调各方的领导作用。2020年1月,青海省委成立平安青海建设领导小组,建立"1+10"工作机制(即领导小组办公室和10个专项组),高度重视综治(平安建设)和社会治理工作,完善党建引领制度,探索建立市(州)、县(区)、街道、社区四级党组织联动机制,提升社会治理水平。"十三五"期间,着力健全完善城乡社区治理组织体系,以社区为依托推动建立区域化党建新格局,加强社区党建,把健全基层党组织、加强基层党的建设、巩固党的执政基础作为贯穿社区治理和基层建设的主线,深入探索加强基层党的建设引领社会治

理的路径。全省1642个村党支部，落实基层党建责任制，推动基层党建工作规范化、制度化。注重党支部建设，在涉藏州县地处偏远的村民小组设立2100多个党小组，在青、甘、川维稳重点交界地区打造"党建长廊"，建立27个跨区域（行业）联合党组织，及时化解各种纠纷、矛盾和隐患，结合扶贫、易地搬迁、三江源核心区牧民安置，建立35个村党组织，整顿软弱涣散基层党组织836个。

3. 以民族团结进步为载体，推进青海的发展和稳定

"在青海，不谋民族工作不足以谋全局。"2013年，青海省委通过《青海省创建民族团结进步先进区实施纲要》，确立"三年强基础、八年创先进"两步走目标，将民族团结进步先进区建设作为省委的战略部署，推进青海社会发展和持续稳定。2015年，省委颁布《关于进一步深入推进民族团结进步先进区建设的实施意见》，提出"到2020年，全省80%的乡镇（街道）建成市州级先进、70%的县（市区）建成全省先进、60%的市州建成全国先进，民族团结进步事业走在全国民族地区前列的奋斗目标"。2017年，青海省第十三次党代会提出"四个转变"，"实现从人口小省向民族团结进步大省转变"的新思路，实现了所有市州建成全国民族团结进步示范市（州）的省，全省44个县（市、区）已有23个建成全国民族团结进步示范县（市、区），提前实现了"八年创先进"的目标，民族团结进步事业走在了全国前列，促进了青海的发展和稳定。青海省委坚持党委统一领导，高位推进民族团结进步创建工作，实施"一把手"工程，压实党委主体责任，在全国开创了党委总揽创建工作的先例，在实践创新中建立起了党委主导、政府负责、各方参与、齐抓共管的创建体制，为民族团结进步创建提供了坚强的政治和组织保障。与国家民委签署《关于建设民族团结进步大省合作协议》，共同推进民族团结进步工作；实施《青海省民族团结进步创建示范单位和先进单位动态管理办法（试行）》，用动态管理、考核奖励、省部共建等有力举措持续高位推进民族团结进步创建，推动民族团结进步创建融入国家战略，确保了创建工作高站位谋划、高起点开局、高质量推进。

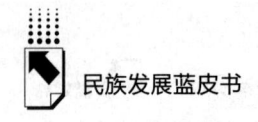

（二）新时代青海省创新社会发展的基本经验

1. 党的领导是推进社会发展的根本保证

推进社会发展根本在于党的领导，党委强化顶层设计把方向，"一把手"率先垂范抓落实，各部门群策群力同推进，始终使推动社会发展目标不偏移、力度不松劲、成效不减弱，社会发展才能落地落实落细。坚持党政"一把手"对重大问题亲自研究，重点工作亲自部署，重点环节亲自协调，重要事情亲自督办，确保了社会发展顺利有序推进。

2. 坚持依法治理是推进社会发展的重要保障

依法治理是最可靠、最稳定的治理。在促进民族事务法治化、提升社会治理水平中，必须把依法治理作为根本，依法保障社会治理向纵深发展。只有各族群众树立对法律的信仰，自觉按法律办事，法治国家、法治政府、法治社会才能三位一体推进社会治理。新时代，必须深入学习和贯彻落实习近平法治思想，运用法治思维和法治方式治理民族事务，依法推进社会治理，依法解决影响民族团结的矛盾纠纷，实现民族事务治理法治化、社会治理现代化。

3. 加快发展是解决民族问题的根本途径

构建和谐的社会主义民族关系，实现各民族共同繁荣发展，离不开发展的根基。事实证明，发展是硬道理，是动力，是核心，是各族群众的共同期望，要巩固和发展平等团结互助和谐的社会主义民族关系，必须立足青海发展特别是少数民族地区发展实际，坚持不懈地抓好发展第一要务，只有通过加快发展解决好不平衡不充分的问题，不断缩小地区之间发展的差距，才能使党在民族地区的执政根基更加牢固，才能推动各民族走向包容性更强、凝聚力更大的命运共同体，实现中华民族伟大复兴。

4. 改善民生是推进社会发展的根本动力

"民生连着民心""民心凝聚民力"。社会发展既是惠民生、聚民力的系统工程，同时也要依靠不断改善民生，提升各族群众生产生活水平来保障持久力和鲜活力。推进社会发展，必须坚持把促进民生福祉作为推进社会治理的强大推力和物质保障，着力提高各族群众的生产生活水平，让各族群众共享改革发展成果，增强各族群众的获得感、幸福感、安全感，把各族人民的智慧和力量凝聚到实现中华民族伟大复兴中国梦上来，就能营造出各民族共同团结奋斗、共同繁荣发展的浓厚氛围，就能把青海的民族团结进步事业不断推向前进。

B.8
云南省社会发展报告

刘荣　陈志平　吴鹏　张琦　王志达　吕伟　李栋　方进普　彭瑞秋　沈洁[*]

摘　要： 党的十九届四中全会提出，必须加强和创新社会治理，完善党委领导、政府负责、民主协商、社会协同、公众参与、法治保障、科技支撑的社会治理体系，建设人人有责、人人尽责、人人享有的社会治理共同体，确保人民安居乐业、社会安定有序，建设更高水平的平安中国。"十三五"时期，云南省认真贯彻落实习近平总书记系列重要讲话和考察云南重要讲话精神，准确把握习近平总书记对云南提出的"建设成为我国民族团结进步示范区、生态文明建设排头兵、面向南亚东南亚辐射中心"战略定位，结合边疆、民族、山区、贫困、美丽省情，全面构建云南社会治理新格局，努力推进云南社会发展。

关键词： 云南省　社会发展　社会治理　云南经验

党的十八大之前，云南省发展不平衡不充分的问题较为突出，经济社会发展的短板和弱项非常明显。如基础设施欠账较多，现代基础设施网络不健全，

---

[*] 刘荣，云南民族大学党委副书记，博士、二级教授、博士生导师；陈志平，云南大学法学院副教授，博士；吴鹏，云南民族大学云南省民族研究所民族学博士研究生；张琦，云南大学马克思主义学院法学博士研究生；王志达、吕伟、李栋、方进普，云南民族大学云南省民族研究所民族学博士研究生；彭瑞秋，昆明幼儿师范高等专科学校教师；沈洁，云南大学硕士研究生。

城乡协调发展不足,基本公共服务水平不高。① 党的十八大以后,特别是"十三五"期间,在以习近平同志为核心的党中央坚强领导下,云南省不断提高社会治理系统化、科学化、法治化、智能化水平,坚持把自治、法治、德治与群众路线结合起来,探索出一条社会发展新路径:加强党的领导,做深做实党建引领社会发展;推进政府职能转变,完善落实社会发展主体责任;积极开展参政议政,民主协商发展方式优势呈现;深化综合配套改革,社会协同发展格局整合提升;创新运用联动机制,广泛调动公众参与社会发展的热情;深入贯彻依法治国,社会发展法治保障更加健全;充分运用智能智慧,社会发展科技支撑成效显然。

一 全面加强党的领导 做实做深党建引领社会发展

习近平总书记指出:"中国特色社会主义最本质的特征是中国共产党领导,中国特色社会主义制度的最大优势是中国共产党领导,党是最高政治领导力量"②"历史和现实都告诉我们,只要毫不动摇坚持和加强党的全面领导,不断增强党的政治领导力、思想引领力、群众组织力、社会号召力,永远保持党同人民群众的血肉联系,我们就一定能够形成强大合力,从容应对各种复杂局面和风险挑战。"③ 党的十九届四中全会明确要求,"把党的领导落实到国家治理各领域各方面各环节",云南省始终坚持党对社会治理的全面领导,坚持正确的政治方向,把党的领导贯穿于社会治理全过程,在强基固本中提质增效,党建引领社会发展取得明显成效。

(一)坚持以党的坚强领导抓好高位统筹

云南省在推进社会发展过程中把党建引领作为根本路径,以党建带群建

---

① 阮成发:《云岭大地实现全面小康千年梦想》,《求是》2021年第15期。
② 习近平:《中国共产党领导是中国特色社会主义最本质的特征》,《求是》2020年第14期。
③ 习近平:《在全国抗击新冠肺炎疫情表彰大会上的讲话》,人民出版社,2020,第18页。

促社建，把党的组织力量转化为社会治理力量，不断提升党在社会治理中的政治领导力、思想领导力与组织领导力，把党的政治优势和组织优势充分转化为社会治理优势，通过树牢全面加强党的领导总体设计、系统推进理念，云南省着力行政主体、行业主体以及自治主体发力，全面打通党建引领城乡基层社会治理关节，整合城乡基层各类资源，有机联结单位、行业及各领域党组织，不断拓宽党建引领破解民生痛点难题、回应群众美好生活需求的路径，以党建引领城乡社会治理新方法，不断改善云南高质量发展软环境。对城市基层党建推动社会治理进行动态管理，派出督察组实地考核16个州（市）社会治理任务完成情况，细致量化，严格打分，并将此作为党委（党组）书记述职评议考核的内容。

（二）坚持以加强基层党建促进做实做深

不断强化乡镇（街道）和村（社区）基层党组织的领导作用，确保基层党组织担当好政治引领、组织动员、服务供给的角色，把基层党组织建设成为领导基层社会治理的坚强核心。2019年，云南省制定《关于加强和改进城市基层党建工作的重点任务清单》，从五个方面对推进城市基层党建工作提出21条明确要求。2020年，提出"五抓"的社会治理工作思路，即抓区域党建、抓网格党建、抓融入党建、抓智慧党建、抓党群共建，确保党建引领基层社会治理工作的具体落实。[1] 昆明市以"书记领航"探索党建引领市域社会治理的有效途径。坚持书记领航，着力破解重点难点问题，坚持建强轴心，着力推动各方共建共享，坚持引领发展，着力提升"党建+"成效。[2]

云南省坚持"典型引路、全面铺开、形成常态"的工作思路，聚焦社会治理中的突出问题，披荆斩棘，与时俱进，确定14个省级城市基层党建

---

[1] 中共云南省委组织部：《云南省：推动各领域发展融入城市基层党建 打造社会治理共建共享新格局》，《中国城市报》2020年12月7日。
[2] 本报评论员：《昆明市坚持"书记领航"探索城市党建引领市域社会治理有效路径——党建"发动机"增强发展"原动力"》，《云南日报》2020年11月3日。

重点创新示范市，以点带面，整体提升基层党建在社会治理工作中的指导地位。[①] 2018年，云南省制定出台《关于加强和完善城乡社区治理的实施意见》，各社区党组织推行网格化管理和服务，使社区党组织实现上下衔接、左右联动，并总结在新冠疫情防控期间社区治理的先进经验，做到精细化服务，将治理和服务的触角延伸到群众身边。昭通市把"聚合要素资源、拧紧治理效能"作为提升基层党组织社会治理能力的主要抓手，建强基层党组织队伍、健全基层党组织工作机制、夯实基层党组织物质基础、发挥各类治理主体作用，通过党建引领切实让基层党组织和乡村干部"想办事、敢办事、能办事"，当好乡村社会治理"主心骨"。昆明市嵩明县在经济社会高速发展、新型城镇化加速推进背景下，探索出了以党建为核心、以服务为重点、以居民满意为目标的基层社会治理"嵩明"模式，构建共建共治共享的社会治理格局，社会治理效力大幅度提升。

（三）坚持以凝聚各方力量推动提质增效

云南省充分发挥各级党组织牵头抓总作用，凝聚各方面力量，激发各领域、行业、系统基层党组织战斗堡垒作用和党员先锋模范作用。保山市坚持统筹合力出实效，健全党组织领导的群众自治、民主协商、群团带动、社会参与机制，引导各方力量积极参与基层社会治理。

着眼全域推进整体提升，力促基层党建区域均衡发展、社会治理各项工作齐头并进高质量运行，逐步构建起区域统筹、条块协同、上下联动、共建共享的城乡基层党建引领社会治理新格局，推进党建引领城乡治理体制机制取得更大成效。曲靖市把握市域社会治理在国家治理体系中承上启下、以城带乡的特殊作用，找准试点目标定位，突出体制创新、机制完善、制度建设，着力构建市级统筹、县级推进、乡镇固本强基、村级落细落小的社会治理体系，推进市域一体化、综合多元化、基层网格化，努力走出一条具有时

---

① 中共云南省委组织部：《云南省：推动各领域发展融入城市基层党建 打造社会治理共建共治共享新格局》，《中国城市报》2020年12月7日。

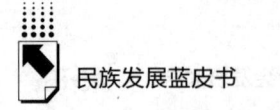

代特征、曲靖特色的市域治理现代化路子。

在推动民族地区基层社会治理方面，始终坚持党的基层组织领导地位，通过党建引领，着力打造共建共治共享的乡村治理新格局。红河哈尼族彝族自治州元阳县从强化理想信念教育、开展互助共建活动、整治重点领域等方面入手，推动民族地区基层社会治理。

二 推进政府职能转变 完善落实社会发展主体责任

云南省在推进社会发展过程中强化责任意识，发挥主体、主动、主导作用，推进政府职能转变，从深化服务型政府改革、民生工程持续巩固提升、打赢脱贫攻坚战、推进总体安全诚信体系建设、加强生态保护与治理五个方面服务社会发展。

（一）以深化服务型政府改革服务社会发展

云南省注重政府、社会组织、社会大众相结合的社会治理新型关系，重视吸收和吸纳更多的社会组织和广大民众参与社会治理工作。全面梳理政府部门承担的社会管理和公共服务职能，编制政府向社会组织转移事项目录，凡是社会组织能够办的事项能转尽转，逐步将政府不应行使和可由社会组织承担的事务性管理工作、适合由社会组织提供的公共服务，分期分批以适当的方式转移给社会组织。2020年，云南省自觉主动接受各方面监督，提请审议地方性法规2件，办理人大代表建议773件。

云南省推进"一窗受理、集成服务"的政务服务改革，前台后台分工协作，受理、分类、审批后，老百姓可在统一窗口取件，便捷高效；推进"互联网+政务服务+公共资源交易+综合监管"，政务程序、公共服务资源全部公开，便民服务事项在线咨询、网上办理、证照快递送达，推动更多审批事项和便民服务通过互联网办理和"一次也不跑"的服务型政府改革。截至2020年，云南政务服务"好差评"、营商环境"红黑榜"等制度全面展开，审批事项网上可办率达95%，58项政务服务事项实现"跨省通办"。

2020年末全省各类提供住宿的社会服务机构和设施3658个，社会服务床位12.9万张，各类社区服务设施11719个。

云南省逐步精简人民群众办理行政事务费用，加快构建行政许可、处罚、征收、裁决等领域的"一次办结"机制，引导优质公共服务资源向城乡接合部和农村地区拓展延伸，推进优质公共服务资源设施向社会开放。截至2020年，全省基本养老保险、工伤保险、失业保险参保人数达3958万人，基本医疗保险参保人数达4572万人。继续调整企业退休人员基本养老金，累计投入社会救助资金125.69亿元，清欠农民工工资1.85亿元。提质改造100个公办养老机构。

（二）以民生工程持续巩固提升服务社会发展

云南省始终通过围绕民生抓发展、围绕发展促民生，城乡居民的生活水平和质量不断提高，获得感和幸福感明显增强，各民族群众对党和政府的认同度、满意度和社会治理服务能力明显提高。2020年，云南省财政民生支出占比73.9%。

持续促进就业创业。2016年，组织农民工83万人次完成了技能提升培训，累计转移农村劳动力1036万人次，城镇登记失业率控制在3.6%以内，城镇新增就业44.8万人。[①] 2017年，制定实施《云南省人民政府关于进一步做好当前和今后一段时间就业创业工作的实施意见》，扶持创业12.2万人，新增城镇就业49万人，城镇登记失业率为3.2%。2018年，新增城镇就业51.9万人，城镇登记失业率3.4%。2019年，新增城镇就业53.4万人，城镇登记失业率为3.25%。2020年，新增城镇就业人数49.35万人，农村劳动力转移就业1515.5万人。基础教育学校和医疗卫生机构专项招聘3.9万人。

分配制度改革深化。2016年，云南省制定《云南省人民政府关于深化

---

① 阮成发：《政府工作报告——2017年1月16日在云南省第十二届人民代表大会第五次会议上》，《社会主义论坛》2017年第2期。

收入分配制度改革的实施意见》，在完善初次分配机制、加大再分配调节力度、建立农民收入持续较快增长长效机制、着力规范收入分配秩序等方面出台40条改革措施。云南省城乡居民人均可支配收入增长率2016年为8.5%和9.4%，2019年为8.2%和10.5%；2020年，全省城乡居民人均可支配收入分别达37500元、12842元与2012年相比分别增长77.9%、140.0%。[①]

住房交通保障改善。"十三五"期间，云南省采取有力措施加快推进保障性安居工程建设，在加快建设限价商品住房、公共租赁住房的同时，大力开展棚户区改造工作。截至2016年11月底，棚户区改造开工19.2168万套，超额完成国家下达18万套的任务数；棚改货币化安置8.4684万套，货币化安置比例为47.05%，城镇保障性安居工程基本建成23.2419万套，为国家下达计划数12.0842万套的192.36%，完成投资454.396亿元（棚改完成投资394.93亿元）。2017年，棚户区改造开工16万套以上，完成国家下达的目标任务。2018年，全年完成投资413亿元，棚改项目开工13.9万套，城镇保障性安居工程基本建成9.53万套，完成国家下达计划任务。建成和在建公租房91.7万套，累计分配公租房85.1万套，分配率92.8%；公租房新增分配7.45万套，发放租赁补贴6.79万户，有效改善了约320万城镇住房困难群众的住房问题。2020年，云南省完成2233个城镇老旧小区改造。截至2020年底，全省公路里程超过29万千米，高速公路超过9000千米，是2012年的3倍。以沪昆、南昆高铁开通为标志，全省进入高铁时代，16个州（市）、110个县（市、区）实现高速公路通车。滇中引水工程全线开工，建成投产10座巨型、大型水电站，中缅油气管道建成运营。全省实现4G网络全覆盖，5G商用试点全面启动，快递网点乡镇覆盖率达99.7%。2020年，建成5G基站1.85万个。2016~2020年，云南省民族地区通航运营机场达10个，4个民族自治州进入高铁时代，8个民族自治州有48个县

[①] 阮成发：《政府工作报告——2017年1月16日在云南省第十二届人民代表大会第五次会议上》，《社会主义论坛》2017年第2期；阮成发：《云岭大地实现全面小康千年梦想》，《求是》2021年第15期。

通高速公路。① 截至2020年上半年，民族地区所有乡镇和建制村都已实现100%通硬化路、100%通邮，乡镇实现100%通客车，具备条件建制村实现100%通客车、通网络。

（三）以打赢脱贫攻坚战服务社会发展

2012年，云南省贫困人口数量居全国第二位，贫困人口分布的县域数量居全国第一位。全国14个集中连片特困地区，云南省就有4个，云南省129个县中，有88个国家级贫困县，有27个深度贫困县，全省贫困发生率超过20%。②

云南省以集中连片特困地区和特困群体为重点，聚焦"两不愁三保障"，持续推进整村、整乡、整县、整州、整族脱贫，深入实施"五个一批"脱贫攻坚计划，扎实开展深度贫困地区脱贫"十大攻坚战"，以高质量打赢脱贫攻坚战推进社会发展。2016~2019年，云南省有510.8万贫困人口脱贫、79个贫困县脱贫摘帽、3005个贫困村出列，贫困发生率由2015年的9.8%下降到1.32%。2020年，云南省88个贫困县（市）、8502个贫困村全部脱贫。截至2020年，933万农村贫困人口全部脱贫。

云南省坚持"一个民族也不能掉队"的要求，全力解决少数民族脱贫问题，提升区域的社会治理水平。一是"两个措施"强帮扶，即"一个民族一个攻坚计划""一个民族一个集团帮扶"；二是"五个优先"强基础，即资源保障优先、基础设施优先、基本公共服务优先、产业扶贫优先、就业保障优先；三是"智志双扶"强动力。2018年底，全省少数民族建档立卡贫困人口为83.6万人，2019年底减少到13.4万人，全年实现净脱贫70.2万人。2020年，"两不愁三保障"和饮水安全问题在云南得到有效解决，易地扶贫搬迁任务全面完成，农村危房改造实现动态"清零"。产业扶贫覆盖168.53万户，实现318.2万贫困劳动力转移就业。教育引导贫困群众转变

---

① 阮成发：《云岭大地实现全面小康千年梦想》，《求是》2021年第15期。
② 阮成发：《云岭大地实现全面小康千年梦想》，《求是》2021年第15期。

思想观念，抵制陈规陋习，树立主体意识，发扬自力更生精神，稳步推进民族地区全面发展，惠及民生，"各民族都是一家人，一家人都要过上好日子"的社会治理目标深入人心，云南省的少数民族地区发生了翻天覆地的变化，各民族精神面貌焕然一新。针对7.4万名直过民族和人口较少民族人口不会讲普通话的情况，云南省专门开发App，连同手机一起派送，开展讲普通话和识国家通用文字培训。2016～2020年，全省民族自治地方生产总值年均增长8.4%，经济社会发展主要指标年均增幅均高于全省平均水平。[1] 2020年，云南11个直过民族和人口较少民族历史性告别绝对贫困，实现整族脱贫。[2]

（四）以推进总体安全诚信建设服务社会发展

云南省努力践行总体国家安全观，提高国家安全意识和社会安全水平，不断提升工作能力，防范和化解各种风险，更好地维护国家安全和公共安全，筑牢社会治理国家安全和社会安全屏障。

"十三五"期间，云南省始终坚持党对国家安全工作的绝对领导，坚决贯彻总体国家安全观，层层压紧压实维护国家安全主体责任，加快完善国家安全制度体系。云南省有着连接东南亚、邻近南亚的特殊地缘位置，对国家的政治稳定、经济发展起着重要的作用，是防御境内外三股势力的渗透和发展、制止走私贩毒等危及国家政治、经济、社会等犯罪活动的前沿，是国家整体政治安全的重要保障之一。云南省扎实开展反恐演练，建设国家禁毒大数据云南中心，网络安全防线日趋牢固，积极应对缅北冲突，边境地区生产生活条件进一步改善，党政军警民"五位一体"立体化边境防控体系建设、强边固防工作不断加强，扫黑除恶高压态势初步形成。2020年，扫黑除恶专项斗争群众满意度达98.05%。

---

[1] 《民族团结进步之花越开越美丽》，求是网，http://www.qstheory.cn/laigao/ycjx/2021-08/12/c_1127754046.htm，2021年8月12日。

[2] 《云南11个直过民族和人口较少民族实现整族脱贫》，新华网，http://www.xinhuanet.com/2020-11/14/c_1126739860.htm，2020年11月14日。

"十三五"期间,云南省切实提高公共安全预警监管能力,加强对食品药品等领域安全生产的监督,规范发展社会组织,化解信访积案,切实维护人民群众合法权益,公共安全体系日益健全。2018年,启动实施6个重点行业领域安全工程三年行动计划,重特大事故总数和死亡人数实现"双降";通海地震、金沙江干流白格堰塞湖、墨江地震、麻栗坡泥石流等自然灾害抢险救灾和恢复重建工作有序开展,有力有效地防控了非洲猪瘟。[①] 截至2020年,云南省双拥、退役军人服务管理、广播电视、地方志、体育、防灾减灾等工作取得成效,10件惠民实事全部完成。

　　"十三五"期间,云南省制定了《关于加强政务诚信建设实施办法》《云南省关于建立完善守信联合激励和失信联合惩戒制度加快推进社会诚信建设实施方案的通知》《关于加强个人诚信体系建设的实施意见》《关于印发云南省加快推进社会信用体系建设构建以信用为基础的新型监管机制任务清单的通知》《云南省2020年社会信用体系建设工作要点》等政策文件,形成了较为完备的政策体系。以政务诚信、商务诚信、社会诚信、司法公信等重点领域的诚信建设为着力点,以数据为基础,以应用为导向,坚持依法依规、改革创新、共建共享、协同共治,全面推进全省信用信息共享平台一体化和信用门户网站一体化建设,加强信用信息归集、共享、应用,深入推进社会信用体系建设,为全面深化改革、创新社会治理方式、优化营商环境提供有力支撑。

(五)以加强生态保护与治理服务社会发展

　　"十三五"期间,云南省将生态文明建设摆在社会治理的突出位置,始终坚持生态优先、绿色发展,科学规范地进行生态文明建设的原则,生态文明建设排头兵工作取得了前所未有的成就。全省三次产业结构由2012年的14.8∶40.2∶45.0调整为2020年的14.7∶33.8∶51.5。绿色能源成为全省第

[①] 阮成发:《政府工作报告——2019年1月27日在云南省第十三届人民代表大会第二次会议上》,《云南日报》2019年2月2日,https：//yndaily.yunnan.cn/html/2019-02/02/content_1265082.htm？div=-1。

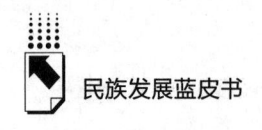

一大产业,绿色铝、绿色硅产能居全国前列。①

在"十三五"规划中,先后出台了《关于贯彻落实生态文明体制改革总体方案的实施意见》《云南省生态保护红线划定工作方案》,制定实施《云南省"十三五"节能减排综合工作方案》《关于全面加强生态环境保护坚决打好污染防治攻坚战的实施意见》《云南省生物多样性保护条例》《云南省大气污染防治条例》等一系列制度性文件,及时修改完善九大高原湖泊保护条例,对涉及生态文明建设的现行法规规章开展多次清理,重点领域污染防治工作扎实推进。

"十三五"期间,云南省扎实推进重点领域污染防治,守住发展和生态两条底线,形成节约资源和保护环境的空间格局、产业结构和生产生活方式。②深入推进"森林云南"建设,截至2020年,全省森林覆盖率达65.04%,昆明、普洱、临沧获得"国家森林城市"称号,各地州空气质量优良天数比例超98.1%。九大高原湖泊水质良好,六大水系主要出境、跨界河流断面水质达标率为100%,纳入国家考核的地表水断面Ⅰ~Ⅲ类水体比例达78%,劣Ⅴ类水体比例为4%;湿地保护率超50%;建成区绿地率达33%,水土流失有效治理面积达5516平方千米,云岭大地好山好水好空气的美誉度持续提升,生态环境全面改善。初步建立"三线一单"生态环境分区管控体系,建成一批美丽县城、美丽乡村、美丽公路、美丽湖泊,农村人居环境整治三年行动计划目标任务基本完成。

"十三五"期间,云南省始终把滇池保护治理作为头等大事和"一把手"工程来抓,下更大功夫、花更大力气,科学治滇、系统治滇、集约治滇、依法治滇,滇池保护治理取得新突破。首先,治理项目加紧推进。滇池流域水环境保护治理"十三五"规划实施101个项目;滇池保

---

① 阮成发:《政府工作报告——2018年1月25日在云南省第十三届人民代表大会第一次会议上》,《云南日报》2018年2月2日。
② 阮成发:《政府工作报告——2018年1月25日在云南省第十三届人民代表大会第一次会议上》,《云南日报》2018年2月2日。

护治理"三年攻坚"实施方案全力推动265个项目，启动32条美丽河道建设。其次，湖滨生态持续修复，湖体河道逐步变清。完成退塘退田4.5万亩、拆除防浪堤43.14千米，恢复滇池水域面积11.51平方千米，建成湿地5.4万亩，实现了从"人进湖退"到"湖进人退"的历史转变。滇池湖体水质2018年上升为Ⅳ类，为1988年建立滇池水质数据监测库30年以来的最好水质；2019年，滇池流域全面消除劣Ⅴ类河流；全湖水质继续保持在Ⅳ类。最后，蓝藻水华快速减少，生物种类明显恢复。2015~2019年滇池发生中度以上蓝藻水华天数分别为32天、21天、17天、6天、6天。水生植物增至290种、鱼类增至23种、鸟类增至140多种，消失多年的海菜花等水生植物，金线鲃等特有鱼类，鸬鹚、白眉鸭等鸟类重现滇池。

三 积极开展参政议政 民主协商发展方式优势呈现

党的十九届四中全会对坚持社会主义协商民主的独特优势做出战略部署，并纳入社会治理体系。云南省牢牢把握团结和民主两大主题，处理协调好政党关系、民族关系、宗教关系、阶层关系、海内外同胞关系，积极搭建平台，加强政协协商与其他协商形式的有效衔接并做好服务工作，充分发挥民主协商作用。

（一）充分发挥民主协商在社会发展中的独特价值

民主协商是将社会各方主体有效联结的成功机制，多元主体间可以通过协调、商议等形式，探讨和解决社会问题。在社会治理现代化进程中，只有弘扬民主协商精神、明确人人有责，健全民主协商机制、激发人人尽责，强化协商结果运用、落实人人享有，才能汇聚成建设社会治理共同体的强大合力。云南省始终将民主协商作为营造社会治理利益共同体的有效机制，促进地域文化与民主协商的优良传统相协调，凝聚社会治理的情感共同体；以社会主义民主政治建设引领民主协商，提升主体联结功能和参与效能，形成社会治理的行动共同体。① 昆明市西山区盛高大城社区开创了"五位一体、群众参与、科学规范"的社区民主议事机制，充分调动了社区驻区单位和群众参与社区建设的积极性，有效地实现了资源共享、优势互补。社区依托"党建＋"引进社区、社区组织和专业社工联动项目，成立了"民主议事协商委员会"，畅通民意表达渠道，为居民搭建互动交流平台，提升居民对社区的归属感和认同感，让广大居民自发参与社区治理工作，最终实现居民自治的社会治理。

（二）充分发挥民主协商在社会发展中的凝聚作用

云南省积极完善协商民主工作的体制机制建设，培育引导城乡居民参与社会治理的意识，充分提高民主协商的社会治理能力和治理水平。推动形成小事简议、快事快议、难事众议的矛盾纠纷调处化解机制，有效化解矛盾纠纷，确保社会安定有序。

云南省紧紧围绕所需协商的公共事务，加大宣传党的思想路线和方针政策的力度，通过充分沟通交流增进彼此理解，找到各方面都能接受的平衡点，最终实现共赢。有事好商量、众人的事情由众人商量的制度化实践越来越丰富，最大限度地激发、凝聚人民群众的力量，提升社会治理效能。② 昆明市石林彝族自治县牢牢把握团结和民主两大主题，认真履行政治协商、民主监督、参政议政职能，充分发挥思想引领、协调关系、汇聚力量、建言献策、服务大局的作用，把"同心政协、效能政协、亲民政协、和谐政协、活力政协"与社会治理充分结合，主动谋事，认真干事，努力成事，努力发挥民主协商在社会治理中凝心聚力的作用，全力打造国际知名旅游胜地。

云南省充分尊重民主党派在社会治理中的地位，重视民主党派在社会治理创新中的政治功能。鼓励民主党派依托参政议政和民主监督两大职能，凭借社会影响力，深入特定群体中传播社会治理理念、调整社会关系、化解社

---

① 胡小君：《民主协商与社会治理共同体建设：价值、实践与路径分析》，《河南社会科学》2020年第9期。

② 陈煦、周清：《发挥民主协商在社会治理中的独特优势》，《人民日报》2019年12月27日。

会矛盾、培肥民主与法治土壤，引导民主协商实践。2018年，云南省政协收到832件提案，其中立案744件，送交120个承办单位办理，所有提案均在规定时间内办理完毕。2019年云南省政协收到提案891件，审查立案826件，送交123个承办单位办理，全部按时办复。2020年，云南省政协收到提案798件，立案732件，并案9件。

云南省坚持"少数民族的事，尽量由少数民族自己商量着办"，引导少数民族干部群众广泛参与到社会治理各项工作中去。全省16个州市党政班子中，党委班子和政府班子均配备了少数民族干部，各级部门充分尊重少数民族干部的权益，积极向组织部门推荐优秀的少数民族干部。广大少数民族干部、群众积极发挥独特的资源优势，积极建言献策、调研协商，为民族地区社会治理提出切实可行的建议。

云南省民主协商建设服务社会发展和社会治理不断取得新突破，协商民主成为开展社会治理的"全天候动力源"。以航空大省建设、高原特色现代农业发展、深度贫困县脱贫攻坚、打造绿色食品品牌为主题的专题议政性协商成效显著，以提升重点口岸城市（镇）功能、控辍保学、工业园区建设、突出民族元素打造特色小镇为主题开展的专题协商等民主协商议政程序更合理、形式更丰富、内容更多样、发挥作用更充分。

云南省不断推进协商民主广泛、多层、制度化发展，调动基层各界群众、各人民团体、各社会组织有序参与基层公共治理的积极性，推进治理体系和治理能力建设。昆明市官渡区通过示范典型的探索引领，以点带面推动基层协商民主建设，把协商民主的理念方法融入基层领导执政、科学决策施政、社会治理创新的重要基础工作之中，采用"一核多维、共建共享"的社会治理模式，调动各界群众、人民团体、社会组织参与基层社会治理，社区的事由居民们自己商量着办。[1]

---

[1] 罗宗伟：《社会治理的官渡模式：基层民主协商，社区的事由居民商量着办》，《春城晚报》2020年5月15日，http://ccwb.yunnan.cn/html/2020-05/15/content_1346676.htm?div=-1。

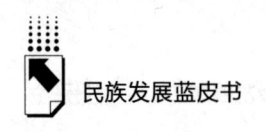

四 深化综合配套改革 社会协同发展格局整合提升

"十三五"期间，云南省加快推进社会治理体制改革，从构建"社会治理新格局"到打造"社会治理共同体"，"坚持和完善共建共治共享的社会治理制度"，统筹深化教育、医疗卫生、人口户籍、民族团结进步、边疆繁荣稳定、宗教和顺六个方面改革，为社会治理协同发展创造了良好的条件。

（一）以深化教育事业促进社会发展

云南省先后印发了《云南省人民政府关于促进义务教育均衡发展的实施意见》《云南省人民政府关于深入推进义务教育均衡发展的意见》《云南省贫困退出实施方案》《云南省教育事业发展"十三五"规划》，深化教育事业改革。2015年云南实现义务教育发展基本均衡的县（市、区）仅有9个，处在全国后位；截至2018年，实现基本均衡的县（市、区）已达23个；2019年，云南全域实现义务教育基本均衡发展。[①] 截至2019年5月，全省正式挂牌民族学校489所，少数民族在校生达462.56万人。少数民族高层次骨干人才培养计划稳步推进，2016~2019年共招收云南省世居少数民族研究生2349人。2020年，云南省高等教育招生45.47万人，比上年增长12.6%，在校生128.38万人，比上年增长16.5%。九年义务教育巩固率96.2%。

（二）以医疗卫生事业发展促进社会发展

云南省出台《云南省医疗卫生服务体系规划（2016—2020年）》，以省情为出发点、以问题为导向、以满足群众健康需求为目标，通过总量控制、

[①] 杨曙光：《彩云南，教育事业发展再竖里程碑——云南省推进义务教育均衡发展》，《云南教育》（视界综合版）2020年第6期。

调整结构、系统整合、创新机制，确保全省医疗卫生资源的宏观调控，促进医疗卫生服务体系均衡发展。2017年，大力推进医疗卫生体制改革，着力在建立强有力的医改领导体制、建立公立医院运行新机制、推进分级诊疗制度建设、改革完善药品生产流通使用政策、巩固完善基本医保制度、推进现代医院管理制度建设、改善群众就医体验等重点领域和关键环节取得新突破，努力提高人民健康水平。

（三）以人口发展和户籍改革促进社会发展

为稳定适度生育水平，促进人口长期均衡发展，制定了促进人口与经济、社会、资源、环境的协调和可持续发展的政策保障。2017年，云南省常住人口为4800.5万人，比上年末增加30.0万人；全年出生人口64.8万人，出生率为13.53‰；2020年，进一步完善妇幼健康服务体系和计划生育服务管理。

云南省努力提升城镇化率。2016年，全面实施城乡统一的户口登记制度，取消农业、非农业及其他类型户口的登记管理模式划分，户口簿上不再填写、打印和加盖"农业"和"非农业"的标识，统一为"居民户"。

2016年，云南省城镇化率为45.03%，比上年增长了1.7个百分点。2017年，云南省城镇化率为46.69%，比上年增长了1.66个百分点。2018年，云南省城镇化率为47.81%，比上年增长了1.12个百分点。2019年，云南省城镇化率为48.91%，比上年增长了1.1个百分点。2020年，有望实现全省常住人口城镇化率50%以上。

（四）以民族团结进步示范区创建促进社会发展

云南省长期坚持"在云南不谋民族工作就不足以谋全局"的总要求，制定了《云南省建设我国民族团结进步示范区规划（2016—2020年）》，云南省统计局制定了《云南省建设我国民族团结进步示范区统计监测工作方案》《云南省建设我国民族团结进步示范区统计监测报告》，明确了示范区建设的主要目标、主要任务及保障措施，确定了各项工作任务的牵头单位和

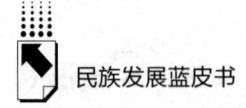

责任单位，具有很强的指导性和操作性。云南民族大学刘荣教授领衔编写的"民族团结进步五位一体综合评价指标体系"和"云南民族团结进步示范区建设目标体系"两项研究成果受到了国家民委的肯定和业界人士的一致好评。随着示范建设的全面铺开和深入推进，各项政策措施持续发力，示范区的示范引领效应在社会治理中成效明显。

云南省加强相关职能部门的联动合作，疏通示范区建设的各种渠道，以系统联动为重点，以构建机制平台为关键，以示范引领为核心，加强全省各部门之间的合作，推动全省民族团结进步事业协调发展，大力支持各地各部门创建全国民族团结进步示范州、市、县、乡、村、社区和单位，打造一批有价值、有特色、有影响的示范典型。2019年，39个集体和42名个人被国务院表彰为全国民族团结进步模范集体和模范个人。2020年，50个集体和100名个人被省政府表彰为全省民族团结进步模范集体和模范个人，为全国民族团结进步示范区建设的定位提供重要支撑。截至2020年，云南省9个州（市）、70个单位成功创建为全国民族团结进步示范州（市）和示范单位。云南省及时地将示范区建设成效与经验进行总结，为宣传和推广提供支撑。进一步完善与中央主流媒体的合作机制，定期策划重大主题宣传，增强示范区建设宣传的高度和广度，发出"云南声音"，讲好"云南故事"。广泛开展结对共建活动，探索实施省示范区建设领导小组成员单位挂钩联系指导民族团结进步示范乡镇建设制度，以务求实效为目标，坚持好经验复制的科学原则与方法，通过对示范区建设初步经验所取得的初步成效进行跟踪和观察，得出历史性研究结论。加强对示范区建设主要做法的类比性研究，得出进一步的实证性研究结论，立足云南、面向全国，为做好新时代的民族工作提供更多的借鉴和参考。

（五）以边疆地区经济繁荣稳定促进社会发展

云南省深入开展中国特色社会主义、社会主义核心价值观和中国梦等主题宣传教育，进一步铸牢中华民族共同体意识，合力守边固边兴边的内生动力不断彰显。"党的光辉照边疆，边疆人民心向党"已成为云南各民族群众的共同心声。①

云南省立足边疆省情，在禁毒防艾、民族团结创建、跨境婚姻、联合执法、边境国际合作机制等方面积累了丰富的边疆治理经验。云南省是全国特有民族最多、跨境民族最多的省份，根据2020年第七次全国人口普查数据显示，全省少数民族人口达1563.6万人，占总人口的33.12%，是全国少数民族人口超过千万的3个省区（广西、云南、贵州）之一。② 云南省边境县（市）数量居全国第二，从东南到西北分别与越南、老挝和缅甸接壤，国境线全长4060千米，约占中国陆地边境线的1/5，边境地区人口占全国边境人口的30%左右。"十三五"期间，云南省边疆稳定，民族和谐，经济社会发展良好，各族人民安居乐业。

云南省全面推进兴边富民工程，自2015年起，努力提高边疆人民的幸福感和获得感。共投入各项资金388.7亿元，连续实施两轮"兴边富民工程改善沿边群众生产生活条件三年行动计划"，2019年，25个边境县生产总值达2484.8亿元；人均GDP达35341元；2020年4月，云南省制定《云南省边境小康示范村建设方案》，按照"因地制宜、突出重点、试点先行、示范带动"的原则，突出产业支撑、文旅融合、生态宜居、边贸助推、睦邻友好等5种示范类型，率先打造了"基础牢、产业兴、环境美、生活好、边疆稳、党建强"的边境小康示范村。边境地区努力打造"一村一品、一村一特、一村一业、多村一产"生态产业，因地制宜大力推进生态养殖、生态特色种植和旅游业等，实现一、二、三产融合，大大增加了农民的收入。

积极融入"一带一路"倡议和建设长江经济带、孟中印缅经济走廊、中国—中南半岛国际经济走廊等科学化系统中，深化友好合作，实现互利共赢，拓展新空间。习近平总书记指出，云南的优势在区位，出路在开放。云南省有25个边境县、16个国家级口岸、74个省级口岸，中国（云南）自由贸易试验区已建成落地，独特地理区位优势已将过去传统的劣势变成了优

---

① 云理轩、杨正权、谢树磊：《民族团结进步旗帜在彩云之南高高飘扬》，《社会主义论坛》2020年第3期。
② 云南省统计局：《云南省统计年鉴2019》，中国统计出版社，2019，第325页。

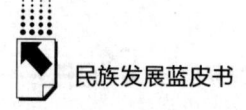

势。云南省紧紧围绕"面向南亚东南亚辐射中心"这一定位，突破长此以往作为边疆、西部、落后的欠发达地区思维定式，充分利用云南毗邻东南亚、南亚的区位优势，在确保口岸管理便利、高效、安全和有序的同时，引导边疆融入开放格局。扩大边境互市规模，推进边境贸易发展；打造大湄公河次区域经济合作新平台。

（六）以宗教和顺促进社会发展

云南省全面贯彻落实党的宗教政策，始终坚持我国宗教中国化方向，不断提高宗教工作的法治水平，不断完善和创新民族宗教工作制度机制，着力破解宗教领域重难点问题，积极引导宗教与社会主义社会相适应。云南省信教人数比例较高，占全省总人口的10%，8个跨境州市群众信仰宗教人数占全省信教总人数的50%以上。[①] 云南省强化多部门信息情报共享和联动研判处置，充分发挥多方力量参与宗教治理。红河哈尼族彝族自治州引导信教群众走爱国爱教的康庄大道，齐抓共建的幸福大道；走重视科学技术教育的光明大道；走遵纪守法的平安大道；走团结、稳定的和谐大道。

五 创新运用联动机制推动社会发展 公众参与热情高涨

社会发展注重参与主体的内在统一，注重把纷繁复杂的社会事务交予政府之外具有资源优势的社会组织协助参与管理。云南省积极探索突破传统的社会管理模式，注重多元主体协同治理，依托社会多元治理主体，使社会矛盾和社会需求通过社会化的方式来处理。

（一）深化制度建设健全公众参与体系

云南省重视做好顶层设计规划，完善社会治理政策体系，抓好社会治理总体布局、发展规划、统筹协调、资源整合、督促落实工作，抓好理论研讨

[①] 李诚、马树勋：《改革开放与云南社会治理》，《中共云南省委党校学报》2019年第1期。

和业务培训,重点解决社会治理工作碎片化、力量分散、发展不平衡等问题。做好云南社会治理"十三五"规划和编制社会治理"十四五"规划发展报告,探索建立社会治理综合评价标准,建立"云南省社会治理项目库",发挥全省社会治理专家智库功能,在政策制定过程中充分尊重、采纳民意,将社会治理目标与民众需求精准对接。

云南省充分发挥社会组织在公众参与中的重要作用,不断促进社会组织的蓬勃发展。社会组织公益性的属性容易被市民认可,在参与城市管理、建设上更容易,更具有说服力。云南省充分发挥社会组织在上传下达、拓宽民意表达、民主协商维护权益、创造就业岗位等方面的积极作用,充分地体现了社区民主建设,更好地表达了民众的诉求,提高了公众参与社会治理的积极性,拓宽了政府与人民群众交流沟通的渠道,维护了政府与人民群众之间的血肉联系。

加强党对社会组织工作的领导、完善扶持社会组织发展政策措施等方面的建章立制,充分激发社会组织服务国家、服务社会、服务群众、服务行业的活力。2017年,云南省印发《关于改革社会组织管理制度促进社会组织健康有序发展的实施意见》,从培育发展社区社会组织、社会组织登记审查、严格管理和监督、规范社会组织涉外活动、加强社会组织自身建设。加强社会组织自身建设、加强党对社会组织工作的领导、完善扶持社会组织发展政策措施、抓好组织实施等方面入手,提出具体的实施意见。2019年12月,云南省"社会组织公共服务平台"正式上线运行,云南省社会组织登记管理服务水平迈上了一个新台阶。2020年,云南省社会信用体系建设部门联席会议办公室印发了《云南省2020年社会信用体系建设工作要点》,为加强社会信用体系建设,深入推进"放管服"改革,优化营商环境。

(二)鼓励试点创新激发公众参与活力

云南省鼓励先行先试,支持各地在管理制度、服务方式、参与机制等方面大胆创新,及时收集研究存在的问题,调整完善相关工作制度举措,总结

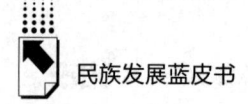

提炼推广实践中的优秀经验做法。坚持供需平衡，突出"需求导向、问题导向、目标导向、效果导向"，以"项目化"方式深入开展基层社会治理工作，促进社会治理目标与群众需求精准对接。营造良好氛围，挖掘、发现、宣传工作亮点，对社会治理中涌现的先进人物、典型事迹、创新经验持续跟踪，开展系列报道，形成全社会重视、关心、支持基层社会治理的良好氛围。

2020年，昆明市提出的"1566"工作思路，以"坚持党的全面领导，提升党建引领社会治理水平"为中心，实现社会治理社会化、法治化、智能化、专业化、项目化"五化"发展，加快构建社会治理"组织运行、政策制度、公共服务、社会动员、群防群控、激励保障"六大体系，持续提升"统筹指挥、系统集成、民生保障、群众工作、风险防范、创新实践"六项治理能力。统筹协调利益各方，构建"社会动员体系"，实现了由政府"独唱"、街道"包办"向"网络议事厅""居民议事会"等民主协商形式的转变。①

保山市隆阳区永昌街道红庙社区在社会各界的广泛参与支持下，成立省级社会工作服务站试点，围绕民政社会救助、养老服务、儿童关爱服务特别是农村留守儿童以及困境儿童、基层社区治理、社会事务、易地搬迁困难群众融入等领域开展专业社会工作服务。昆明市五华区有效整合社会服务资源、凝聚社会服务力量，不断推动治理重心下移、服务触角下延，着力构建"网格治理、条块结合、层级负责、服务统筹"的网格党建引领社会治理新格局。

云南省突出社工专业优势，整合多方资源共同融合发力，进而构建更好地解决基层矛盾问题、更高质量地服务群众，形成共建共治共享基层社会治理新格局，切实从源头上解决群众的急难愁盼问题，让广大居民群众有更多的获得感和幸福感。

---

① 王珊：《昆明：以创新思路打造社会治理新格局》，《昆明日报》2020年6月15日。

（三）提升公众参与，推动治理重心下移

云南省加强部门协调联动，健全跨部门、跨县区协调推进机制，搭建联动平台，定期召开工作会议，深化民主协商加强整体联动，督促指导州、市、县区抓好工作专班组建，拟定县区级部门权责清单，解决好职责错位、工作"行政化"等问题。强化街道（乡镇）治理职能，发挥"街乡吹哨、部门报到"的作用，实现条块结合、执法综合、资源整合。搭建多元共治工作平台，探索建立社会组织孵化基地（中心），发挥志愿者在社会治理中的积极作用，建设社会动员信息化平台，引导群众随手拍、及时传，督促有关部门迅速办、马上改，推动社会治理全员参与。

突出社区聚合功能，统筹用好各方资源，制定社区事务准入名录，列出社区减负增效清单，推进社区工作者职业体系建设。逐步健全学历教育、专业培训和知识普及相结合的社会工作专业人才培养体系，确保城市的每个社区至少配备1名专业人员。昆明市西山区建立了社会组织培育基地和社会工作人才服务中心，培育孵化了25家社会工作服务机构，为基层社会治理提供了鲜活的力量。①

云南省加大政府购买服务力度，及时出台政府购买服务规范性文件，引导多元主体参与社会治理，精准、精细为民服务。推动社区居民自治，充分发挥社区党组织领导下自治组织的作用，指导基层完善社区民主选举制度和程序，发展院落（楼宇、门栋）自治、业主自治、社团自治，促进群众的事群众商量着办。加强社区队伍建设，落实社区（村）干部社会工作专业技术职称补贴制度，推进社区"领头雁"和"小巷工作室"工程。昆明市嵩明县小街镇按照优化、协同、高效原则，统筹编制资源保障，坚持群众路线，将治理资源配置到基层，确保基层有人有权有物，使基层事情有人办、基层事情解决在基层。

---

① 李茂颖：《社工进社区服务更精细》，《人民日报》2017年4月20日。

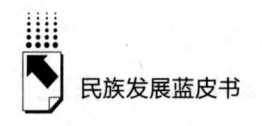

六 深入贯彻依法治国 社会发展法治保障更加健全

法治是国家治理体系和治理能力的重要依托,是社会发展的良方,云南省依法依规规范社会行为,引导社会成员在社会治理实践中尊法学法守法用法。

(一)以依法管理民族事务保障社会发展

云南省在全面推进依法治国的过程中,以铸牢中华民族共同体意识为根本方向,依法妥善处理涉及少数民族权益的案件,各族公民平等享有权利、履行义务得到充分保证,始终坚持民族事务治理的法治思维。出台《民族区域自治法实施办法》《云南省民族团结进步示范区建设条例》等民族工作地方性法规223件,初步形成了具有云南地方特点的法规体系。[①] 引导各族群众不断增强对伟大祖国、中华民族、中华文化、中国共产党和中国特色社会主义的认同,重点加强对牢固树立马克思主义国家观、民族观、文化观、历史观的教育,强化爱国爱党意识。进一步深化运用民族干部宣讲法治、用民族语言传播法治、用民族文字诠释法治、用民族节庆展示法治、用民族文化体现法治"五用"工作法,建立建强"双语"普法队伍、加大"双语"普法教材供给、丰富"双语"普法文艺创作。同时,注重发挥民族干部、民族文化传承人、宗教界人士的引领示范作用,不断提升宗教教职人员和信教群众的法律意识。

(二)以生态文明立法执法保障社会发展

云南省进一步加强对环境保护法律法规的立法工作及宣传力度,努力创建生态文明建设排头兵。2015年,习近平总书记要求一定要把洱海保护好,把云南的生态环境保护好。云南素有中国生物多样性的天然宝库和资源基地

---

① 李正洪:《云南"民族"基本新省情的丰富内涵》,《中国民族报》2020年7月22日。

的美誉，肩负着西部高原、长江流域、珠江流域三大生态安全屏障建设重任。① 为此，必须用法治助力以生态优先、绿色发展、和谐共生为主导的高质量发展新路径，坚决守护好云南的绿水青山、蓝天白云、良田沃土。2020年，云南省制定并实施《云南省创建生态文明建设排头兵促进条例》，把生态文明建设融入政治、经济、文化、社会建设各方面和全过程，涵盖生态文明建设、生产、生活三方面的重点任务，大大提升了生态文明建设法治化、规范化、科学化水平。②

云南省建立生态文明建设联席会议制度和督察制度，统筹协调相关部门解决生态文明建设问题。省发展改革委会同有关厅局部门，出台生态环境保护责任制度实施细则，覆盖了生态环境保护和修复、资源高效利用等方面，推动重点领域绿色、节能、低碳、循环发展。由各县级以上人民政府发展改革部门指导、监督、管理，并协调其他部门开展相关工作。充分发挥工会、共青团、妇联、科协、基层群众性自治组织、社会组织的宣传、普及、引导作用，将生态文明建设写入村（居）民委员会、社区的村规民约之中。③

（三）以公检法司机关的法律监督保障社会发展

云南省公检法司机关积极履行监督保护国家利益和社会公共利益的政治和法律责任，坚决捍卫国家政治安全，严厉打击跨境犯罪，主动服务"六稳""六保"工作，深入开展扫黑除恶专项斗争，依法保障脱贫攻坚、污染防治、防范化解重大风险。④ 云南省制定《关于进一步深化全省宪法宣传教育工作的意见》《云南省人民代表大会常务委员会关于深入学习宣传和实施〈中华人民共和国民法典〉的决定》《关于进一步加强边境地区法治宣传教育工作的意见》《关于在脱贫攻坚中进一步加强法治宣传教育工作的意见》

---

① 《彩云之南谱新篇——习近平总书记考察云南五周年纪实》，《新华每日电讯》2020年1月20日，http://www.xinhuanet.com/mrdx/2020-01/20/c_138719342.htm。
② 蒋朝晖：《生态文明建设排头兵怎样创建？》，《中国环境报》2020年7月13日。
③ 石飞：《云南提升生态文明建设规范化法治化》，《法治日报》2020年8月30日。
④ 杨健鸿、董永龙：《充分发挥法律监督职能　为边疆民族地区治理提供法治保障》，《检察日报》2020年5月25日。

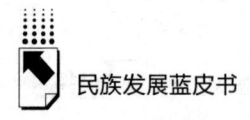

《关于加强法治乡村建设的意见》，并对省"兴边富民"做了一系列决策部署，持续健全完善党组织领导的自治、法治、德治相结合的社会治理保障体系。

七 充分运用智能智慧 社会发展科技支撑成效显著

"十三五"期间，云南省不断优化科技创新的社会环境，提高社会治理的科技支撑能力，积极推进设施联通、网络畅通、平台贯通、数据融通，以人工智能、网络信息平台、数字化、大数据增强社会治理的科学性、风险防控的精准性和公共服务的便捷性，推进社会平稳、安全、高效发展。

（一）以人工智能技术优化社会发展水平

云南省运用数字、信息手段优化社会治理，提升社会治理的精准性和预测性。依托大数据、云计算和移动警务等技术，开展边境要道视频布控、流动人员动态管控，进一步打击贩枪、贩毒、走私、偷渡、电信诈骗等边境违法犯罪活动。运用人工智能技术，将人、地、事、物、组织等统一纳入系统，实施网格化管理，运用视频监控源与数据分析、人脸识别、车牌识别、智能预警等技术，实现社会治安防控"全覆盖、无死角、无盲区"。[1] 云南省利用现有视频监控系统，建设车辆电子车牌和道路标识采集系统，建设智慧小区安防系统，建设城市报警监控系统，开通旅馆业治安管理信息、指纹信息采集等系统。截至2018年8月，昆明市核发检验合格标志电子凭证近30万个，发放汽车电子标识超过1.2万张、车联网模块110台。[2] 截至2020年，昆明市建成智慧安防小区1707个，为城市交通管理、出行、调控"擦亮了眼睛"，为城市居民住宅安全带来实实在在的便捷，为全省维稳工作提

---

[1] 陈明珍：《构建云南边境共建共治共享社会治理格局》，《社会主义论坛》2020年第1期。
[2] 唐雯霖：《城市数字化 生活智能化 解锁发展新密码》，《玉溪日报》2020年10月27日。

供了强有力的保障。

云南省检察机关建立了"检慧视"案件勘检办案辅助体系，成立"检慧视"工作室，利用3D全景影像制作系统可360°还原案件现场，可从远空、近空、地面3个维度全方位远程查看、指挥案件现场，可借助无人机对案件现场进行3D数字化建模，实时快速测量面积、角度、坡度等数据，自动生成勘验文书。"检慧视"成为公益诉讼检察官的"第二双眼睛"，形成了独具特色的公益诉讼"云南经验"。①

云南省法院机关开展"数助决策"工作，探索出了服务科学管理，构建审判管理新局面；服务群众解纷，推动多元解纷再升级；服务党政决策，助力社会治理新模式三方面内容的"数助决策"的云南模式。2019年以来，昆明市西山区人民法院积极探索将人工智能、云计算等前沿技术引入司法大数据分析，撰写《"数助决策"：昆明市西山区人民法院关于利用司法大数据助力社会治理体系与治理能力现代化的报告》，并会同中国司法大数据研究院创建司法大数据服务市域社会治理现代化联动机制，构建"反应灵敏、研判精准、措施有力"的司法大数据智能分析模式，力争打造"数字法院"实践基地，进一步对司法大数据进行分析研判，为预警西山区防控社会风险、切实提升社会治理效能提供有力的司法服务和保障。

云南省司法机关运用公共法律服务热线、网络、实体平台，建立起全时空、全业务的"互联网+公共法律服务"体系，12348云南法网App、"云南掌上12348"公众号、"云岭法务通"智能法律机器人等载体，为不同人群申请法律援助、涉外公证等各项法律服务咨询提供便捷化、智能化的途径。②

（二）以网络信息平台优化社会发展能力

云南省充分运用现代社会网络技术，随时了解、掌握各族群众的舆情民意，及时化解部分矛盾和纠纷。基层社会综合信息平台为村寨信息的快速高

---

① 唐丽、辛亚洁：《昆明社会治理以智取胜》，《昆明日报》2020年7月9日。
② 唐丽、辛亚洁：《昆明社会治理以智取胜》，《昆明日报》2020年7月9日。

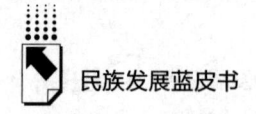

效收集、采集提供了可能，通过村级综合维稳信息员编辑手机短信上报，全域社会治理综合信息中心即可实现信息的收集、研判、分流、督办。研判后的重要信息，可直接发送至公安、司法、卫生、信访、安监、民政等部门，实现了全面协作、联动共管、实时落实。

云南省政府官方网站设置政务公开、在线办事、政民互动等栏目，鼓励人民群众参与建言献策、民意征集、在线调查、在线访谈。红河哈尼族彝族自治州金平县网络技术平台已在食品药品安全监管、流动人口（特别是跨国人口）管理、跨境婚姻管理等方面广泛运用，为各族群众提供了便捷的办事渠道，节省了人力、物力、财力等行政成本。[1]

（三）以数字化建设优化社会发展技术支撑

云南省持续推进"数字统计"建设，实现部门间统计数据共享。打造全省市场监管大数据体系，支撑食品药品监管、综合执法等应用，稳步推进数字边境建设，加快部署智能感知、信息采集等基础设施，加快布局5G、数据中心建设。到2022年，政务服务事项全部纳入平台运行和管理，应急、监管服务数字化水平快速提升，基本实现边境数字化管理。

云南省搭建省级和州（市）级全民健康信息平台、疾病预防控制信息系统，打造数字化医疗服务体系。大力支持国家呼吸病区域医疗中心、国家心血管病区域医疗中心和滇东北、曲靖、滇南、滇西4个省级区域医疗中心数字化建设。

云南省充分深度应用大数据，高效融合社会公共资源，积极推动社会治理领域的大数据应用。利用大数据优势及时掌握各种民生数据和信息，实时了解各种社会需求，实现民生需求与公共服务的无缝对接，更好地为不同社会群体日益增长的个性化、多样化需求服务。[2]

---

[1] 刘文光：《中国边境县社会治理实践及经验——以云南省边境县（市）为例》，《黑龙江社会科学》2017年第3期。
[2] 中共云南省委、云南省人民政府：《云南省推进新型基础设施建设实施方案（2020—2022年）》，《云南日报》2020年8月4日。

B.9 贵州省社会发展报告

乔姗姗 吴玉兰[*]

摘 要： 习近平总书记指出贵州要守好发展和生态两条底线，实现跨越式发展。为实现此目标，贵州省通过制定优惠政策调动社会资本进入市场领域、法治扶贫、发挥民族地区特色社会组织的教化功能、"三变"改革创建共建与共享的利益联结模式等方式，构建了贵州省的现代化治理体系。治理能力的提升不仅助力贵州省如期完成了国家既定的脱贫攻坚目标，还获得了党中央和国务院的"贵州样板"赞誉。由此，在"十三五"时期，贵州省在民生工程、基础性制度、国家安全体制、社会诚信制度、城乡统筹发展、环境保护等方面取得了历史性的进展。新时代以来贵州社会发展取得了巨大成就，为贵州省实施国民经济发展的"十四五"规划奠定了扎实的基础。

关键词： 社会发展 脱贫攻坚 发展成效

一 贵州省社会发展的主要进展

（一）筑牢保障和改善民生工程

1. 实施脱贫攻坚战

贵州作为全国扶贫开发攻坚示范区，是全国脱贫攻坚任务最为繁重的省

---

[*] 乔姗姗，贵州民族大学副教授，中国社会科学院民族学与人类学研究所访问学者；吴玉兰，贵州民族大学民族地区行政管理硕士研究生。

份，是全国脱贫攻坚的主战场和决战区。到2015年底，贵州省尚有493万建档立卡贫困人口，占全国贫困人口的8.8%。为确保到2020年贵州与全国同步全面建成小康社会，2019年7个深度贫困县率先实现脱贫摘帽，9个剩余深度贫困县减贫34万人，占全省脱贫人口的27%，凸显攻坚成效。①贵州脱贫攻坚连战连捷，贫困人口由2012年的923万人减少到30.8万人，累计减贫892.2万人、每年减贫超过100万人，贫困发生率从26.8%降至0.85%，57个贫困县脱贫摘帽，在国家脱贫攻坚成效考核中连续4年综合评价为"好"，由全国贫困人口最多的省份转变为减贫人数最多的省份。贵州省各级政府积极做出产业规划，政府介入市场不能以行政手段为主，而是需要充分尊重市场运作规律就是所谓的"理性选择"。在此处，我们把"理性选择"概括为两个特点，一是因地制宜差异化选择产业品种，二是先定位市场需求再明确产品生产模式。

差异化选择产业品种体现在归兰翁奇村选择了小范围的庭院经济模式，诺贝尔经济学奖获得者默顿·米勒专门对中国经济成功缘由进行研究，他评论邓小平经济改革成功关键之处在于与"家"联系在一起。这种庭院经济就在于可以在农户家中院坝开展，具有很强实践性，不用建立大规模养鸡场。匀东镇五寨村的蓝靛（南板蓝根）种植，政府根据当地耕地少、蓝靛种植必须人工操作的特点，由于目前贵州人工成本较沿海城市较低蓝靛种植无须大面积耕地，根据差异化理念在五寨村种植蓝靛。这就是我们将其概括为因地制宜选择产业品种。

重视市场需求环节，先与购货方企业明确所需产品的规格和质量，再以此为标准规范化农村农产品生产。以匀东镇五寨村种植蓝靛为例，种植蓝靛技术及产品标准还是未知，政府采用先签订购货方的方式引进企业建立基地。2019年以来，引进贵州省三都县民营企业张玉琼"贵州亘蓝母图民族布艺蜡染开发有限公司"落户五寨村，与都匀市匀东镇五寨村股份经济合作社签订合作合同，采取"企社共建种植基地+股民参与种植"方式，种

---

① 《精准施策 分类指导 脱贫攻坚取得根本性胜利》，贵州省人民政府网，http://www.guizhou.gov.cn/xwdt/rmyd/202004/t20200408_55840289.html。

植蓝靛500亩。五寨村股份经济合作社组织土地流转、组织群众就近务工就业。实行企业统一提供优质种苗、统一技术培训和服务、统一种植规程、统一回收"四统一"的标准化、规范化种植模式，实现农户小生产和大市场的有效对接。总之，紧跟市场需求进行产业考察，进行选择适合本村的产业。并非传统的先生产出农产品再向市场推销的方式，农产品生产周期长一旦市场不接受已经生产出来的农产品，那么亏损成本巨大是农户难以承担的，政府只能承担亏损成本。贵州省开展了定点、结对、组团式帮扶模式，分派驻村书记、驻村干部到贫困地区进行帮扶。其中，省级领导帮扶16个深度贫困县、定点包干20个极贫乡镇，市县两级帮扶了2760个深度贫困村。

2. 促进就业创业

2018年，贵州省就业人口达2038.5万。[①] 一是促进就业。为促进各类人员就业，贵州积极推出各项政策并实施，加强群众就业率的提高，积极出台相关政策以提供支持，2018年贵州省政府办公厅印发《贵州省开展城乡居民增收综合配套政策试点实施方案》，指出到2020年，进一步扩大城镇就业规模，实现新增就业220万人，城镇调查失业率和登记失业率分别控制在5.5%、4.2%以内。居民收入与经济增长同步提高，城镇、农村居民年人均可支配收入分别增长8%左右和10%左右，城乡居民年收入比达3∶1。进一步促进农村居民增收，缩小城乡收入差距。对农户自主成立的合作社、种养大农户等类似扶贫车间以及一些小微型企业的主体提供一定的财政补贴，根据所吸纳的员工数给予每人每月500元的培训补贴。对于吸纳有贫困劳动力人员就业的企业，根据困难人员的相关补贴政策将给予一定的资金奖励，吸纳就业困难人员较多的扶贫基地以及扶贫车间，按照扶贫基地3万元、扶贫车间1万元标准给予一次性补助。目前，贵州省就业人数总体呈增长趋势，2016年城镇新增就业267万人、总就业人数1983.72万人、下岗失业人员实现再就业139941人、就业困难对象实现就业75446人；2017

---

① 王文忠、肖云慧、程军虎：《贵州统计年鉴2019》，中国统计出版社，2019。

年新增就业75.78万人、总就业人数2023.20万人、下岗失业人员实现再就业143872人、就业困难对象实现就业78247人；2018年新增就业349.2万人、总就业人数2038.50万人、下岗失业人员实现再就业145381人、就业困难对象实现就业77881人；2019年新增就业77万人，2020年新增就业78.49万人。"十三五"时期，城镇新增就业350万人，城镇登记失业率控制在4.2%以内；城镇化率提高到50%，新兴产业占生产总值比重提高到20%，服务业比重提高到45.8%，民营经济比重提高到60%；平均受教育年限、平均预期寿命达到全面小康目标；森林覆盖率达60%；节能减排降碳指标控制在国家下达计划范围内。经过五年努力，实现脱贫攻坚和民生改善新跨越、经济发展和结构调整新跨越、生态建设和环境保护新跨越、深化改革和扩大开放新跨越、社会建设和法治保障新跨越。

二是促进创新创业。为更好地促进民众创业就业，贵州省大力推进创新创业计划，着力推进"大众创业、万众创新"。2016年贵州省政府印发《关于大力推进大众创业万众创新的实施意见》①，深入推进大众创业、万众创新，以支持相关科研人员、大学生创业及农民工返乡创业。贵州省深入推进"微企助农、创业增收"工程，通过建立小微型企业助推农业发展，大力提倡创业以促进增收，建设农产业基地以及村寨旅游，通过整合资源，调整产业结构，发展具有特色的村寨、文化创业园、孵化园，以此更有效地促进村民就近就业。2017年贵州省建成14个省级微型企业示范基地，全省扶持微型企业20000户，带动就业90406人。②贵州省委和政府深知大数据战略的实现取决于人才支撑，所以拟定了高层次人才拟定计划，并且针对人才等级发放人才绿卡A、B、C三个级别；尤其是贵阳市引进的大数据人才，政府对其购房补贴、子女入学、配偶就业都给予政策扶持。农村产业发展也需要人才带领，由此，贵州省加强农村劳动力人力资源开发，实施农民全员培训

---

① 石璐言：《贵州：全力助推"大众创业、万众创新"》，《贵州日报》，http://www.gov.cn/xinwen/2018-03/02/content_ 5270022.htm。

② 石璐言：《贵州：全力助推"大众创业、万众创新"》，《贵州日报》，http://www.gov.cn/xinwen/2018-03/02/content_ 5270022.htm。

行动。大力弘扬劳模精神、劳动精神和工匠精神。①

3. 深化分配制度改革

据统计，贵州省近年来城镇和农村居民人均可支配收入，2016年城镇为26743元、农村为8090元，2017年城镇为29080元、农村为8869元，2018年城镇为31592元、农村为9716元，可以看出城镇居民人均可支配收入远高于农村人均可支配收入；2016年农村居民人均年收入11776元、支出14193元，2017年人均年收入为12864元、支出15357元，2018年人均年收入13314元、支出为16818元。② 可以看出农村人均收支分配不均衡，农村居民每年人均支出均大于收入，由此看出城乡收入分配差距较大，收支不平衡，这一问题将致使城乡发展差距突出。对此，我省深入推进分配制度改革。

一是实施对技术人才、科研人员、新型职业农民、小微型创业者、基层干部、经营管理者、贫困劳动力等群体的激励。加大培养技术型人才，完善技术人才资格认证制度以及奖励机制。提高科研人员的科研能力，加强科研项目以及经费管理，2019年制定出台科研人员"双向流动"暂行管理办法，为保障相关科研人员的工资水平，对其兼职或者离岗创业皆不对工资进行限制。大力培育新型职业农民，挖掘地方特色农产业，促进农民增收。积极鼓励创办小微型企业，提供以政策及资金方面的支持，加大对小微型企业的扶持力度，建立创业成果分配制度。完善工资激励制度，制定福利待遇标准。2018年制定基层医疗卫生事业、教育事业工资调整管理办法。2019年制定了基层公务员激励制度以及考核办法，完善了国有企业负责人激励和业绩考核制度。2019年贵州2家国有企业建立了职业经理人制度，激励更多民营企业家创新创业。建立了低保与就业联动机制，提升精准扶贫兜底能力。

二是建设城乡居民收入监测平台。合理应用本省互联网优势，运用大数

---

① 《2020年政府工作报告》，贵州省人民政府网，http://www.guizhou.gov.cn/zwgk/zfgzbg/202109/t20210913_70131254.html。
② 王文忠、肖云慧、程军虎：《贵州统计年鉴2019》，中国统计出版社，2019。

183

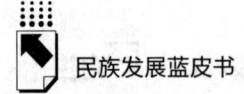

据、信息化、云计算等技术，信息化管理居民收入，创新收入监测方式。不断完善城乡居民收入分配统计核算，加强完善居民收入统计数据库。

4. 完善社会保障制度

2019年贵州省累计支出社会救助资金78.6亿元。其中，发放低保金64.1亿元，有效保障了253.1万城乡低保对象基本生活；发放特困人员救助供养金8.4亿元，有效落实了8.8万名特困供养对象待遇；发放临时救助金6.1亿元，有效解决了42.2万人次困难群众临时性生活困难问题。① 2020年经省人民政府同意，省民政厅、省财政厅、省扶贫办联合制发《贵州省2020年城乡低保提标方案》，对全省2020年度城乡低保提标进行安排部署，全省农村低保平均标准提高到4318元/年，平均增幅5.2%，城市低保平均标准提高到645元/月，平均增幅4.9%②，相较此前的标准，农村低保水平提高了。2019年，全省企业离退休人员月平均基本养老金2653元（其中，企业退休人员月平均基本养老金2642元），同比增加116元，增长4.6%。当前贵州仍然存在社会保障覆盖面较窄、社会保障管理体系不健全等问题，对此建立了多层次的社会保障体系，完善社会保障制度建设，全面按照覆盖面广、建立有效机制、兜底线的要求，全面建成全民覆盖、城乡统筹、保障合理、持续有效的社会保障制度，全面推广实施全民参保计划，不断完善城镇职工养老保险以及城乡居民基本养老保险制度，缩小城乡社会保障差距。加强完善城乡居民的基本医疗保险制度和大病保险制度的统一。不断完善失业保障制度和工伤保险制度。加快全国统一的社会保险公共服务平台的建立。建立并完善城乡社会救助体系，并完善最低生活保障制度。完善妇女儿童社会保障制度，以保障他们的合法权益，健全关爱老年人、留守儿童、妇女相关服务体系。完善社会救助、慈善事业基本制度。大力发展残疾人相关事业，完善残疾人服务体系。

---

① 《2019年前三季度全省社会救助保障情况》，贵州省民政厅网，http://www.guizhou.gov.cn/zwgk/zdlygk/shgysyjs/shjzhshfl/201911/t20191118_16755094.html。

② 《贵州省2020年城乡低保提标》，贵州省民政厅网，http://www.guizhou.gov.cn/zwgk/zdlygk/shgysyjs/shjzhshfl/202002/t20200228_52067906.html。

5. 改善住房保障

2017年贵州省实施了住房保障扶贫开发惠民政策，落实住房改善政策，对低保户、贫困户、五保户以及一些存在住房危险的民众进行农村危房改造，并针对不同级别的人群给予相应的补助金，很大程度上改善了民众的住房保障。

一是提供一定资金保障。对于特殊的家庭危房改造提供一定资金上的支持，低保户、建档立卡户、特困人员、贫困残疾这类家庭根据其房屋鉴定级别提供相应的资金保障，一级危房补助3.5万元/户，二级危房补助1.5万元/户，三级危房补助1万元/户。贵州省近几年来在住房改善方面成效显著：2015年实施城镇保障性安居工程154万套（户），农村改造危房192万户；2016年实施城镇安居工程27.6万套（户），农村危房改造30万户；2017年完成农村危房改造160万户；2018年完成农村危房改造20.64万户；2019年城镇保障性安居工程建成10.9万套。

二是对老旧住房开展专项整治。2017年，贵州省全面实施农村危房改造和住房保障三年行动计划，其中对农村居民透风漏雨的住房进行专项整治，结合本省气候条件、地理环境特征以及木质结构房屋的实际，在保障住房安全的基础上，对农村老旧住房加强整修改善，制定一定的治理标准和验收标准，截至2019年9月全面排查的30.6万户整治目标，已经竣工完成29.59万户，大力推进破旧住房的整治，以保障居民住房安全。

三是精准实施贫困户住房保障。为确保农村危房改造和住房保障的脱贫攻坚，贵州省除了落实资金、政策等方面的工作外，全面对脱贫攻坚开展的农村危房改造和住房保障整改进行标准化验收，以100%完成了危房改造、旧房透风漏雨整治、贫困户住房安全有保障，确保了精准施策、精准落户，建档立卡户住房保障得以改善。

（二）推进保障社会发展的基础性制度改革创新

1. 在教育领域，大力促进教育公平制度建设

2018年全省教育大会在贵阳市召开，会议强调，要深入学习习近平总

书记关于教育的重要论述、十九大精神以及总书记在贵州省代表团的一系列重要讲话，要加强教育扶贫，着力推进现代化教育，为把我省建设成为特色教育强省，为做好人民群众满意的教育，不断加强教育体制机制改革，建立并完善符合现代发展需求的教育制度，续写新时代贵州教育事业进程的新篇章。对此，贵州省大力加强教育事业的发展，强化教育保障体系，从而实现教育公平。一是大力建设校园以及壮大教师队伍。据统计，截至2019年底，全省共有幼儿园10685所，在园儿童154.52万人，专任教师9.07万人；小学6943所，在校生388.30万人，专任教师21.25万人；初中2008所，在校生179.28万人，专任教师12.82万人；特殊教育学校77所，在校残疾学生3.89万人（其中随班就读2.57万人），专任教师1911人；普通高中468所，在校生99.21万人，专任教师6.81万人；中等职业学校185所，在校生43.81万人，专任教师1.75万人；普通高等学校72所（其中，本科院校29所，专科院校43所），普通本专科在校生76.57万人（其中，本科37.11万人，专科39.46万人），专任教师3.78万人；研究生培养单位10个，在校生23646人（其中，博士生1146人，硕士生2.25万人）①。

二是优化教育布局和教育资源结构。2018年贵州省下发文件《贵州省推进教育现代化建设特色教育强省实施纲要（2018—2027年）》，要求优化各阶段教育布局以及教育资源结构布局，对于基础教育、学前教育、义务教育、普通高中教育、中等职业教育、高等教育等各个阶段的教育布局进行明确的规定，同时对于一些特殊地区提供充足的教育资源，例如农村地区、贫困山区，优化教育资源布局，促进教育公平。

三是加强易地扶贫搬迁安置点学校建设。为更好地促进教育公平，教育全覆盖，对于贫困地区搬迁到特定安置点的人群，易地扶贫搬迁集中安置点的学校配套设施已经建设完成，截至2020年12月30日，贵州各地加强安置点配套学校规划建设，累计投入约180亿元，建成了96所易地扶贫搬迁

---

① 《2019年教育事业发展概况》，贵州省教育厅网，http://jyt.guizhou.gov.cn/zwgk/xxgkml/tjxx/202007/t20200707_61363484.html。

集中安置点配套学校，解决了易地扶贫搬迁人群5.2万人就学，与此同时充分挖掘周边教学资源，利用安置点原有资源建设中小学及幼儿园校园，全面保障了搬迁户所有适龄子女的就学需求。①

四是着力推进城乡教育一体化发展。为进一步缩小城乡教育差距，实现农村教育均衡发展，贵州省不断加强城乡学校建设规划，扩大教学设施供给，有效推进适龄人群教育失学、辍学等动态现象清零。建立教育示范基地，推动教育现代化发展，实现智慧教育，通过互联网、大数据平台建立线上教育标准化，促进教育公共服务均等化、多元化发展。推进教育薄弱地区的工作改善，确保城乡寄宿制学校的标准化建设，建立控辍保学工作机制，进一步建立保障措施，精准实施教育帮扶，保障教育公平。

2. 在医疗卫生领域，突出建立以提高人民健康水平为核心的现代医疗卫生事业制度

近年来，贵州省深入贯彻落实国家医疗卫生事业制度改革的精神，全面推进医疗卫生体制机制改革，以促进健康贵州为核心理念，加强顶层设计，大力推动基层医疗卫生公共服务能力建设，全省的医疗卫生事业制度改革工作取得了一定的成效。

据统计，截至2018年贵州省卫生机构数有28072个，其中县级以及县级以上医院有1309个、妇幼保健院99个、乡镇卫生院有1396个。总体来看，贵州省在医疗卫生事业领域的发展已经取得一定的成就，但需要进一步加强医疗卫生事业制度的建立和完善，以更好促进医疗卫生的良性发展。一是创新实施医疗卫生"五个全覆盖"。贵州省大力推进医改事业发展，实现了各乡镇卫生院建设的标准化、各乡镇卫生院（社区卫生服务中心）都配备有执业医师、实现城乡居民的大病保险机制、各农村中小学校配备特定数量的校医、上百家县级以上的公立医院远程医疗实现全覆盖，在全国范围内首个实现了全省乡镇卫生院、社区卫生服务中心远程医疗全覆盖。二是建成

---

① 《贵州易地扶贫搬迁安置点配套教育设施实现全覆盖》，中华人民共和国中央人民政府网，https://www.gov.cn/xinwen/2020-12/30/content_5575444.htm。

智慧医疗体系。贵州省在乡镇卫生院建成了规范化数字预防接种门诊，县级以上的公立医院实现了线上统一预约挂号，全面建成信息化平台、全民健康信息基础平台，实现医疗卫生事业的现代化发展。三是建立家庭医生签约服务机制。大力推进家庭医生签约服务项目，采取送医上门，着力满足病人的医疗需求，主要针对老年人、儿童、孕妇、慢性病患者、残疾人等人群，以群众的需求为导向落实家庭医生签约服务。

3. 在人口发展方面，完善计划生育制度

2018年贵州省常住人口为3600万人。据统计，贵州省2016年自然增长人数为22.94万人、自然增长率为6.50‰；2017年自然增长人数为25.42万人、自然增长率为7.10‰；2018年自然增长人数为25.31万人、自然增长率为7.05‰。贵州省生育政策符合率2016年是91.7%、2017年是92.8%，采取节育措施的人数2016年是579.47万人、2017年是574.07万人、2018年是513万人，由此可见每年采取节育措施的人数都在减少，贵州省的人口增长总体趋于平稳。①

随着人口老龄化的呈现，为促进贵州省人口的良性发展，需制定相应的政策规划。一是制定人口发展规划。2017年贵州省出台并实施《贵州省"十三五"人口发展规划》，指出到2020年的总量目标是全省常住半年以上总人口在3700万人左右，人口出生率控制在15.7‰以内，人口自然增长率控制在8‰以内。② 二是制定计划生育法规条例。为更好地促进人口发展平衡，贵州省在计划生育管理方面，实施了相关的行政法规和条例，对其计划生育进行明确的规定，对于一些特殊的情况给予生育鼓励，而对于违反计划生育条例法规的人群则进行相应的罚款。三是完善计划生育政策。为优化贵州省的人口结构，加大劳动力的供给量，有效减缓人口老龄化，制定贵州省计划生育基本政策，响应国家号召实施二孩政策。制定"多规融合"管理实施办法，把计划生育等政策与户口登记脱钩，解决无户口人员登记户口问

---

① 《2019统计年鉴》，贵州省统计局网站，http：//202.98.195.171：82/2019/zk/indexch.htm。
② 贵州省发展和改革委员会：《省发展改革委关于印发贵州省"十三五"人口发展规划的通知》。

题。加快机关事业单位养老保险制度改革,深化县级公立医院综合改革,推进公立医疗机构药物采购方式改革,实施"全面两孩"政策,改革完善计划生育服务管理,深化教育领域综合改革。

4. 在户籍管理方面,建立全国城乡统一的户口登记制度

由于贵州省是外出务工人口大省,所以人口流动性很强,如何准确掌握人口动态状况取决于户籍制度是否能够与时俱进。为此,贵州省对城市和农村的户籍登记制度实行了统一管理,以经常居住地登记为基本形式的户口迁移登记制度,促进有能力在城镇稳定就业和生活的常住人口有序实现市民化,稳步推进城镇基本公共服务常住人口全覆盖,促进城乡整合和协调发展,促进社会平等与稳定。截至2018年贵州省户籍人口数为4528.63万人。省委省政府指出,到2020年促进300万农业转移人口和其他常住人口落户城镇,"十三五"时期末全省户籍人口城镇化率达43%。围绕这个总体目标,目前贵州省积极开展户籍管理制度改革,主要体现在以下几个方面。2015年贵州省出台政策——《贵州省人民政府关于进一步推进户籍制度改革的实施意见》《贵州省公安厅关于进一步推进户籍制度改革的实施细则》[①],贵州省大力推进户籍登记制度改革。一是实施城乡统一的户口登记制度。户口登记统一为居民户口,把户口一栏的农业与非农业转变为家庭户和集体户,政策规定不得以户口登记设置任何的限制条件,要求公安机关不再出具相关证明,社保、教育等部门积极建立与其相统一的制度。二是建立健全人口信息管理制度。建立健全人口登记制度,完善相关部分信息管理系统,实现信息化管理,以更好地实现交叉部门之间的信息共享。三是调整户口迁移政策以及完善居住证制度。放开中小城市落户限制,合理调整大城市的落户条件,更好地解决户口迁移问题。抓好国家新型城镇化试点,贵州省制定实施非城镇户籍人口在城市落户方案和住房制度改革方案,加快户籍制度改革和居住证制度双落地,建立健全"人地钱"三挂钩机制。城镇公租房扩大到非户籍人口。

---

① 《贵州省人民政府关于进一步推进户籍制度改革的实施意见》(黔府发〔2015〕16号)。

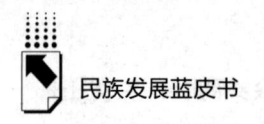

（三）构建国家安全体制

为了应对日益复杂多样的国内外安全形势，中共中央明确提出"完善国家安全体制"战略要求，并把"建立集中统一、高效权威的国家安全体制"作为总目标，我国国家安全建设主要是为了国家处于安全正常秩序运作状态。也就是维护社会稳定保障社会常态化运作，目前影响国家安全的因素主要有两项，一是境外各种非法渗透势力，二是暴力恐怖活动。贵州省作为脱贫攻坚的主战场，一直在积极寻求经济的跨越式发展，为了保障既定脱贫成果，需要建立完善的公共安全体制保障经济发展环境的稳定性。为此，贵州省根据本土民族地区的特色，省国家安全体制主要体现在积极发展民族等各项事业，抓好民族团结进步示范创建，制定支持民族自治县、民族乡加快发展的政策措施；重视国防动员、双拥共建和后备力量建设，支持军队、武警部队建设和法院、检察院工作；加强国家安全、司法行政和宗教、外事、人防、参事、档案、方志等工作。

（四）健全公共安全体系

安全是保障人民健康生活的前提基础，是满足人民群众美好生活需要的重要内容，也是人民最关心的问题。在党的十九大报告中重点提出，加强公共安全体系建设，以增强人民的安全感和幸福感。公共安全是人们正常生产生活所需要的一种稳定的外部环境和安定的秩序，它包括公共卫生安全、食品安全、交通、生产等多方面。现今，公共安全事故、交通事故、公共卫生事件等频频发生，主要原因就在于相关的公共安全体系不完善、监督管理机制不健全等方面。2016年贵州省印发《贵州省关于构建安全风险预防控制体系建设的意见》，指出创新建立安全管理机制，不断建立健全公共安全体系，完善安全预防机制，完善监管机制，实行分类进行监管，落实责任主体，建立企业安全预防机制，加大力度排查隐患，加强应急管理、市场监管，利用先进科学技术进行有效监督，加大安全宣传教育，增强人民群众的安全意识。坚决打好防范化解重大风险攻坚战。制定化解措施，建立相关机制，加强防御风险能力，以保障人民安全，促进社会安定有序发展，不断深入推进扫黑除恶专项治理工作，应急管理已经得以进一步加强，突发事件的救援处理工作取得一定成效。树立安全发展观，贯彻公共安全思想，着力完善生产安全责任制度，遏制重大安全事故发生，不断提升防灾能力。毫不松懈抓好安全生产和公共安全，严格落实安全生产责任制，加强对煤矿、非煤矿山、交通、消防、危化物品、在建工地、旅游景区、人员密集场所等重点行业领域安全防范，严防重特大安全事故发生。加强应急救援处置能力建设，提高防灾减灾救灾能力。做好气象、洪涝、地质灾害等监测预警和防治工作。

（五）加快社会诚信制度建设

社会诚信制度是一个由多要素构建形成的系统，加快建立社会诚信制度是社会治理实施的前提基础，是社会信用系统有效运作的保障。2019年"两会"的召开，明确指出要建立健全社会信用体系，通过实施减税政策，促进企业的可持续发展，进一步优化营商环境，促进经济消费的稳步增长，必须完善社会诚信制度。2016年，贵州正式开展诚信企业示范工作，将100余家诚信企业进行公布，并给予诚信企业相关政策规定的奖励，一定程度上给企业在投融资以及税收等方面带来利益。此外，贵州充分利用大数据信息互联网技术优势，税务机关将采用企业的纳税信用、涉及税收的相关信息与其金融服务联系在一起，重纳税的情况授予诚信荣誉，从诚信的角度考虑是否办理贷款，以此贷款扶持小微企业，这样不仅能加强诚信率的提升，还能解决一些小微型企业在发展中面临的资金不足问题，目前，贵州省已经开展了相关工作。

构建守信联合激励和失信联合惩戒协同机制。不断完善激励和惩戒机制，扩大部门之间的协调联动，由原来一个部门进行惩戒上升为多个部门在多层面的惩戒，全省将全面实施开展工作，形成了一股强大的社会治理力量。大力完善诚信红名单制度以及失信和名单制度，对于诚信的企业和个人将采取红名单的形式公布并给予相应的奖励，而对于失信的相关企业和人员则采用黑名单形式并实施相应的惩戒，并及时将诚信红名单以及失信黑名单

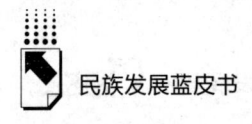

发送至省级信用信息管理平台，由省相关社会信用建设部门实施激励和惩戒。

（六）加强城乡统筹发展

贵州省正处于工业化、城镇化加速发展期，由于贵州省很多农村在精准扶贫前还处于极其封闭的农业化社会时期，扶贫项目建设让农村的基础设施建设水平提升到了前所未有的标准。贵州省黔南州都匀市的农村实地调研中，全市累计完成危房改造6908户，危房安全隐患全部消除。都匀市累计投入资金8.62亿元，建成9个易地扶贫搬迁安置点，完成2958户1.24万人（其中贫困人口1.13万人）搬迁任务。实地调查200户贫困户，没有辍学情况，每村建有一个卫生室，住房均是B级以上，农户反映饮水量足够，并且全部实现自来水供水。贵阳市农村投资2.2亿元新建、改（扩）建农村学校20所，新增学位2100个；下达各级各类学生资助资金4.6亿元，惠及学生44.5万余人次；实现农村学前和义务教育阶段营养改善计划全覆盖。加强控辍保学，全市未发现建档立卡贫困户适龄儿童因贫失学辍学。健康扶贫方面，实现全市912个行政村卫生室全覆盖和村医配备全覆盖。

城乡统筹发展意味着在提升农村基本建设的同时，也需要对城镇化建设进行统筹规划。对小城镇建设也进行了统一规划和设计，政府尝试多渠道增加城镇就业人口。在对遵义市赤水调研中，地方政府组织农民全员培训1.8万人次，新增城镇就业1万余人，转移农村劳动力就业7450人，实现有劳动力易地扶贫搬迁家庭户均就业达1.62人。为了保障易地扶贫搬迁人口在城镇的基本生活水平，赤水政府实行多举措了解搬迁户社区生活水平。以社区为单元，对排查出的存在生活困难和致贫风险的群众，采取评定低保、"五员"岗位覆盖、发展产业带动等措施，因户施策，一户一策，针对实际困难制定帮扶措施，明确帮扶责任人。

（七）促进社会组织健康发展

社会组织是社会治理的重要主体之一，加强对社会组织的培育对促进社会的有效治理具有重要作用，同时社会组织也是推进国家治理体系和治理能力现代化实现的参与者和实践者。近年来，社会组织得以快速发展，与此同时也面临着相关法律法规不健全、管理机制不完善、对社会组织的支持和引导力度不够、社会组织自身内部建设问题。2016年中共中央办公厅、国务院办公厅印发了《关于改革社会组织管理制度促进社会组织健康有序发展的意见》，指出社会组织是社会治理的重要力量，要大力培育社会组织，大力激发社会组织的活力，处理好政府和社会组织之间的关系，深化政府结构改革，促进政社分开，明确社会组织的作用。加强社会组织的自身建设，更好实现政府治理以及社会自治，促进社会组织的健康发展。

2018年贵州省委办公厅、省政府办公厅印发了《关于改革社会组织管理制度促进社会组织健康有序发展的实施意见》，为促进社会组织的健康发展，一是深化政府机构改革，推动政府与社会组织分开。实现政社分开是社会治理有效的关键，政府和社会组织各自明确自身定位，各司其职，这不是削弱政府职能，而是推进政府职能的有效发挥，明确政府职能定位，优化政府职能建设。通过发展社会组织，大力激发多元社会组织的活力，政府明确权责关系，有效衔接政府和社会组织之间的关系。二是坚持简政放权原则。2022年，贵州省人民政府办公厅印发《贵州省2022年深化"放管服"改革工作要点》，为打造国内一流营商环境，安排了如下工作，持续深化行政审批改革；强化事前事中事后监管；全面提升政务服务效能。

（八）创新社会治理方式

社会治理可以保证社会运作的秩序，从而为社会发展保驾护航促进社会的加速发展。一是建立健全相关管理监督机制。加强城乡治理体系建设，支持志愿服务、慈善机构、社会组织、人道救助等事业组织的健康发展，保障妇女、儿童、老人、残疾人合法权益。及时回应公众诉求，解决社会实际问题，妥善化解社会矛盾纠纷，完善治理体系建设。二是构建共建共治共享的社会治理格局。加强社会治理制度建设，建立多元治理体系格局，推动党委、政府、群众、社会、法治共同参与的社会治理体制，以提高社会治理的标准化、社会化、多元化、专业化水平，建立预防以及化解矛盾机制，以更好地进行人民之间矛盾的处理。首先，贵州省的企业以中小微企业为主，因此在激烈的市场竞争中能力较弱，需要政府帮扶构建产业链和大企业。贵州省地方政府为此对产业项目选择慎之又慎，鼓励创新创业，制定相关政策鼓励大学生创业主体。其次，建立健全社区公共服务站。截至2018年，全省共建城乡社区服务站17327个，其中，农村社区服务站13312个，覆盖了99.8%的农村社区；城市社区服务站4015个，覆盖了98.9%的城市社区；建成儿童之家5800余个、农村敬老院1168个、农村居家养老服务站3203个、农村互助幸福院4200余个、社区老年人日间照料中心369个、城市社区居家养老服务站682个。[1] 最后，加强多元主体共同治理。2019年贵州省城乡社区治理工作联席会议在安顺召开，贵州省在城乡社区治理层面得到进一步提升，不断完善社区治理体系建设，提升社区治理能力，加强社区公共服务能力的提升。贵州省采取多元主体参与治理的有效形式，以村民自治为核心，集中民众、政府组织、社会组织等力量，深入推进农村基层治理，深化村民自治，完善基层民主自治机制。

（九）加大环境保护与治理力度

贵州省工业化发展薄弱，由此贵州省环境保护良好，为此，习近平总书记在贵州视察中指出，贵州的发展一定要坚持绿色底线。为此，贵州省成为国家生态文明试验区，国际生态文明会议每年在贵州贵阳市召开。目前贵州省环境保护有四个方面的政策：一是推进生态文明建设和绿色发展。加强生态文明建设，保护生态环境对推进社会治理有效的基础。贵州省坚持绿色发展优先，大力建设生态文明实验区，推进污染防治，坚持绿色发展，建立健

---

[1] 卢芳：《创新基层社会治理提实效服务脱贫攻坚为民生——贵州省各级民政部门创新加强城乡基层社会治理纪实》，《中国社会报》2018年9月26日。

全环境治理体系,及时处理生活污水和垃圾,优化空气资源和饮水资源。二是着力打造生态工程,实施退耕还林政策,提高森林覆盖率。大力建设生态功能区,大力发展生态产业,促进绿色经济增长,力求完善绿色生态发展制度,制定出保护生态环境的责任清单,划定生态保护红线,全面启动"河长制"制度。三是贵州省坚守底线,发展绿色经济。贵州省本着生态优先,坚持绿色发展的原则,加大社会生态环境的保护和治理力度,健全完善的环境保护机制以及治理体系,开展长期治理工程。四是贵州省设立公开的生态日,强化生态环保"两把利剑""两个问责",环保督察巡查全覆盖,持续发出多彩贵州拒绝污染最强音。①

贵州省在对既有绿色环境进行保护的同时,也全面防治已经生成的污染,巩固生态文明建设。贵州省深入推进污染防治建设,建立生态环境治理体系,建立共建共治共享的治理机制,对长江经济带开展治理行动,突出水系治理攻坚行动,进一步深化对草海、乌江等水系环境的治理。目前县市城市的污水处理率达94%,同时生活垃圾的无害处理率已经达到92.3%,完成营造林520万亩,治理石漠化土地1006平方千米、水土流失土地2720平方千米。加强农村人居环境整治,完成农村户用卫生厕所改造75万户。完成国家生态文明试验区制度性改革任务33项,大力构建现代生态文明体系,在推动生产生活方式绿色化上实现重大突破。加快生态文明先行示范区建设,落实主体功能区规划,创建一批国家环保模范城市。实施退耕还林还草、石漠化治理等生态建设工程,提高森林覆盖率。强化环保基础设施建设,推进工业废水和城乡生活污水治理、垃圾无害化处理。加强大气、土壤污染防治。加大农村环境集中连片治理力度。实施循环发展引领和新能源汽车推广计划。实行最严格的环境保护制度,落实能源和水资源消耗、建设用地等总量和强度双控行动。到2020年,力争25°以上坡耕地和15°~25°重要水源地的坡耕地全部退耕还林还草;主要河流水质优良率超过90%,县

---

① 《2018年贵州省政府工作报告》,贵州省人民政府网,http://www.guizhou.gov.cn/zwgk/zfgzbg/202109/t20210913-70131290.html。

级以上城市PM10和PM2.5浓度稳定在二级以上标准、集中式饮用水源水质达标率100%。[1] 实施草海生态保护和综合治理规划，强化生态环保监管，对重点生态功能区实行产业准入负面清单，编制自然资源资产负债表，扩大领导干部自然资源资产离任审计和环境污染第三方治理试点。用好"两把利剑"，强化"两个问责"，做到铁腕治污、不欠新账。加快发展节能环保绿色产业，坚持生态产业化、产业生态化。深入实施林业产业倍增计划，开展传统制造业绿色改造，扩大绿色环保标准覆盖面，实施一批节能环保、园区循环化改造工程，创建赤水河流域生态经济示范区。

（十）全面加强党对社会治理的领导

加强党对社会治理的领导必须落实到管党治党全过程各方面，覆盖到每一个党组织和每一名党员。由此，主要体现推动企业、农村、机关、事业单位、社区、非公企业等各领域党建工作齐头并进，实现党的领导、党的工作、党的组织的作用在各领域全面覆盖。2019年贵州省大力开展"不忘初心、牢记使命"主题教育，全面坚持和加强党对社会治理的领导，认真落实相关决策部署。着力深入推进党风廉政建设和反腐败斗争，加强整顿形式主义、豆腐渣工程，不断加强和巩固整治生态的提升。[2] 基层村组织要把党建与业务工作相结合，让党建落到实处。贵州省的战略是大扶贫和大数据，由此可见扶贫是贵州省"十三五"规划时期非常重要的任务。为此，贵州省将抓党建促脱贫攻坚情况作为乡镇（街道）和部门党委（组）书记抓基层党建工作述职评议的重点内容。贵阳市息烽县成立了县委大党建工作领导小组，成立大党建促大扶贫工作专班，强化统筹、调度和督促职责，落实县、乡、村"三级书记"抓脱贫攻坚工作机制和脱贫攻坚部门主攻、属地主战"两个责任"，形成了上下级联动和部门互通互联的工作格局。遵义市

---

[1] 《2020年贵州省政府工作报告》，《贵州日报》，http://fpb.guizhou.gov.cn/xwzx/zwyw/202003/t20200302_52734098.html，2020年3月2日。

[2] 《2020年贵州省政府工作报告》，《贵州日报》，http://fpb.guizhou.gov.cn/xwzx/zwyw/202003/t20200302_52734098.html，2020年3月2日。

习水县完善基层党建体系,即强化组织健全、队伍建设、政治引领、自我发展,让搬迁群众"衷心感恩"。

二 贵州省社会发展的成效、经验和思考

(一)创建良好社会秩序激发社会活力

处理好激发社会活力与维护社会秩序的关系才能创建良好社会秩序,既有秩序的稳定发展又具备创新自主空间的良好社会秩序是创造健康的社会活力的前提条件。社会秩序的维护要采取法律、制度以及道德来进行规范社会主体,活力蕴含了社会生活的方方面面,是社会群体创造能力以及潜质的发挥,体现了人类社会进步的动力与人类文明的可持续性,它主要是通过深化改革与社会公平的激励机制来实现的。贵州在开发民族特色小镇旅游产业时,当地政府就曾经尝试通过政策激励的制度方式,调动社会资本的活力。贵阳市乌当区偏坡布依族乡在发展民族特色小镇旅游业时对入驻的民营企业、个体户提供了优惠补贴政策,小镇旅游业搭建出民营企业、国有龙头企业、个体农家乐、农户多元市场主体的经营格局。有经营头脑的农户选择了个体的农家乐经营模式,有民宿但不懂市场规则的农户可以选择将民宿租给个体经营者,或者以空置房入股民营企业进行统一规范化管理。民宿、自助烧烤场为当地居民提供就近就业机会,带动了当地旅游业的发展。

(二)法治与德治结合:保障社会稳定发展

社会发展是不可能在动荡的外在环境中实现的,社会发展稳定前进才能维持既有历史成效。处理好法治与德治的关系,为社会稳定发展提供了制度支持。习近平总书记在论述法治与德治的关系时提出,一定要把依法治国和以德治国有机结合起来,在中央全面依法治国委员会第一次全体会议上,习近平总书记强调,要坚持处理好全面依法治国的辩证关系。比如改革和法

治的关系就需要在法治中坚持改革,在改革中完善法治。贵州省赤水市尝试"五式"法治扶贫,坚持立足"党政主导、司法联动、社会参与、多元并举、法治保障"的原则,整合"公检法司"、人民调解和扶贫干部等力量,率先探索出一条以法治思维有效遏制社会不良风气的法治扶贫之路,破解"信访不信法"问题。通过人民调解、司法调解和政策宣传,消除少数村民将个人特殊诉求和共同参与脱贫攻坚随意捆绑,扭曲国家精准扶贫政策,以个人特殊诉求未得到解决为借口而拒不支持配合脱贫攻坚的现象。成立全市法律志愿服务援助中心和32个法律志愿服务援助工作站,帮助部分群众解决思想包袱重、不懂法、不会用法来维护合法权益的困难。开通涉及脱贫攻坚领域有关案件立案"绿色通道",组建以基层干部为主的村级诉讼志愿服务联络员队伍,协助法院开展上门立案、网上立案、预约立案、跨域立案等便民立案服务帮助化解群众上诉难问题。由村居两委、社会组织、驻村干部、党员群众、司法志愿者和民生监督员等作为监督主体,向人民法院和有关部门检举揭发不赡养事实,帮助子女不赡养老人维护权益。"院坝式"普法,破解农村法治意识淡薄问题。通过设立11个人民法庭巡回审判点,在田间地头公开审理、将拒不履行失效法律文书的人员纳入失信被执行人名单予以公开,开辟《榜样》、编印《迷途》等方式,用身边人身边事引导教育群众,达到"曝光一例、教育一群"的效果。

德治是社会治理方式现代化中体现传统文化精髓的重要标志,重视发挥道德教化作用。在贵州少数民族传统社会中,各民族都有属于自己的社会组织,民族地区社会组织就是发挥德治的中坚力量。如苗族的"寨老制""议榔""六色六巴""鼓社祭",布依族的"榔团联盟",侗族的"侗款",彝族的"则溪制度",等等。这些社会组织的职能大部分体现在行政管理方面。社会组织的首领又都是民族社会生活的领导者,各种社会组织的下属分支机构及有关专职人员来从事民族内部事务管理,并且也是文化传承过程中的一种运作体。没有与它平行的制衡因素,在各层次的平行的要素之间,只存在着非主导的、非正规的、时隐时现的、补充性的信息交流关系,这显然是一种注重上下垂直渠道沟通的结构。

（三）共建与共享并存：激发社会内生动力

党的十九届四中全会《决定》提出："坚持和完善共建共治共享的社会治理制度。""共建"指社会治理不只是党委和政府的责任，而且是社会各方的责任。实现"共建"，需要明确不同社会治理主体的角色定位和职能职责。"共享"回答社会治理为了谁的问题，即通过社会治理确保人民安居乐业、社会安定有序，实现社会治理成果共同享有，不断提升人民群众的获得感、幸福感、安全感。也就是说，共建是民众的付出，共享则是付出后的回报，两者有效结合可以让民众对付出和收获感到公平，从而激发社会内生动力。根据共建共享共治原则，贵州省深入推进农村"三变"改革，不断拓宽群众收入来源，为决战决胜脱贫攻坚注入"活水"。通过"六权共享"激发内生动力。息烽县石硐镇在推进产业结构调整工作中，以农发项目、扶贫等资金"入股"经营主体，充分发挥"龙头企业＋合作社＋农户"的带动作用，积极探索利益分配机制，形成了"六权共享"利益联结模式（即村集体获得的分红收益进行再次分配，其中，弱有所扶股占5%、土地贡献股占25%、劳有所得股占25%、老有所养股占10%、社会治理股占30%、环境保护股占5%），有效提升了群众增收，2019年用工4万余人次，共发放工资480余万元，带动466户增收，并成功吸引300余名外出务工人员返乡就业。

（四）同用共治与自治：调动社会力量加快发展进程

共治的主体主要由各类社会组织和政府组成，自治的主体主要指社会自治组织。处理与共治和自治关系，意味着政府能有效引导社会自治组织参与到社会活动中，充分调动各种社会力量也就能加快社会发展进程。党的十九大报告中指出，加强社区治理体系建设，推动社会治理重心向基层下移，发挥社会组织作用，实现政府治理和社会调节、居民自治良性互动。[①] "十三

[①] 习近平：《决胜全面建成小康社会夺取新时代中国特色社会主义伟大胜利》，人民出版社，2017。

五"时期，贵州省深入分析共治与自治的辩证关系，共治建立在自治的基础上，自治需要借助共治途径才能实现成效。但是，贵州省毕竟相对中部和沿海地区发展缓慢，因此，社会资本薄弱，自治力量不能独立形成组织。为此，贵州省充分发挥基层党组织力量，由基层党委引导构建自治组织体系，自治组织与政府对社会开展有效的共同治理。贵州省开阳县调动各方社会力量参与脱贫攻坚就是共治生动的体现。一是开阳县开展了"百千万行动"，引导111名政协委员、18家企业投身脱贫攻坚"百千万行动"，发挥智力支边优势实施项目45个。二是开展"百企帮百村"。动员32家企业参与"百企帮百村"，累计协调帮扶资金423.27万元帮助产业发展，辐射带动贫困群众2230户，其中，建档立卡贫困户756户。三是开展志智双扶"双十"专项行动。广泛动员和凝聚社会各行各业聚力攻坚，争取了贵阳市云岩区对口帮扶资金1020万元，实施村组道路改造、茶产业发展等项目11个。四是实施"圆梦之旅"助学行动。累计帮扶建档立卡贫困户学生158名，资助金额共计79万元。该县举行了系列"扶贫日"募捐活动，募集社会帮扶资金335.3万元，全部用于建档立卡贫困户项目扶持。

由社会组织内生力量开展的治理我们将其称之为"自治"，对于城市社区而言，自治组织主要就是业主委员会，因为业主治理所在地就是其生活场景；对于农村社区而言，自治组织则是村里的一些社会组织或者民间组织。政府充分调动自治力量的主观能动性，并且引导正确自治方向是有效社会治理的重要补充内容。贵州省在易地扶贫搬迁领域，制定出台《关于加强易地扶贫搬迁安置区社会治安综合治理和维护稳定工作的实施意见》。为了充分调动民间力量出台"一中心一张网十联户"治理机制。将县乡村综治中心打造成为基层社会治理的"指挥部"；将城乡网格化服务管理平台打造成为社会治理的基本单元；将"十联户"打造成为社会治理的神经末梢，群众联防守望、抱团发展的自治体，推进社会治理重心下移、织密织牢基层社会治理链条。各地普遍推行"三下沉""三治融合""村两委+乡贤会"的乡村治理模式。①

---

① 《创新多元社会治理　努力把贵州建成全国最平安省份之一》，《贵州日报》2020年10月28日。

（五）现代化治理体系完善民生保障

良好的社会秩序、法治与德治结合、共建与共享并存、同用共治与自治都是为了建设现代化治理体系，构建现代化治理体系的最终目标就是完善民生保障从根本上实现社会发展。或者说，习近平总书记提出的"一切以人民为中心"，就明确了我国社会发展的立足点是人民，人民生活水平提高了才真正实现了社会发展。为此，贵州省不断加强民生保障工作，2019年贵州省制定了具体的"十件民生实事"，包括提高低保生活费标准、建设公办幼儿园、建设学校、建设医院等项目，所有既定目标在2019年底均已完成。贵州省还借助大数据技术应用在医疗领域，由于目前高水平医生较为紧缺，县乡级医院遇到疑难病患者运往省城医院会因路途遥远而耽误医治。为此，贵州省尝试利用5G技术将三甲医院与基层医院实现无缝对接，医生可以通过顺畅的网络视频及时给患者进行治疗，这对于优质医疗资源较为紧张的贵州省人民而言，可谓影响极大的医疗改革。加快推进文化惠民工程，文化遗产保护进一步加强。[①] 2020年，贵州省坚持关注民生难点，为群众办实事。其中，政府把关注点放到了教育领域，在西部率先实现县域义务教育基本均衡发展，学前教育普及普惠率超过全国平均水平，全面免除中职学生学费，本科院校、高职（专科）学校分别达到29所和46所。医疗关注基层农村医院建设，保证每个村必须建立一个卫生室，并且对村卫生室医生的基本收入给予政府补贴。扫黑除恶专项斗争取得重大战果，平安贵州建设成效显著，安全生产形势持续向好，民生福祉大幅增进。[②]

---

① 贵州省人民政府网，http://www.guizhou.gov.cn/zwgk/gzbg_8219/szfgzbg/202003/t20200302_52690818.html。
② 贵州省人民政府网，http://www.guizhou.gov.cn/zwgk/gzbg_8219/szfgzbg/202102/t20210224_66836074.html。

专题报告
Special Reports

B.10
民族地区的教育事业发展报告

杜倩萍*

摘 要: 近十年来,民族地区教育发展总体取得重大成果,主要表现为:国家通用语言文字教学力度加大、对民族地区骨干教师的培养得到加强、各地合作的民族班办学层次逐年提高、网络教育培训得到大力发展、民族团结教育得到强化,等等。但由于历史及现实的各种原因,与某些发达地区相比还有一定的差距。本报告以相关地区学生在新冠疫情期间①上网课所遇的困难为切入点,分析民族地区教育事业发展面临的新难题和挑战,然后提出对策性建议,以期促进民族地区的教育水平更快提高,进一步完善人才培养体系。

---

* 杜倩萍,中国社会科学院民族学与人类学研究所副研究员。
① 本报告为2022年上半年撰写。当时各地的教学活动均在相关疫情政策指导下进行,因此本报告具有一定的时代局限性。

民族地区的教育事业发展报告

关键词： 民族地区 民族教育 基本数据 发展特点 网络教育

近十年来，民族教育作为中国教育事业的重要组成部分，在少数民族受教育权利保障、教育基本公共服务水平提升、教育对口支援、少数民族人才培养等方面，均取得了重大进展。

一 少数民族地区教育发展特点

（一）截至2018年末，民族自治地区教育发展基本数据

近十年来，少数民族教育事业都在稳定健康地发展，尤其是高等教育有了较快的进步，小学教育由于并校及入学人口的减少，无论是学校数量还是教师人数都有所减少。根据《中国民族统计年鉴2019》的数据显示，2018年民族自治地方共有普通高等院校241所，中等学校（包括中等技术学校、中等师范学校、普通中学及职业中学）9855所，普通小学30407所（见表1）。民族自治地方在校本科生、大专生231.09万人，毕业生55.12万人；在校中等学校学生1257.52万人，毕业生378.75万人；在校小学生1572.63万人，毕业生243.34万人（见表2、表3）。同时，民族自治地方高等学校及普通中学专任教师人数占全国教师比重10年间虽有起伏，但总体呈增长趋势（见表4），小学专任教师因民族地区并校及生源减少，比重有所回落（见表5）。

表1 民族自治地方各类学校*

单位：所

年份	高等学校	中等学校	小学
2010	209	11063	49367
2011	211	10848	46510
2012	210	10668	44912
2013	212	10179	41584
2014	221	10179	42286

续表

年份	高等学校	中等学校	小学
2015	228	10327	38685
2016	237	10349	33040
2017	236	9993	32533
2018	241	9855	30407

* 表1至表5数据分别来源于国家民族事务委员会经济发展司等主编《中国民族统计年鉴2019》，中国统计出版社，2020，第331、332、333、334、789页。

表2 民族自治地方各类学校在校学生数

单位：万人

年份	高等学校	中等学校	小学
2010	161.88	1248.64	1536.29
2011	165.92	1220.30	1484.42
2012	171.87	1218.81	1478.70
2013	179.68	1186.71	1445.96
2014	185.31	1186.71	1471.65
2015	200.82	1171.83	1463.81
2016	209.57	1193.64	1500.30
2017	223.42	1211.41	1538.64
2018	231.09	1257.52	1572.63

表3 民族自治地方各类学校毕业生人数

单位：万人

年份	高等学校	中等学校	小学
2010	40.01	377.37	264.95
2011	40.03	375.80	258.05
2012	42.29	387.96	249.65
2013	44.74	110.13	245.45
2014	45.80	110.13	216.98
2015	48.08	373.03	230.40
2016	49.80	384.98	231.70
2017	54.63	380.22	241.92
2018	55.12	378.75	243.34

表4 民族自治地方各类学校专任教师人数

单位：万人

年份	高等学校	中等学校	小学
2010	9.47	74.19	90.73
2011	9.69	76.84	88.39
2012	10.06	76.46	88.94
2013	10.32	75.68	86.07
2014	10.75	75.68	77.35
2015	10.94	87.62	88.32
2016	11.37	81.44	91.10
2017	11.89	83.96	91.02
2018	12.17	86.20	94.67

表5 全国少数民族专任教师占全国专任教师总数的比重

单位：%

年份	高等学校	普通中学	小学
2010	5.0	8.1	10.4
2011	4.9	9.1	10.4
2012	5.0	8.3	10.5
2013	5.5	6.4	9.7
2014	5.4	9.6	10.6
2015	5.5	9.7	9.6
2016	5.7	9.9	9.6
2017	5.7	10.0	9.5
2018	5.8	9.9	9.4

总之，少数民族地区教育规模不断扩大，教师队伍素质稳步提升，高等学校在校生及毕业生数量逐年增长，培养了一大批各民族优秀人才。

（二）民族自治地区教育发展特点

1. 民族地区学校基础设施建设取得很大的进展

截至2018年底，全国各民族自治地区政府加大教育资金投入，加快基础设施建设。例如,2016年甘肃甘南州落实中央和省资金2.97亿元,用于4个农牧村初中校舍改造工程,130套教师周转宿舍,22所行政村幼儿园设施建设;州中等职业学校建设项目累计完成投资2.28亿元,10个单体工程已完工。① 2018年甘肃临夏州的临夏中学综合教学楼、积石山县大河家中学、临夏市红园路小学等项目开工建设。四川凉山州按照基本办学条件标准和在校学生预测数据,截至2020年,新建学校37所、改扩建学校884所,并对深度贫困民族地区加大教育资金投入。② 同时,各地还加强教育信息化资源及管理平台、设备更新及改造升级、数字资源公共服务平台建设。

2. 在发展双语教育的同时,加大国家通用语言文字推广力度

在广大民族自治地区,一方面继续实施双语教育工程,为民族地区培养双语技能合格、研究指导能力强的双语教师,提高双语教育质量。另一方面,全面加强国家通用语言文字教育,深刻认识普及推广国家通用语言文字对提高国民素质、促进各民族交往交流交融、铸牢中华民族共同体意识、增进国家认同感的重大意义。

2020年甘肃省教育厅委托国家教育行政学院开展全省民族地区学前教师语言文字应用能力提升专题网络培训,甘南藏族自治州和临夏回族自治州共1000名学前教育教师进行为期90天的线上研修活动。这次活动依托中国教育干部网络学院学习平台组织实施,甘肃省少数民族地区千名幼儿园教师积极参与"云端"网络学习活动,通过系统化学习在民族地区学前教师中普及国家通用语言文字的方针政策和基本规范标准,增强教师自觉规范使用国家通用语言文字和自觉传承弘扬中华优秀语言文化的意识,着力促进学前教师普通话水平达标、汉字应用规范,努力消除民族地区学前教师普通话水平不达标现象。③

---

① 国家民族事务委员会经济发展司等主编《中国民族统计年鉴2017》,中国统计出版社,2018,第84页。
② 国家民族事务委员会经济发展司等主编《中国民族统计年鉴2019》,中国统计出版社,2020,第47~48页。
③ 李学文等:《深度融合创新应用——全国民族地区教育信息化应用现场经验交流会综述》,《今日民族》2020年第1期,第45~46页。

3. 强化对民族地区骨干教师的培养

民族地区与内地院校合作,通过脱产进修、集中培训、远程培训等形式提高教师素质和能力。例如,2016年10月30日,北京大学教育学院联合北京大学招生办公室主办的"筑基工程"暨"北京大学教育大讲堂"启动仪式在英杰交流中心举行。"筑基工程"面向全国贫困地区和少数民族地区,充分发挥北京大学优质教育资源的优势和承载力,通过灵活的研修方式和网络教育平台,服务广大中学中青年骨干教师、教育管理人员和学生,提升上述地区的中学整体管理水平、教师教学能力与教育创新能力、学生学习能力与创新能力,并且为中学教师、教育管理人员和学生提供持续的支持和帮助。① 又如,2018年海南省保亭黎族苗族自治县全面落实乡村教师支持计划,组织培训乡村教师10批3322人次。② 2019年天津师范大学开展新疆、西藏骨干教师和管理干部系列培训项目,分集中培训、跟岗研修、学访调研、课题研究、总结汇报等几个环节。主要开展了国家通用语言训练,深入天津各中小学校学访调研,全面了解天津基础教育的发展状况,开阔民族地区教师和管理干部的教育视野,提高了学员使用国家通用语言和现代教育技术能力。③ 此外,进一步加大"农村义务教育阶段学校教师特设岗位计划""三区(边远贫困地区、边疆民族地区和革命老区)人才支持计划""银龄讲学计划"等倾斜支持力度。各级财政、教育等相关部门协调合作,启动更大规模的深度贫困民族地区支教计划,从发达地区中小学校或大专院校选派优秀骨干教师到贫困民族地区支教。

4. 各地合作的民族班办学层次逐渐丰富

从1985年起在内地省、市创办西藏班(校),2000年开始在北京等内地12个城市重点高中开办新疆高中班。随着社会经济发展需求的动态变化,

---

① 《"筑基工程"暨"北京大学教育大讲堂"启动仪式举行》,北京大学新闻网,2016年11月4日。
② 国家民族事务委员会经济发展司等主编《中国民族统计年鉴2019》,中国统计出版社,2020,第44页。
③ 《我校2020届教育援疆援藏系列培训班圆满结业》,天津师范大学网,http://www.tjnu.edu.cn/info/1081/11808.htm,2020年7月3日。

内地民族班的办学层次、类型、举办城市都随之调整。2010年、2011年分别举办西藏内职班和新疆内职班，培养职业技能人才。[①] 2015年起，内地民族班保持稳定发展，且更加注重教育管理服务的提升。近年来，浙江景宁畲族自治县的景宁中学与杭州学军中学正式开展了结对帮扶，2016年景宁中学高考本科率达83.26%。[②] 2018年，海南省陵水县投入9.40亿元推动义务教育优质均衡发展，中央民族大学附属中学陵水分校、新机关幼儿园开学，提前完成"一县两校一园"[③] 优质教育资源引进工程。[④]

5. 网络教育培训得到大力发展

20世纪90年代以来，互联网各项技术迅速发展。由于互联网的信息传递速度快，相应数据作用的范围很广，通过互联网的平台，可以将优秀、紧缺的教育资源分享给地处偏远的少数民族地区，或利用相应的互联网技术进行相应的教育资源的整合和发展。一方面，通过互联网的技术丰富民族地区教育实践活动中传播形式的多样化；另一方面，民族地区的学生也可以享受到发达地区的优秀教育资源，使受教育者缩小区域性知识鸿沟，搭建沟通的桥梁，维护民族团结稳定。例如，在四川甘孜藏族自治州，学校着力推进"互联网+教育"，网络覆盖远程教育，让当地的孩子们也可享受到优质的教育。

6. 强化民族团结教育

各地教育部门将学习贯彻落实习近平总书记关于民族工作、教育工作的重要论述作为首要任务，把爱国主义教育摆在更加突出的位置，加强民族团结教育，切实铸牢中华民族共同体意识。

民族团结教育的目的是引导学生深刻认识到多民族是我国的一大特色，

[①] 李一翔、方俊：《推行少数民族汉语教育对新疆发展的促进作用》，《科教导刊》2018年第7期，第30~32页。
[②] 国家民族事务委员会经济发展司等主编《中国民族统计年鉴2017》，中国统计出版社，2018，第40页。
[③] 2016年1月，海南省政府在省"两会"上首次提出实施"一县两校一园"优质基础教育资源引进工程，即每个市县至少通过引进办学、合作办学等方式办好省级优质中学、小学和幼儿园各1所；2017年4月海南省政府又将加快这一工程建设列为随后5年的工作任务。
[④] 国家民族事务委员会经济发展司等主编《中国民族统计年鉴2019》，中国统计出版社，2020，第46页。

也是我国发展的一大有利因素。深刻认识到我国民族问题的重要特点，深刻把握当前我国民族工作的阶段性特征以及社会主义民族关系的重要性，牢固树立"一条道路"、"两个共同"、"三个离不开"、"四个自信"、"五个认同"和"五个维护"的思想，牢固树立正确的历史观、民族观、国家观、文化观，视民族团结为各族人民的生命线，自觉将个人理想追求与中华民族伟大复兴的中国梦紧密结合起来。[1] 从2016年起，湖南省将民族团结教育内容纳入小学阶段考查和中考、高中学业水平考试、高考及中职毕业考试范围。[2] 在此基础上，一些少数民族聚居区的中小学校还开发了具有当地民族文化特色的校本教材，地方和校本课程教材成为国家课程教材的有效补充。除了专门开设民族团结教育课外，各校还根据其他学科特点深入挖掘民族团结教育渗透点，在体育、音乐、美术、语文、历史、地理等相关课程中嵌入民族团结教育的内容。通过各级教育行政部门和学校的探索实践，初步形成国家、地方、校本课程有机结合的民族团结教育课程体系。[3]

二 民族地区教育面临的难题——以防疫时期民族地区网络教育为切入点

尽管近十年来，民族地区教育发展取得重大成果，但由于历史及现实的各种原因，与其他先进地区相比还有一些差距。具体表现在：区域教育发展不平衡，主要是东、中、西部教育综合实力发展不平衡；教育层次发展不平衡，学前、高中、终身、职业教育相较于义务教育阶段仍显薄弱；学校之间不平衡，各民族地区优质教育资源较为集中、欠均衡；人与人之间不平衡，智力贫困代际传递现象还不同程度地存在；存在教师队伍数量不足、结构不

---

[1] 杨超：《新形势下新疆高校加强民族团结教育对策研究》，《新疆职业大学学报》2017年第3期，第72~76页。
[2] 国家民族事务委员会经济发展司等主编《中国民族统计年鉴2017》，中国统计出版社，2018，第43~44页。
[3] 尹绍清、尹可丽：《云南中小学民族团结教育现状调查研究》，《大理学院学报》（综合版）2011年第7期，第69~72页。

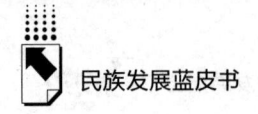

合理、稳定性不够等问题。此外，互联网、信息技术等对教育教学方式、学生思维方式的冲击，都对民族地区的教育教学提出了新难题。

在这一部分，笔者主要通过总结少数民族地区学生在疫情期间网课教学遇到的难题，分析民族地区教育事业发展所面临的新挑战。之所以要选择网络教育为切入点，主要有两方面原因：一是网络教育是未来教育的趋势；二是2020年受新冠疫情全球蔓延的影响，许多国家和地区的传统课堂教学受到严重的挑战，网络教育成为包括中国在内的各国常态化防疫期间之主要教育手段。

1. 民族地区由于经济发展的局限性，实行网络教育的基建设备不完善

如上所述，新冠疫情是突发事件，不论是政府还是学校都措手不及，边远地区、民族地区面临的挑战尤为严峻。比如在很多边远山区草场，缺乏Wi-Fi覆盖，移动网络信号也不好。2020年上半年刚开始实行网课教学时，各种新闻媒体经常报道，在一些偏远山区和民族地区由于网络基建设施的不足，许多年纪不大的学生要去高山上，用手机上网。

2. 民族地区的教师对线上教学环境、软件和工具不熟悉

教育行业是非常传统的行业，许多从业十几年或几十年的老教师，喜欢当面与学生交流，突然全部变为线上，很难适应。教师如果没有接受过培训直接直播，会闹出很多笑话。学生本来就很容易分神，这一下每天上课就变成看老师"表演"，而不会关注其所教内容。此外，许多教学软件没有民族语言，因此民族地区教师掌握起来非常费力。同时，不少课程要重新设计，每一套课程和不同的学生都有个磨合的过程，节奏也不一样。教学测评方式也有了很大变化，平时可能一周一小考，一月一大考，现在全部线上测评，有时还会遇到各种设备、网速甚至停电断网没流量的意外，等网接上了，可能试题也泄露了。对于听力和口语考试，还有理科的动手实验，线上测试都会比较困难。

3. 网络教学互动效果差，不利于吸引注意力较弱的低年级学生

在有些民族地区网速比较慢，画面不清晰、有时没声，因此学生对网课有抵触情绪。即使在上网课的设备和工具尚可的地区，也存在年龄小的学生

自主学习能力和自我控制能力较弱的情况。平时上课的注意力都只有20分钟左右，在线的干扰就更多了。传统课堂式教育，教师可随时掌握学生的学习状态，但上网课就非常困难了，缺少了老师与学生的直接交流，教师对学生的各种状况难以全面了解。另外，边远地区和民族地区的很多家长没有时间、条件和能力亲自陪伴并指导孩子们在线学习，因此学生们的学习效果一般都有所下降。

4. 接触网络时间增多，学生易受网络负面影响

学生年纪轻、阅历少，易受谣言等负面影响。在因疫情隔离期间，由于要上网课，接触网络时间增多，家长对其上网的监督也会放松，因此学生在封闭的空间里往往对信息有着更强烈的需求。而某些信息的提供者必然会投其所好，产生空前的信息流。更有甚者编造有关疫情的各种谣言，破坏社会稳定。作为教师积极引导学生了解、甄别和运用网络信息，是非常重要的。

三　改善民族地区网络教育之对策性建议

我国义务教育信息化在硬件设施、软件资源以及师资培养方面呈现逐年上升趋势，然而区域间教育信息化指标差距依然显著。受农村和贫困民族地区人口变化和学校布局影响，在多个教育信息化建设指标方面，城乡差距依然较大，小学阶段尤其明显。为改善这种状况，现提出以下几项对策性建议。

1. 持续完善民族地区网络教育的基础设施建设

完善民族地区网络教育的基础设施建设主要包括三个方面。一是通过中央和地方政府财政支持，继续完善各学校、各网络教育平台的硬件设备更新，加快推进"宽带网络校校通""优质资源班班通""网络学习空间人人通"。[1] 二是针对目前民族软件资源和教学应用滞后的情况，制订民族地区

---

[1] 杨姗姗：《"互联网+"背景下民族地区高校英语教育发展的SWOT分析及发展策略》，《广西师范大学学报》（哲学社会科学版）2017年第1期，第123~128页。

教育资源建设方案,开发、引进、编译双语教学、教师培训和民族文化等数字资源,并推广应用。三是对贫困地区的学生提供特别财政资助,使其有能力购买上网的基本设备,增加 Wi-Fi 或移动网络覆盖地区,并适当补贴上网费用,以保证学生们参与网络教育的基本权利。

2. 针对线上教学进行全方位的师资培训

线上教学应作为一门专业课,对教师进行有针对性的特殊培训。在新冠疫情期间,因教师操作不当、未按照互联网直播规则造成的停播、封号等案例不胜枚举。因此培训内容从设备使用操作能力、教案设计、课堂时间安排,到与学生互动形式、考核方式等内容都应涉及。以中小学和职业院校教师为重点,加强对教师信息技术应用能力的培训,"全国中小学教师信息技术应用能力提升工程"应向民族地区倾斜。网络教学看似是一场简单的直播授课,但实质是一项复杂的系统工程。因此,各教育部门、高校应大力培训教师线上授课及操作能力,在提升整体素质的基础上,打造一支高素质的教师队伍。

此外,仍需加强对少数民族地区双语教师的培养。一个了解本土文化、会说当地民族语言的教师,才能更好地服务于少数民族地区的教育事业,特别是尚未接触汉语课程的受教育者。[1] 外界的高学历教师可以通过网络平台声画一体的全方位授课模式指导教学工作,当地的双语教师能针对学生的反馈答疑解惑,逐步形成良好的区域教育机制。

3. 培养学生上网课的专注度,加强师生网上交流

在网络教学时,如何抓住学生的注意力可从以下几个方面入手。一是根据授课对象的不同,进行不同的课程设计。例如,对于幼儿和小学老师来说,如预先录制舞蹈、朗诵等才艺视频插入教师的课堂活动中,可以极大地活跃课堂氛围。对于中学教师来说,可通过录屏软件录制剪辑符合直播平台上传容量的几何画板、各种格式的动画和其他教学资源视频,尽可能把线下的优质教学资源搬到线上。

---

[1] 娄树君:《少数民族中小学生信息技术素养培养路径研究》,硕士学位论文,西南大学,2016,"前言"。

二是活动进度表设计。因为网络视频的视角思维是发散的，学生很容易被非本质的信息所吸引，同样教师也较容易通过引导学生来让其适应自己预先设定的规则。为提高互动效果，教师可在课前公布本节课教学活动进度表，让学生知道活动的目的，明白老师的活动设计意图。

三是加强师生间线上交流。这种交流既可以是在线上课堂通过视频、声频、对话框即时互动，例如向学生提问或鼓励学生表达自己的观点、看法，也可以在课间休息或下课时对本节课学员的表现给予积极评价，让学生在视频回放时再次看到教师的留言，内容越具体越好，以鼓励和表扬为主。对于不善言辞的学生，教师可以有意识地引导学生利用答题卡或文本框表达观点，使他们没有被忽视的感觉。

四是注重课后反馈。教师可以利用课后几分钟时间做线上调查，内容包括对具体学习内容的掌握程度、对学生的关注度、教学节奏与进度等问题，从而全面了解和掌握学生的学习情况。通过问卷收集情况，立即采取补救措施，及时调整自己的教学设计。

4. 建立全国教师网络实时互动平台，加强民族地区与其他地区的跨区域教育合作

在互联网时代，人们之间的交流渐渐变得特别方便。各地教育部门可建立全国教师网络实时互动平台，促进民族地区与其他地区的跨区域合作，鼓励民族地区与发达地区之间的校际联网交流。各地教师可通过相应的互联网平台进行交流和沟通，针对教学过程中遇到的困惑与问题，各地的伙伴可实时为民族地区的教师提供教学指导与建议，在互帮互扶过程中，双方共同提升教学能力。

5. 净化网络环境，抵制不实谣言

网络传播教育发展至今，仍然是需要引导的教育活动。首先，在网络传播教育实践过程中，传播者应具备引导意识，通过开展专题教育系列活动，提高受教育者的认知能力，从而树立学生正确的人生观、价值观、世界观。其次，网络安全部门应加强网络信息资源的审核力度，加大对非法、虚假、不良信息的惩处措施，建立风清气正的网络教育环境。

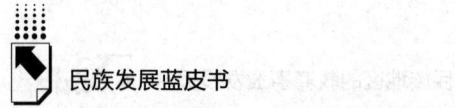

总之，民族地区各种教育手段和水平的提高，需要循序渐进。应当针对少数民族地区学生的接受习惯，调整教学方法；积极主动地了解民族地区学生的知识需求，因材施教；还应当有选择性地对区域内教育接受者使用不同的传播形式，以提高传播效率。网络线上教学已经实践了很多年，有可能是最接近未来的教学方式。目前的学校教育还不能被网络教育完全替代，但可以被网络教育改变。应积极利用直播网课的优势，更好地使用科技辅助课堂，推动混合式学习，提高民族地区的教学质量，更好地起到教书育人的功效。

B.11
民族地区的脱贫事业发展报告

赵罗英*

摘　要： 党的十八大以来，党中央高度重视民族地区脱贫攻坚事业。"易地扶贫搬迁"作为脱贫攻坚"五个一批"工程之一，也是在民族地区实施精准扶贫战略、决胜全面建成小康社会的重要举措。当前我国已打赢脱贫攻坚战，全面完成易地扶贫搬迁目标。本报告以"易地扶贫搬迁"为例，在分析易地扶贫搬迁安置社区发展面临挑战的基础上，对民族地区易地扶贫搬迁脱贫治理与社区发展的创新实践模式进行分析提炼，包括"党建引领+政府主导+社区自治"的广西模式、"政府+社会组织+社区+企业"合作参与多元共治的贵州模式、"政府+市场"的甘肃模式，最后总结分析三种模式的创新性与未来进一步发展面临的挑战。

关键词： 扶贫　易地扶贫搬迁　脱贫治理　模式

引　言

扶贫开发是我国政府和社会各界力量共同帮助贫困户和贫困地区开发经济、发展生产、脱贫致富的一项长期工作。受地理资源环境和历史文化等因素的制约，我国民族地区的社会经济发展一直较为缓慢。自新中国成立以

---

* 赵罗英，中国社会科学院民族学与人类学研究所助理研究员。

来，中国政府始终把民族地区的扶贫开发工作当作重中之重，出台并实施了一系列重点扶持民族地区的扶贫规划和政策，并广泛动员全社会力量参与，推动实施定点扶贫、东西协作、对口支援等社会扶贫。进入21世纪后，又相继实施了西部大开发、兴边富民等重要战略工程，在资金政策上对民族地区进行了较大的倾斜。总之，新中国成立以来，国家在尊重地区差异和民族文化等条件的基础上，通过分阶段、分区域等手段扎实推进民族地区的扶贫开发工作，取得了重要成就。①

但不容忽视的是，尽管民族地区扶贫事业成就斐然，但是这些地区的发展与东、中部地区相比依然差距不小，贫困人口在全国占比甚至还有增高的趋势。经过多年的扶贫开发，容易脱贫的区域和人口已经基本脱贫，但一些不易脱贫的贫困人口主要分布在深度贫困的民族地区，这些地区往往地理环境较为恶劣、交通闭塞、生计困难、脱贫难度较大，形成了少数相对封闭地区的"孤岛现象"。②在中国扶贫事业面对如此深刻复杂的现实挑战背景下，党的十八大以来，习近平总书记高度重视扶贫开发工作，提出了一系列扶贫开发和全面建成小康社会的新思想新观点，全面实施精准扶贫精准脱贫方略，在2015年提出打赢脱贫攻坚战。③

易地扶贫搬迁作为脱贫攻坚"五个一批"工程之一，是帮助生存环境较为恶劣，"一方水土养不了一方人"的扶贫农户进行脱贫的主要措施；也是国家针对民族地区封闭的贫穷"孤岛现象"，在民族地区实施精准扶贫战略、决胜全面建成小康社会的重要举措。据统计，截至2019年底，全国共有920万个贫困搬迁群众实现脱贫，建成集中安置区约3.5万个。④"十三五"期间，我国易地扶贫搬迁任务全面完成，并取得了显

---

① 黄承伟、王建民：《少数民族与扶贫开发》，民族出版社，2011。
② 刘彦随、周扬、刘继来：《中国农村贫困化地域分异特征及其精准扶贫策略》，《中国科学院院刊》2016年第3期。
③ 黄承伟：《中国扶贫开发道路研究：评述与展望》，《中国农业大学学报》（社会科学版）2016年第10期。
④ 《960多万易地搬迁贫困人口全部脱贫胜券在握》，东方网，http：//n.eastday.com/pnews/160703987 6020891，2020年12月3日。

著成效,搬迁后移民的生活质量在住房、教育、医疗、交通、社区基础设施建设与治安环境等方面均有大幅度提升。应当讲,易地搬迁脱贫人口是在脱贫攻坚行动中短期受益最为明显、生产生活状态改变最大的群体。但不可忽视的是,完成搬迁任务只是"搬得出""稳得住""能致富"三阶段目标中的第一步,后续的社区融入和可持续发展更为重要。习近平总书记在2021年召开的全国脱贫攻坚总结表彰大会上,特别指出下一步"对易地扶贫搬迁群众要搞好后续扶持……强化社会管理,促进社会融入"。

民族地区贫困人口作为易地扶贫搬迁的重要对象,尤其"三区三州"深度贫困地区易地扶贫搬迁人口数量大、民族多元,搬迁移民中的弱势群体数量多,[1] 搬迁移民脱贫与社会服务、社区融入等贫困治理的难度也较大。但近几年民族地区在易地扶贫搬迁脱贫治理方面取得了较大的成绩。本报告将以新时代背景下精准脱贫战略中的"易地扶贫搬迁"为例,在分析易地扶贫搬迁社区特征与面临挑战的基础上,对民族地区易地扶贫搬迁脱贫治理的创新实践模式进行分析提炼与比较分析。

一 易地扶贫搬迁安置社区发展面临的挑战

易地扶贫搬迁社区是国家脱贫攻坚战略推动下政府行政规划的产物,是人为建构产生的。它有着既不同于农村社区,也不同于城镇社区的"过渡型社区"的特点,这些特点同时也是社区发展面临的挑战。

(一)人员构成复杂、多元,需求层次多样

易地扶贫搬迁是一项非常复杂的系统移民工程,各地区根据其当地的经济社会发展状况及资源条件,实行了不同的规划安置方式。具体来说,

---

[1] 方素梅:《易地搬迁与民族地区反贫困实践》,《西南民族大学学报》(人文社会科学版)2018年第9期。

主要有两种安置方式。一种是针对搬迁规模较小的村庄或村组进行"插花"分散安置，成立融合型社区，即将需要搬迁的贫困户安置在就近村庄或者城镇社区，就近挂靠、融入搬迁所至的社区。另一种是针对搬迁规模较大的村庄实行集体安置，进行整村搬迁和社区重组，组建移民新型社区。从搬迁距离来说，包括乡镇内跨村安置、县内跨镇安置、市（州）内跨县安置等。总的来看，易地扶贫搬迁社区的人员构成较为复杂，由于不少社区是将跨村、跨镇甚至跨县的移民重组在一起，打乱了原有村落的行政架构和熟人社会的格局，移民群体的地域来源、民族构成、社区阶层等较为多元，相应地，移民对于社区服务的需求也呈现出多层次、多样化的特点。

（二）移民流动性较强，居住不稳定，社会基础较弱

移民的流动性比较强，主要表现在移民搬迁至新社区后，仍有不少青壮年选择外出务工。一些移民社区目前居住的多为"三留守"群体，而一些留守的移民由于习惯了院落的居住方式，他们并不能适应城镇楼房的居住格局，对改变旧有的生活方式多有抵触，而且城镇小区物业、水电燃气、食品、教育、医疗支出等消费都较高，超出了其承受能力，导致部分易地搬迁移民，尤其是留守老人，从山下的集中安置小区返迁回自然环境恶劣的原宅或者留下的生产用房居住，出现"下山又上山"的现象。移民外出务工和居住的不稳定，也使得移民间的互动和社会资本减少，治理的社会基础资源较为薄弱。①

（三）行政主导性较强，管理运行机制尚不健全

易地扶贫搬迁社区是因扶贫而建造，并非基于自然、历史传统或相同利益形成的，因此具有"制度"变迁的强制性，社区行政主导性很强，从社

---

① 王春光：《贵州省脱贫攻坚及可持续发展研究》，《贵州民族大学学报》（哲学社会科学版）2018年第3期。

区的选址、规划、安置住宅的建设,到房屋分配等无不渗透着政府主导的因素。① 社区的运转与管理主要依赖政府,如一些社区组织(社区综合服务中心、管委会、物业类市场组织、居委会、群团组织等)主要由政府派驻或者指定建立,日常工作主要在于处理社区中事务性的工作,② 居民自治组织较为欠缺,服务功能也明显不足。有的社区还存在人员和办公经费短缺的状况,难以有效地开展工作。

(四)社区成员间关系疏离、共同体意识缺乏,移民社区参与度较低

移民从村落迁移到安置社区后,从宽敞的院落搬至封闭的单元楼房,居民公共活动和社会交往的空间大幅减少,有的社区又是由多个村庄合并组建而成,他们搬迁到新社区后,原来的熟人关系网络被打破,加上易地扶贫搬迁移民一般文化程度较低,生产生活方式也比较封闭落后,参与意识较弱,参与能力较低,面对陌生的居住环境,对社区公共活动和事务普遍缺乏热情,移民之间的关系疏离,共同体意识缺乏,"等、靠、要"的惰性心态也比较明显,在新社区的参与度较低,极易被"边缘化"。

(五)社区公共服务和社会保障仍待完善和提升

相对于前期只是简单的"盖楼居住",随着大批移民搬迁,移民社区的基础设施不断完善,很多社区周围建设了医院、学校、综合市场等便民设施,但是仅停留在硬件建设上,在软件建设和公共服务方面仍有待加强。我国现有的土地、医疗养老保险、社会救助等政策以户籍为主要管理方式,对处于流动中的易地搬迁的移民来说,难以提供有效的服务和管理。③ 移民社区的公共服务和社会保障管理制度仍待完善和提升。

---

① 吴新叶、牛晨光:《易地扶贫搬迁安置社区的紧张与化解》,《华南农业大学学报》(社会科学版)2018年第2期。
② 何得桂:《精准扶贫与基层治理:移民搬迁中的非结构性制约》,《西北人口》2016年第6期。
③ 王晓毅:《移民的流动性与贫困治理:宁夏生态移民的再认识》,《中国农业大学学报》(社会科学版)2017年第5期。

民族发展蓝皮书

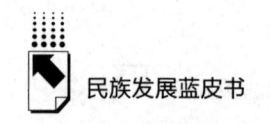

二 民族地区易地扶贫搬迁脱贫治理与社区发展的三种创新实践模式

面对以上易地扶贫搬迁移民社区发展面临的挑战，如何充分整合利用政府、社会组织、市场和移民群体的各种资源，有效解决贫困移民脱贫及社区融入、生计转型、文化心理适应等问题，推进基层脱贫治理与社会关系整合，使社区朝着善治和可持续的方向发展，是关系移民对象能否"稳得住""富起来"的核心。

近几年来，民族地区积极探索创新易地扶贫搬迁脱贫治理与社区发展的方式与路径，笔者根据政府、市场与社会的分析框架视角，在高度抽象形成理想类型的意义上，选取了广西、贵州和甘肃三个省、自治区作为典型案例，概括出了三种易地扶贫搬迁脱贫治理与社区发展的创新实践模式。[1]

（一）"党建引领+政府主导+社区自治"模式：以广西为例

广西壮族自治区作为易地扶贫搬迁的重要阵地，共有503个易地扶贫搬迁安置点，搬迁安置贫困人口154781人。其中，安置点规模在1万人以上的有14个。[2] 广西河池市环江县是全国唯一的毛南族自治县，也是滇桂黔石漠化片区的国定贫困县、广西20个深度贫困县之一，共有2个较大的易地扶贫搬迁移民安置区——城西安置区和毛南家园安置区，每个安置区安置建档立卡贫困户约2000户8000人。安置主要采取抽签方式，完全打破了原来的村庄地域，组建形成新社区。

近两年来，环江县积极创新推行易地扶贫搬迁"六联一带"新型脱贫社区治理行动，以应对易地扶贫搬迁基层社区发展面临的突出难题，并初步

---

[1] 需要说明的是，本报告对几个典型案例治理模式的概括只是一个理想类型，在实际的社区治理中，多种治理主体的互动更为复杂和多元，多种治理机制往往同时存在于同一个社区的实际运行中。

[2] 何棣华：《探索"三治融合"的社区治理新机制——关于环江毛南族自治县易地扶贫搬迁安置区社区治理的调研报告》，《当代广西》2020年第4期。

形成了"党建引领+政府主导+社区自治"的模式。

1. 党建引领

环江县非常注重扶贫搬迁前和搬迁后党建的引领作用。在搬迁前就在2个社区成立党支部，由党员干部带领群众有序搬迁。搬迁后，一方面，着重加强社区党建和精神文明建设，在新社区成立新时代文明实践中心，依托中心社区党支部组织党员能人和志愿者成立了19个志愿服务队，深入学习宣传党的创新理论、培育践行社会主义核心价值观。另一方面，社区党支部还积极促进社区文化建设和民族文化融合。在社区配备相应娱乐设施和器材，为群众提供文艺活动场所，并组织成立文艺和体育队。由县文化馆、"非遗"保护中心选派讲员到安置社区开办"非遗"文化、戏曲、山歌、广场舞、传统民族体育等文艺培训班。此外，由于社区移民来自各个少数民族，为了传承和发展各民族的传统文化并加强民族间文化融合交流，社区每到重大节日开展各民族传统文化文艺汇演，如苗族的"芦笙踩堂舞"、毛南族的"傩戏舞"、壮族的"啰嗨山歌"等。[1] 另外，环江县委还把公共服务作为搞好社区治理的抓手，推动政府部门加强各种便民利民公共服务。

2. 政府主导

政府主导主要体现在两个方面。一是公共服务方面，在党建的引领下，政府机关12个职能部门和群团组织成立便民服务代办功能室，设立了"一站式"站点。此外，为解决一些搬迁移民的就业问题，政府为每个社区分别设置购买了近百个卫生保洁岗位和治安岗位。医疗方面，在社区配备专业医护人员和标准化卫生室，设立中西医诊所；教育方面，在社区周边建设幼儿园、小学、中学，确保移民子女就近上学。为了方便移民上下班，还在社区开办"四点半"学校，解决搬迁移民子女放学后的教育和安全管理问题。生活方面，开办平价惠民超市，降低搬迁户生活成本。总之，环江县政府积

---

[1] 转引自《河池市环江县推行"六联一带"模式破解易地扶贫搬迁社区治理难题》，八桂先锋网，http://www.bgxf.gov.cn/staticpages/20191024/newgx5db15cbb-106315.shtml? pcview=1，2019年10月24日。

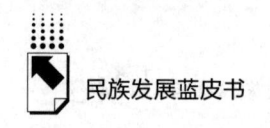

极探索在移民安置社区建立较为完善的公共服务体系。①

二是就业方面，环江县政府依托党群服务中心，从技能培训、平台建设、产业发展等多个渠道制定产业扶持政策和措施帮助移民实现就业。如对移民进行各种职业技能培训，联系就业岗位，进行劳务输出。在社区内成立扶贫车间和扶贫商铺，开展技能培训，联系订单，帮助移民就近就业。此外，利用易地搬迁安置区毗邻工业园区的优势，将工业园区作为搬迁移民就业基地，帮助移民多渠道实现就业。通过对搬迁群众"三地"（耕地、林地、宅基地）进行土地流转，建设产业基地，并结合当地的经济特点，大力发展林业和农业等扶贫产业，帮助移民增收。②

3. 社区自治

环江县的社区自治探索包括：一是通过基层民主选举成立社区居委会。结合易地扶贫搬迁安置点人户分离的特点，环江县创新使用城市居民委员会组织法进行选民登记；成立选举工作领导小组，把好社区直选候选人"提名"关；组织移民实行直接、差额和无记名的方式投票，城西社区和毛南家园社区的选民参选率分别达到94.7%和90.7%，成功选举产生了社区居民委员会班子。二是采取网格化管理模式和楼长制，每个社区划为5个网格，实行网格化管理，并采用"划片、包楼、联户"的方式，每栋楼都由居民民主推选楼长，负责本栋楼各住户的联系和管理工作。三是推行居规民约、红白理事会、道德评议会、居民议事会、禁赌禁毒会的"一约四会"移民自治制度。③

环江县"党建引领＋政府主导＋社区自治"的脱贫治理模式取得了较为明显的成效。2016~2019年，全县贫困发生率从19.56%降到1.48%。

---

① 转引自《毛南族整体脱贫的"创新之路"》，环江政协网，http://www.gxhczx.gov.cn/html/news-view-34368.html，2020年10月19日。
② 何棣华：《探索"三治融合"的社区治理新机制——关于环江毛南族自治县易地扶贫搬迁安置区社区治理的调研报告》，《当代广西》2020年第4期。
③ 转引自《河池市环江县推行"六联一带"模式破解易地扶贫搬迁社区治理难题》，八桂先锋网，http://www.bgxf.gov.cn/staticpages/20191024/newgx5db15cbb-106315.shtml?pcview=1，2019年10月24日。

2020年环江毛南族自治县获全国脱贫攻坚奖"组织创新奖"。2020年5月11日，环江县退出贫困县序列。

（二）"政府+社会组织+社区+企业"合作参与多元共治模式：以贵州为例

贵州是中国易地扶贫搬迁人口最多的省份。2019年底，贵州共有188万人易地扶贫搬迁，其中建档立卡贫困人口搬迁150万人，占中国搬迁计划的15%，整体搬迁贫困自然村寨10090个。[①] 通过政府的易地搬迁政策，移民的生活有了基本保障。但由于易地搬迁安置点弱势群体较多，加上又是新成立的社区，移民在社区适应、就业转型、心理帮扶等方面还需帮助，而街道、社区工作人员数量、能力素质又有限，为了加强和完善易地扶贫搬迁后续工作，实现"搬得出、稳得住、快融入、能致富"的目标，2020年，贵州省以政府购买服务的方式，在40个县（市、区）的64个易地扶贫搬迁安置点设置街道社会工作和志愿服务站，探索政府、社会组织、社区和企业多元参与共建的脱贫治理模式。

1. 政府主导

2020年3月贵州出台《贵州省易地扶贫搬迁安置点新设街道社会工作和志愿服务站项目实施方案》，在64个易地扶贫搬迁安置点新设街道，通过政府购买服务方式，向全国范围内在民政部门登记注册的社会组织（主要是社会工作服务机构）购买服务，并规定了省、市、县民政部门和社会组织承接主体的职责。其中，省民政厅全面统筹，从省级福彩公益金中安排1600万元专项资金补助站点建设，负责购买服务招标工作，开展培训、督导、年度评估等。市级民政部门制订配套方案，指导县级民政部门制订实施计划，对项目实施和资金管理进行监督评估。县级民政部门与承接主体签订协议，统筹实施本区域内项目，协调街道为站点提

[①] 转引自《贵州全面完成188万人易地扶贫搬迁》，百家号网站，https://baijiahao.baidu.com/s?id=1653712850262895396&wfr=spider&for=pc，2019年12月23日。

供办公场地和设备。承接主体则建立各项管理制度，根据居民需求和服务协议开展服务。① 最后，经过资格审查、专家评标等流程，共有16家省外机构、12家省内机构入选。此外，贵州省民政厅还联合团省委印发《关于组织动员基层志愿者参与社会工作和志愿服务站工作的通知》，以动员基层社区积极参与。

2. 社会组织提供服务

为了帮助搬迁群众在新社区真正安定下来，入选的社会组织委派专职社工入驻社区，积极提供社会工作介入服务。如黔西南布依族苗族自治州普安县茶源街道的社工针对社区成员间关系淡漠，老人孤独感强，新生活适应困难，儿童安全意识薄弱、缺少照顾和娱乐等需求，从环境适应和社区融入入手，为搬迁群众开展社会融入服务，包括疏导不良情绪、开展关系调适、增强脱贫信心、链接就业资源、重构社会支持网络，同时为社会救助对象、老年人、留守儿童等弱势人群开展针对性的社工服务，具体包括：组织开展广场舞、布依族老乡的山歌对唱；依托社工站和老年人日间照料中心开展各种适合老年人的活动；为儿童开设"四点半"课堂，组织有趣的社工游戏。② 在活动中，社工也积极发掘、培育社区领袖和精英，带动更多的社区居民参与。目前随着社工入驻时间越来越长，居民间的关系逐步建立，居民对社区公共服务和政策越来越熟悉，志愿者逐步增多。

3. 社区参与

通过社工服务站平台，社工也积极协助街道、社区培育孵化在地化基层社区组织，带动实施一批社会工作服务项目和志愿服务项目，以激发移民脱贫和融入社区的内生动力，促进社区居民的参与意识和参与能力建设。志愿服务方面，政府通过与团省委协调，每个社工站点引入了不少于2名"贵州省万名大学生志愿服务基层项目"的志愿者，推动建立"社工+志愿者"联动机制，积

---

① 闫薇、张燕：《易地扶贫搬迁后续帮扶的民政作为——贵州乡镇社会工作和志愿服务站建设观察》，《中国社会报》2020年10月21日。

② 闫薇、张燕：《易地扶贫搬迁后续帮扶的民政作为——贵州乡镇社会工作和志愿服务站建设观察》，《中国社会报》2020年10月21日。

极带动培育社区志愿者队伍，吸引了越来越多的社区移民参与各种志愿服务活动。在就业方面，社工除了链接资源外，还针对移民就业动力不足的问题，注重挖掘移民的内在动力，如帮助居民策划开展临时"地摊经济"。

4. 企业共建

对于移民来说，就业是安身立命之本，也是扶贫移民融入城镇社区的重点所在。移民在从农村到城镇的空间变迁过程中，面临着原有生产方式、思维方式、社会网络的消解和断裂，解决可持续生计的难题较大。为解决移民就业问题，除了政府制定就业扶贫政策，将企业"引进来"，鼓励企业开展针对移民的产业项目、技能培训和扶贫车间外，社工也积极联络外地企业就业资源，为移民提供就业援助和支持，如依托社会组织在外省的资源优势，组建居民就业交流互助平台，链接人力资源公司，对接企业用工与求职需求，动员企业力量积极参与新社区的共建。

贵州省64个易地扶贫搬迁安置点的社会工作和志愿服务站于2020年建立，才刚刚起步，但是在促进移民社区融入、搭建社会支持网络和老年人、留守儿童关爱方面已取得一定成效。未来社会组织会进一步在激发增强搬迁群众的脱贫信心、提升发展能力、链接就业资源、培育基层志愿组织、促进居民和睦、推动少数民族搬迁居民文化传承与发展等方面着力，不断推动和完善"政府+社会组织+社区+企业"的多元共治共建脱贫治理格局建设。

（三）"政府+市场"模式：以甘肃为例

易地扶贫搬迁是一项复杂的系统工程，移民的生产和生活是最需要统筹考虑的。近几年，甘肃省政府积极发动市场的力量对移民的就业和社区生活进行妥善安排，让搬迁群众能住下、可就业、可发展，初步形成了"政府+市场"的脱贫治理模式。接下来以甘肃省天水市为例进行分析。

首先，在就业方面，甘肃省天水市政府按照中央、省关于就业扶贫和扶贫车间的总体部署和全市"工业强市"战略，积极创建扶贫车间，把扶贫车间建设融入全市产业发展大局，作为促进易地扶贫搬迁移民实现脱贫和可持续发展的重要动力。市委、市政府先后出台了《关于落实税收优惠政策

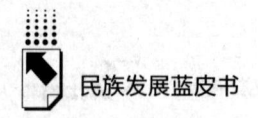

扶持"扶贫车间"发展的实施意见》《天水市扶持发展"扶贫车间"促进建档立卡贫困劳动力转移就业的实施方案》《关于鼓励企业等各类经济组织吸纳建档立卡贫困劳动力就业的奖励办法》等政策文件，并协调相关部门制定出台配套落实措施，从税收减免、财政奖补、金融支持、土地优惠、人才培训等方面给予扶持，合力推进扶贫车间建设。

在扶贫车间具体创建上，天水市坚持市场化导向，落实政府优惠扶持政策，动员企业力量，多种渠道建设扶贫车间。一是立足本地企业，充分调动县内一些劳动密集型企业在贫困村发展扶贫车间。二是借助东西协作的政策外力，瞄准东部地区投资小、门槛低、管理灵活的加工类企业，多渠道开展招商引资，鼓励他们带设备、带技术、带订单到天水市参与扶贫车间建设。三是大力扶持鼓励乡村精英创建扶贫车间，在资金、用地、厂房建设等方面给予全方位支持。[①]

总的来看，天水市鼓励各类市场主体建设扶贫车间取得显著成效。通过扶贫车间建设，一方面帮助移民创收，初步实现从农民到产业工人的转变，另一方面在一定程度上解决了移民外出务工社区"空心化"、留守儿童和留守老人的问题。

其次，在社区生活融入方面，搬迁群众从原来的独门独院，搬到集中安置社区后，原有的生产生活状态发生了变化，移民的住房安全、社区卫生、社区公共设施、秩序维护和公共事务都需要给予关注，这对移民社区管理也提出了新需求。除了政府通过开展感恩教育、文明生活习惯养成、安全意识宣传、优良家风建设等活动以改善社区人居环境外，甘肃省还积极把市场物业引入基层治理体系，逐步引导培养群众养成物业服务的消费观念，同时加强搬迁移民社区主人翁意识和共同家园的观念。如甘肃省天水市藉口镇郑集寨引进有资质的物业公司提供专业化管理服务，包括负责小区公共卫生、服务设施维护等，并对移民实行物业费用"免二减三"政策，即搬迁群众入

[①] 转引自《就业扶贫小车间展现脱贫大担当——甘肃省天水市甘谷县全力推动扶贫车间建设》，中国甘肃网，http://www.gscn.com.cn/rst/system/2020/09/07/012455123.shtml，2020年9月17日。

住后两年内免除费用，后三年费用减半。① 2020年11月，中华人民共和国住房和城乡建设部相关负责人也提出，做好易地扶贫搬迁的集中安置社区物业管理工作，是满足搬迁群众美好生活需要的重要方面。② 目前，甘肃省移民社区物业管理还在不断建设和完善中。

小结：创新与挑战

总体来看，以上民族地区易地扶贫搬迁脱贫治理与社区发展的三种创新模式刚刚起步，但是这三种模式无疑在统筹多种社会资源、激发多元社会活力、创新居民参与机制方面具有重要的创新实践意义。

易地扶贫搬迁社区是在国家扶贫政策规划主导下建立的，完全由政府主导的脱贫治理有其优势和不足。优势是制度优势明显，可以"集中力量办大事"，能在较短的时间内动员各种组织和财政资源，改善易地搬迁移民的住房、教育、医疗、生活基础设施等，实现物质福利的提升，但同时也存在移民对政策依赖性过强、社区参与不足、缺乏活力、搬迁移民多元化需求难以满足等问题。面对以上问题，这三种模式都在积极尝试引入其他治理与发展主体，包括社区、社会组织、市场等，构建党建引领下的多元整合协同的社区治理与发展创新机制，从而实现政府、基层社区组织、市场与社会组织力量的资源优化协作与整合，最终激发搬迁移民的内生动力和自主性。

由于我国易地扶贫搬迁社区形成时间较短，治理机制的探索才刚刚起步，这三种治理模式未来也仍面临着不小的挑战。第一种"党建引领+政府主导+社区自治"模式，政府主导的行政性依然过强，尽管社区开始通过民主选举、民主议事、民主监督等方式进行自治探索，但是民主选举社区居委会后，如何在社区公共事务治理中发挥社区居委会、议事委员会的自治

---

① 转引自《搬出大山圆梦小康——甘肃省"十三五"易地扶贫搬迁工作纪实》（下），搜狐网，https：//www.sohu.com/a/410070275_119798?_f=index_pagefocus_5，2020年7月28日。
② 《住房城乡建设部：加强易地扶贫搬迁安置社区物业管理》，新华网，http：//www.xinhuanet.com/politics/2020-11/05/c_1126701974.htm，2020年11月5日。

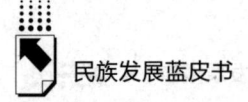

自管作用，而不是走形式主义，使社区居委会成为政府的"一条腿"、上级政府行政事务的承担者，仍然面临着较大的挑战。第二种"政府＋社会组织＋社区＋企业"合作参与多元共治模式，借助社会化力量，积极引进社工组织和志愿服务站助力易地扶贫搬迁社区建设，有着较强的创新意义，专业性也更强，更有助于激发社区移民的内生动力，可持续性也更好，但是要培育移民的能力和素质，通过开展活动营造和谐的邻里关系，推动居民形成社区情感认同，需要投入大量的人力、时间和精力，可能需要较长时间才能产生效果。第三种"政府＋市场"的治理模式，尽管在就业方面短期效果明显，效率也较高，但是容易将易地扶贫搬迁简单化为"经济扶贫""产业扶贫"，且如何维护公平与效率之间的关系，使移民可持续地成为真正的获益者是需要检验的。把物业引入基层治理体系，应当说是社区建设走向规范化、现代化的重要手段，但移民作为社会中的弱势群体，消费观念和能力都较弱，在不依赖政府的政策资金扶持下，扭转移民对物业服务的消费观念、实现可持续发展将面临较大挑战。

总之，推进实现善治，形成中国特色的"自上而下与自下而上相结合"的多元主体参与合作的脱贫治理与社区发展格局，是易地扶贫搬迁脱贫治理最根本和最终的目标。以上介绍的三种易地扶贫搬迁安置社区治理的创新模式刚刚起步，未来还需各治理主体，包括政府、市场、社会组织、移民群体等多方继续共同深入探索，也需要学者给予持续的关注和追踪研究。

B.12
民族地区出生人口性别比与社会治理

薛 品[*]

摘　要： 出生人口性别比是人口领域重要发展指标。近些年全国范围包括许多民族地区在内，出生人口性别比失衡较为严重。失衡原因主要包括：重男轻女思想的影响、社会保障制度不够完善、科技在生育领域非法滥用。从国家到民族地区，近些年相关部门综合运用社会治理手段，实行较为宽松的生育政策，改变重男轻女的文化环境，建立健全社会保障体系，近些年民族地区出生性别比有较大改善。

关键词： 出生人口性别比　社会保障体系　社会治理

一　民族地区出生人口性别比失衡

国际上通常认可的出生人口性别比（女性＝100）正常范围为103～107，自20世纪80年代以来，中国出生人口性别比开始偏离正常区间。第三次全国人口普查公布，1981年出生性别比为107.6。此后中国出生性别比，在小幅波动中连年攀高，1990年超过110，2000年接近118，之后长期超过120，2007年达到峰值125.5，之后逐渐开始回落，2019年降至111.9。当前，出生性别比是人口领域最突出的问题，中国是世界上出生性别比失衡

---

[*] 薛品，中国社会科学院民族学与人类学研究所民族社会研究室副研究员。

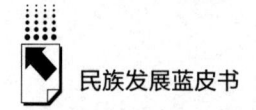

最严重的国家之一①，波及人口多，失衡现象较为严重，失衡时间持续较长，至今已长达30余年。

出生人口性别比失衡严重会带来一系列复杂后果，学界和政府对此都极为关注。2011年《国家人口发展"十二五"规划》提出，2015年的出生人口性别比目标为115，这是中国首次把控制出生人口性别比纳入国家规划。2016年《国家人口规划（2016—2030年）》提出，2020年出生人口性别比降至112以下，2030年降至107，即恢复到正常水平。在政策和多种因素共同影响下，出生人口性别比从2008年的120.6开始持续下降，2019年已降至111.9。但是，即使未来出生人口性别比下降到正常范围，20世纪80年代到2030年之间出生的人口在婚姻问题上仍将面临严重的"男多女少"性别不平衡问题。②

少数民族居民虽实行较为宽松的计划生育政策，但人口普查数据显示，少数民族出生人口性别比也存在失衡现象。学者研究发现，少数民族出生人口性别比在1989年以前正常，之后进入偏高状态，并在1999年达到高值。③2000年人口普查中，百万人口以上的18个少数民族中，有13个少数民族出生人口性别比高于正常水平；2010年人口普查数据显示，百万人口以上的少数民族中，有14个少数民族出生人口性别比高于正常水平。有学者总结，从"四普"至"六普"，人口超百万少数民族出生性别比持续攀升，上升幅度大、失衡越来越明显。④

二 多重原因造成出生人口性别比偏高

出生人口性别比长期严重失衡，背后原因非常复杂，包括宏观层面和微

---

① 联合国：《世界人口展望2017》，World Population Prospects 2017, https://population.un.org/wpp/Download/Standard/Fertility，2019年3月9日。
② 刘展超：《民政部部长：总和生育率破警戒线 生育政策需增强包容性》，《第一财经日报》2020年12月2日。
③ 张丽萍：《80年代以来我国少数民族出生人口性别比与生育水平变化的历史回顾》，《人口与经济》2006年第5期。
④ 晏月平、吕昭河：《人口超百万少数民族出生性别比差异与综合治理研究》，《人口与发展》2015年第3期。

观层面原因,是社会、经济、文化等因素综合作用影响的结果。宏观层面原因包括重男轻女、传统男孩偏好的影响、"养儿防老"传统模式的制约、科技在生育领域的非法滥用等。在技术层面上,"两非"现象是造成出生人口性别比失衡的重要原因。所谓"两非"现象,即非医学需要的胎儿性别鉴定、非医学需要的人工终止妊娠。在宏观层面上,有学者考察了性别偏好、性别选择、社会经济发展与现行生育政策等因素对出生性别比例失调的影响认为:中国歧视性的性别偏好是制度构建的产物,性别偏好、社会政策供给不足、生育数量限制等使性别偏好提前显露出来,并借助性别选择提前实现性别偏好成为可能,从而促使中国出生性别比例失调。① 性别偏好的"文化滞后"因素与经济因素(社会保障不健全甚至缺失、生产力发展水平不高、农村家庭对劳动力需求等)、社会因素(改革开放后宗法宗族宗派思想等的复活、妇女地位相对低下、家庭安全需要等)、心理原因(对儿子的心理满足感等)、单系偏重(财产、姓氏继承等)以及政策因素(土地分配、生育政策、奖励兑现不到位、婚姻登记与下岗失业政策等)、(领导的)认识水平、管理因素(综合治理局面没有真正形成、处罚不到位、管理到位难)等社会经济制度结合在一起,制约出生性别比回归正常范围。

有学者提出出生性别比失衡的多层次影响因素模型,并运用分层模型来研究生育政策和地区社会经济状况对中国出生性别比失衡的影响。研究发现,即使在控制妇女个人和家庭特征、地区社会经济状况的情况下,生育政策对中国出生性别比失衡仍然有显著影响,生育政策越严格,出生性别比失衡越严重。研究还发现地区社会经济状况对出生性别比失衡有缓解作用,城镇化水平的提高、居民收入的增加都可以减缓出生性别比的失衡程度。不考虑地区社会经济状况容易低估生育政策对出生性别比失衡的加剧作用。②

在宏观因素中,学者还发现,出生性别比偏高与生育水平下降间存在

---

① 陈友华、徐愫:《性别偏好、性别选择与出生性别比》,《河海大学学报》(哲学社会科学版)2009年第4期。
② 王军:《生育政策和社会经济状况对中国出生性别比失衡的影响》,《人口学刊》2013年第5期。

复杂关系。当生育水平下降速度快,生育水平下降到较低水平时,在这两种情况下,生育水平下降都会导致出生性别比偏高。生育水平急剧下降,在这一过程中生育观念并未发生相应转变,尤其是某些民族存在较强的生育性别偏好,例如重男轻女,这种偏好没有条件也没有时间发生转变。根据有些学者的孩子数量质量替代理论,在子女数量选择余地较小的情况下,会转向对孩子质量的追求。在出生人口性别比问题上,所偏好的子女性别其实也是生育过程中所追求的质量的一种。当生育水平较低时,对所偏好的子女性别受数量限制而无法满足,一旦B超等性别鉴定技术得到使用,这种偏好则得以实现;但当现有子女的性别满足需要,则停止生育,如生男即止。而无论哪种方式都会带来出生人口性别比的升高。所以生育水平短期内急剧下降导致生育观念并没有条件随之改变,当生育水平下降到某一较低水平时,数量得不到满足则以所追求的子女性别作为质量来满足需要。①

宏观层面的出生性别比通常是微观家庭孩子性别结构的集聚。在微观层面的因素中,学者发现不同孩次出生性别比差异较大,第一胎出生性别比通常偏低或正常,第二胎第三胎出生性别比则较高②;家庭已有孩子的数量与性别,对高孩次孩子的性别有显著影响,要想阻止性别比的继续偏高必须改变导致性别比偏高的这些条件,即弱化男孩偏好,适当放宽生育政策,或阻止非医学原因的性别鉴定③。此外,学者还发现,妇女社会地位对出生性别比影响较为显著。④

---

① 张丽萍:《80年代以来我国少数民族出生人口性别比与生育水平变化的历史回顾》,《人口与经济》2006年第5期。
② 罗华、鲍思顿:《出生性别比的社会经济决定因素:对2000年中国最大的36个少数民族的分析》,《人口研究》2005年第6期。
③ 乔晓春:《性别偏好、性别选择与出生性别比》,《中国人口科学》2004年第1期。
④ 游五岳、姚洋:《女性的政治地位与出生人口性别比——基于1950—2000年县级数据的实证研究》,《中国社会科学》2020年第4期。蔡菲、黄润龙、陈胜利:《影响出生性别比升高的社会经济文化背景研究——2000年全国人口普查县级资料多因素分析报告》,《人口与发展》2008年第2期。

三 生育政策放宽、出生率下降对出生性别比影响较为复杂

出生性别比失衡引起有关部门重视，国家采用各种政策进行调整。近些年，出生率下降成为明显现象，学者和专家纷纷呼吁放宽生育政策。2013年国家施行"单独二孩"政策。2015年10月，中共十八届五中全会公报指出：坚持计划生育基本国策，积极开展应对人口老龄化行动，实施全面二孩政策。2021年5月31日，中共中央政治局召开会议，审议《关于优化生育政策促进人口长期均衡发展的决定》并指出，为进一步优化生育政策，实施一对夫妻可以生育三个子女的政策及配套支持措施。

社会各界期待随着生育政策放宽，出生率下降现象以及出生性别比失衡现象均能得以缓解。① 学者利用2014年湖北省单独家庭调查数据，实证分析了"单独二孩"政策对出生性别比的影响效应。"单独二孩"政策通过"释放效应"和"稀释效应"促进出生性别比的平衡；且这一政策效果必须要求这两种效应同时存在，缺一不可。另一项研究采用2014年各省（区、市）的最新数据来探讨"单独二孩"政策对出生性别比的影响。结果发现，"单独二孩"政策对一胎出生性别比有缓解作用，但对二胎出生性别比可能存在恶化的效应。因为"单独二孩"政策实际上给了有男孩偏好的单独夫妇一次选择性生育的机会，客观上恶化了二孩出生性别比。因此，治理出生性别比的关键在于改变男孩生育偏好的生育文化。②

各种影响因素存在此消彼长的后果。随着经济发展，现代化、城市化进程加快，人们生活压力越来越大，育儿成本越来越高，在这种情况下，会出

---

① 朱明宝、石智雷：《"单独二孩"政策有助于出生性别比的平衡吗？——来自湖北省家庭调查的证据》，《人口与发展》2015年第5期。
② 黄匡时：《"单独两孩"政策对人口出生性别比的影响效应分析》，《人口学刊》2015年第4期。

现性别比失衡的情况。

官方数据显示，我国出生人口数量已经连续数年下降。据国家统计局统计公报，2019年我国出生人口1465万，比2018年减少58万，人口出生率为10.48‰，比2018年下降0.46个千分点。①从历史数据看，10.48‰的人口出生率也是2000年以来的最低值。统计数字显示，2000年我国出生人口为1771万，2002年下降到1647万。此后，在2003~2013年，我国出生人口在1600万上下波动。受"全面两孩"政策影响，2016年我国出生人口数量回升到1786万，是2000年以来出生人口数量最高的年份。但此后的2017年和2018年又出现了连续下降，分别为1723万人和1523万人。这一趋势延续到了2019年。国家统计局人口和就业统计司司长张毅2020年1月表示，"全面两孩"政策实施四年来，政策累积效应在前两年集中释放，导致生育率呈现先升后降的现象，2018年出生人口下降幅度明显。2018年后，生育进入政策调整后的平稳期，受育龄妇女数量和结构的影响，2019年出生人口略有减少。"单独二孩"和"全面二孩"生育政策的放开，在扭转出生率下降趋势方面进展不大。新的挑战是，学者发现出生率下降更容易导致出生性别比上升。

四 当前民族地区出生人口性别比

表1是2010年、2015年和2019年民族地区出生人口性别比数据。从2010~2019年，民族地区出生人口性别比数据改善较大，内蒙古数据从2010年的112.0下降至105.9，青海数据从2010年的112.3下降至2019年的106.2，广西数据从2010年的122.7下降至2019年的111.2，云南数据也呈下降趋势。而西藏和新疆则从2010年起出生性别比数据就较为平衡。宁夏和新疆缺少2019年数据，其中，宁夏2010~2015年出生人口性别比较高，而贵州和新疆则较为平衡。

---

① 《总和生育率破警戒线 生育政策需增强包容性》，《第一财经日报》2020年12月2日。

表1 民族地区出生人口性别比

地区	2010年	2015年	2019年
全国	118.0	112.5	110.1
内蒙古	112.0	108.1	105.9
广西	122.7	122.8	111.2
贵州	122.5	105.1	111.9
云南	111.9	111.9	109.0
西藏	106.5	103.6	105.0
青海	112.3	105.2	106.2
宁夏	113.8	113.5	—
新疆	106.0	104.2	—

资料来源：2010年第六次全国人口普查数据、2015年1%人口抽样调查数据、2019年各民族地区统计局/卫健委。其中，有几个省份数据未收集到。

五 综合运用社会治理手段，改善民族地区出生人口性别比

出生人口性别比改善是一项综合工程，需要长久工作，需要社会各层面共同努力。在国家层面上，各省区均面对同样的中央政策。2002年11月，原国家计生委、原卫生部、原国家药监局共同发布《关于禁止非医学需要的胎儿性别鉴定和选择性别的人工终止妊娠（"两非"）的规定》，对胎儿性别鉴定予以明确禁止，治理性别比失衡的战役正式拉开。2003年4月，"关爱女孩行动"启动，旨在通过倡导男女平等，扭转中国存在的新生儿男女性别比失衡问题。[①] 卫生、公安、司法、检察等多个部门也会同在一起，严厉查处胎儿性别鉴定和性别选择引产案件。《中国儿童发展纲要（2011—2020年）》将"出生人口性别比升高趋势得到遏制，出生人口性别比趋向合理"作为明确目标。

---

① 欧阳坚、蒋作君、张新枫、孙刚、郭生练、王美香：《关爱女孩，关注人口安全》，《人口与计划生育》2006年第9期。

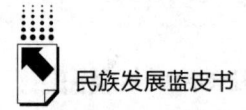

党的十八大以来，党和政府对出生人口性别比偏高问题的治理提出更高要求。2014年6月30日，国家卫计委下发《关于印发全国查处"两非"案件区域协作工作规范（试行）的通知》，要求"两非"案件查处区域协作联席会议每年至少召开一次，遇重大案件或者重要情况可以随时召开。中共中央、国务院印发的《"健康中国2030"规划纲要》明确提出："继续开展出生人口性别比治理。到2030年，全国出生人口性别比实现自然平衡。"

党的十九届四中全会通过的《中共中央关于坚持和完善中国特色社会主义制度、推进国家治理体系和治理能力现代化若干重大问题的决定》（以下简称《决定》），也从推进国家治理体系和治理能力现代化的角度，为出生人口性别比问题治理体系理论和实践创新提供指引。十九届四中全会提出，坚持和完善共建共治共享的社会治理制度，保持社会稳定、维护国家安全。社会治理是国家治理的重要方面，必须加强和创新社会治理，完善党委领导、政府负责、民主协商、社会协同、公众参与、法治保障、科技支撑的社会治理体系，建设人人有责、人人尽责、人人享有的社会治理共同体，确保人民安居乐业、社会安定有序，建设更高水平的平安中国。要完善正确处理新形势下人民内部矛盾有效机制，完善社会治安防控体系，健全公共安全体制机制，构建基层社会治理新格局，完善国家安全体系。①

内蒙古、西藏、青海、新疆等民族省区当前出生性别比相对比较正常。以西藏为例，西藏是以藏族为主的地区，中央政府给予西藏自治区较为特殊的生育政策，尊重西藏居民的宗教信仰、风俗习惯，反对任何形式的强迫命令和处罚行为。西藏自治区政府目前实行"一、二、三"的生育政策。"一"是指对在藏的汉族干部职工实行一对夫妇只能生育一个孩子的政策（特殊情况可经批准生育二孩）；"二"是指在藏族干部职工中，除特殊情况经批准可以生育第三胎外，一对夫妇只能生育两个孩子，间隔要满三年；

---

① 《中国共产党第十九届中央委员会第四次全体会议公报》，《人民法治》2019年第21期，第8~11页。

"三"是指在农牧区提倡一对夫妇只生育三个孩子（最好不超过四个），间隔三年左右，但坚持自愿原则，自愿选择生育数量，不做硬性规定和限制。[①] 新疆、内蒙古、宁夏和广西的情况与西藏自治区比较类似，生育政策相对较为宽松，总体上有利于改善出生性别比。

民族地区相关部门在改善出生性别比过程中，均有意识建立和实施有利于女孩健康成长发展的政策体系，构建性别平等的文化环境，倡导正确的生育观。通过坚持不懈地宣传教育，婚育新风进万家、关爱女孩行动、圆梦女孩志愿者行动、新家庭计划、创建幸福家庭等活动，推进建立新型婚育文化和人口文化，普及社会性别平等和社会性别主流化意识，潜移默化、润物细无声地影响人们生育观念和生育行为，弱化男孩偏好的文化基础。在入学、就业、医疗保健、社会保障等方面制定、完善一系列体现"性别公正"的法律法规和相关政策，禁止性别歧视，为女性提供良好的发展空间，保护农村入赘户和计生女儿户宅基地使用权、责任田承包权及财产继承权等合法权益，倡导开明的婚居模式。

以广西为例，《广西人口发展规划（2016—2030年）》在促进出生性别比率先回归合理区间部分明确提出两方面内容。[②] 一是增强性别平等政策支持。将保护女婴的出生权、生存权、发展权以及尊重和维护妇女合法权益等融入公民道德教育体系。提高计划生育女孩家庭发展能力，积极拓宽关爱女孩工程的范围，从女孩健康、入学、就业、父母就医、家庭生产发展等多方面制定有利于女孩及其家庭生活发展的优惠政策，针对女孩家庭实施奖励、减免、帮扶、保障和救助措施。二是建立健全综合治理责任制。加强部门联合和区域协作，开展以打击非医学需要鉴定胎儿性别和选择性别终止妊娠为重点的专项执法行动，严格落实孕期全程服务、包保责任制和统计监测等措施。完善基层计划生育日常管理，制定并完善B超、终止妊娠手术、终止妊娠药品等规范性管理制度，加强监督检查。落实住院分娩、终止妊娠等信

[①] 史云峰：《从第六次人口普查数据看西藏人口发展变迁与特征》，《西藏民族学院学报》（哲学社会科学版）2013年第1期。
[②] 广西壮族自治区人民政府：《广西人口发展规划（2016—2030年）》，2017。

息通报责任，提高出生性别统计的准确性和及时性。其他民族省区也均有类似政策措施。

居民受教育程度大幅度提高，2010年人口普查资料显示，60～69岁人口（1941～1950年出生队列）的受教育构成中，大专及以上和高中受教育程度人口分别只占3.44%和6.93%，相同指标，20～29岁人口（1981～1990年出生队列）分别占23.24%和19.49%，年轻代际受教育程度得到较大提高，选择性别的生育行为必然弱化。分地区来看，表2展示了2000年和2019年民族地区大专及以上学历人口所占比重，无论是全国水平，还是民族地区各省区水平，2000～2019年大专及以上学历人口所占比重都有大幅提高。

表2 2000年和2019年民族地区大专及以上学历人口所占比重

单位：%

地区	2000年	2019年
全国	3.6	14.6
内蒙古	3.8	20.6
广西	2.4	9.5
贵州	1.9	8.3
云南	2.0	11.3
西藏	1.3	8.5
青海	3.3	13.8
宁夏	3.7	14.1
新疆	5.1	14.8

注：其中2000年为普查数据，2019年为抽样调查数据6岁及以上人口，两次数据口径有所不同。

资料来源：《中国统计年鉴2001》《中国统计年鉴2020》。

经济发展、城镇化水平及养老和社会保障水平稳步提高为出生性别比改善提供客观基础。[①] 主要经济指标连年向好，2010年我国GDP超过日本，从

---

① 原新：《出生人口性别比最新动态及问题判断》，《西安交通大学学报》（社会科学版）2016年第6期。

此成为世界第二大经济体；2019年人均GDP为70892元。经济持续快速发展增加国家实力，增强了综合治理出生性别结构的经济实力，民族地区经济发展也取得较大进展。就业人员产业结构发生巨大变化，2019年第一、二、三产业就业人员的产业结构比25.1∶27.5∶47.3与1978年70.5∶17.3∶12.2相比，第三产业有天翻地覆的增幅，第一产业就业人员则降幅最大，客观上有利于缩小男孩和女孩比较效益的差距。居民收入水平大幅增加，2019年城镇居民人均可支配收入和农村居民人均可支配收入分别为42358.8元和16021元（包括民族地区在内的西部地区，2019年城镇居民人均可支配收入和农村居民人均可支配收入分别为36040.6元和13035.3元），与1978年343元和134元形成天壤之别，增强了家庭和个人的消费能力，客观上弱化了男孩的家庭经济功能和养老功能[1]。民族地区城镇化水平也有大幅提高。2019年全国和民族地区城镇化率分别是：全国60.6%、内蒙古63.4%、广西51.1%、贵州49.0%、云南48.9%、西藏31.5%、青海55.5%、宁夏59.9%、新疆51.9%[2]。全国城镇化水平比1978年的17.9%提升了42.7个百分点，民族省区2019年城镇化水平也远远高于1978年各自的城镇化水平，客观上大大压缩了男孩偏好相对严重的农村人口的性别选择空间。

在经济发展和城镇化逐年提升的基础上，各级政府一直致力加强社会治理，完善社会公共政策，推进基本公共服务均等化，改善民生，努力使发展成果惠及全体公民。民族地区努力建立健全完善社会养老和医疗保障机制，社会保障覆盖面大幅增加。以2019年为例，各民族省区2019年全省养老保险参保人数（包括企业职工基本养老保险参保人数、城乡居民基本养老保险参保人数、机关事业单位养老保险参保人数）都比2018年有大幅增长。医疗保障方面，各民族省区医疗保险参保人数（包括城镇职工医疗保险参保人数、城乡居民医疗保险参保人数、失业保险参保人数、工伤保险参保人数、生育保险参保人数等方面）也都比2018年有大幅增长。与此同时，宁

---

[1] 《中国统计年鉴2020》，中华人民共和国国家统计局，中国统计出版社，2020。
[2] 《中国统计年鉴2020》，中华人民共和国国家统计局，中国统计出版社，2020。

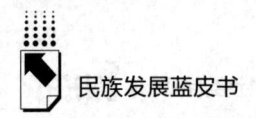

夏、青海、云南等省区2019年养老服务机构和养老服务床位也都比上年有大幅增加。①

在国家层面上生育政策逐渐放宽，近些年先后出台"单独二孩"政策和"全面二孩"政策，并在2021年5月31日，中共中央政治局召开会议，决定实施一对夫妻可以生育三个子女的政策及配套支持措施。② 会议就积极应对人口老龄化、调整生育政策等问题，做出一系列部署。将婚嫁、生育、养育、教育一体考虑，加强适婚青年婚恋观、家庭观教育引导，对婚嫁陋习、天价彩礼等不良社会风气进行治理，提高优生优育服务水平，发展普惠托育服务体系，推进教育公平与优质教育资源供给，降低家庭教育开支。要完善生育休假与生育保险制度，加强税收、住房等支持政策，保障女性就业合法权益。对"全面二孩"政策调整前的独生子女家庭和农村计划生育双女家庭，要继续实行现行各项奖励扶助制度和优惠政策。要建立健全计划生育特殊家庭全方位帮扶保障制度，完善政府主导、社会组织参与的扶助关怀工作机制，维护好计划生育家庭合法权益。要深化国家人口中长期发展战略和区域人口发展规划研究，促进人口长期均衡发展。这些政策对全国、民族地区人口出生率、人口出生性别比的长期影响，都是今后值得关注的重点问题。

民族地区近年来经济发展水平逐年提升，城镇化率提高，人口受教育水平大幅提升；民族地区综合构建关爱女孩的社会体系和社会环境；社会保障水平和社会保障覆盖范围都有较大程度提高，这些因素最终都有利于改善民族地区的出生人口性别比。部分民族地区出生人口性别比目前已改善至正常区间，但还有部分民族地区该指标尚未降至正常区间，未来还需要进一步改善、下降。由于影响出生性别比的因素错综复杂，宽松的生育政策有利于出生人口增加、有利于改善出生性别比，但经济现代化、工业化和城镇化因素客观上又会带来工作压力、竞争压力加剧，不利于出生人口增加。未来仍需关注民族地区出生人口性别比的变动及相关影响原因。

---

① 此处对各省区养老保险、医疗保险参保人数、养老机构、养老床位等指标的判断，所依据的数据均源自各省区2019年《国民经济和社会发展统计公报》。
② 《中共中央政治局召开会议》，《人民日报》2021年6月1日。

Contents

I General Report

B.1 Report on Social Development in Ethnic Minority
Areas (2016 -2020)

Zhang Jijiao, Qiao Shanshan / 001

Abstract: In particular, the perfect conclusion of targeted poverty alleviation in ethnic minority areas from 2016 to 2020 has attracted the attention of the world, which shows that the basic material life of people in ethnic minority areas has been strongly guaranteed. Based on this, this report combs the remarkable achievements made in the social development of 8 ethnic provinces and regions during the new era (2016 -2020). Firstly, taking the Livelihood Protection Project and basic system as the starting point, this report summarizes the current situation of social development in Yunnan、Guangxi、Guizhou、Ningxia、Qinghai、Neimenggu、Xizang、Xinjiang. Secondly, On this basis, it abstracts the differentiated development priorities established by different ethnic areas according to their localization characteristics. Finally, it summarizes the highlights of innovative social development in ethnic areas.

Keywords: Ethnic areas; Social Development; Livelihood Projects; Basic Systems

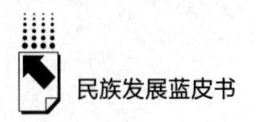

Ⅱ Sub-Reports

B.2 Report on Social Development Report of Inner Mongolia Autonomous Region

Wang Hongyan / 030

Abstract: Since the 13 th *Five – Year Plan for Economic and Social Development of the People's Republic of China* (*the 13th Five – Year Plan*), not only has the Inner Mongolia Autonomous Region further strengthened the people's livelihood project and deeply promoted the reform and innovation of the basic system of social development but also the Inner Mongolia Autonomous Region has achieved significant results in social development and innovation. During this period, the region's achievements are very obvious in the following aspects which are the region's social development and the people's livelihood secured, the basic systems improved, a stronger and more secure and stable rule of law atmosphere, the construction of a rule of law, an innovative government, a service-oriented government, and an accelerated trustworthy government. Meanwhile, the achievements of social development and innovation in the Inner Mongolia Autonomous Region further indicates that the future social development of the Inner Mongolia Autonomous Region needs to further deal with the following sets of relationships between stimulating social vitality and maintaining social order, between the protection of citizens' rights and the maintenance of social stability, between rule of law and rule of virtue, Co-construction, co-governance and shared relationship, between development innovation and people's livelihood. The Inner Mongolia Autonomous Region needs to uphold and improve the system of ethnic regional autonomy and ensure the smooth flow of the party central government orders and support all ethnic groups to develop economy and improve people's livelihood. The Inner Mongolia Autonomous Region needs to consolidate the sense of community for the Chinese nation and to unswervingly take the correct approaches with Chinese characteristics to handling ethnic affairs when addressing the central conference on ethnic affairs and for promoting high-quality development of the Party's work on ethnic affairs in the new era. Also Inner Mongolia Autonomous Region needs to continue to maintain the lofty honors of the model autonomous region and extensively strengthen exchanges and blends among all ethnic groups.

Keywords: Social development; Development Achievements; Development Experience; Inner Mongolia

B.3 Report on Social Development of Xinjiang Uygur Autonomous Region　　　　　　　　　　　　Sun Qiang / 056

Abstract: In recent years, Xinjiang has made a series of major achievements in its economic and social development, including sustained sound economic development, significant improvement in people's living standards, decisive achievements in poverty alleviation, and counterpart assistance from the central government and other parts of the country has been steadily increased. This report will present the achievements from four aspects based on the actual characteristics of Xinjiang. These four aspects include: The first is adhering to the rule of law in Xinjiang, maintaining social stability and safeguarding national security; the second one is adhering to key support to win the battle against poverty in the four prefectures in Southern Xinjiang; the third one is promoting reform and innovation of basic social systems and all-round progress in social programs to pursue shared development; the forth one is adapting measures to local conditions to promote innovative development of social governance in Xinjiang. This report points out that to achieve social stability and all-round development in Xinjiang, we must always adhere to and constantly improve the leadership of the CPC, combine local reality and understand the characteristics of ethnic minority areas and improve the situation of the grass-root society, especially the key field of southern Xinjiang.

Keywords: Social Stability; Xinjiang Uygur Autonomous Region; Poverty Alleviation; Social Governance

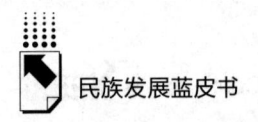

B.4 Report on Social Development of Guangxi Zhuang Autonomous Region   *Ai Jing*, *Li Beibei* / 077

Abstract: As one of the main battlefields for poverty alleviation in the country, Guangxi has made certain achievements in the people's livelihood project. While consolidating the results of poverty alleviation, it adheres to the combination of employment and entrepreneurship, promotes multi-channel employment, and improves various social security system. At the same time, advance the basic system reform, vigorously promote the education equity system, and establish a modern medical and health service system with the improvement of people's health as the core; improve the birth system and household registration management system on the original basis, establish a national security system, and improve public security System, accelerate the establishment of a social credit system; strengthen urban and rural development, strengthen the party's leadership over social development, and guide the healthy development of social organizations. Through multilateral efforts, social forces have been fully mobilized to participate in social development, achieving the purpose of safeguarding rights and maintaining stability, reflecting the advantages of combining the rule of morality and the rule of law in social development, and promoting the co-construction and sharing of society. It has opened up new paths in terms of social autonomy and self-discipline, ensuring the simultaneous development of social development and people's livelihood.

Keywords: Guangxi; Social Development; Development Effectiveness; Development Experience

B.5 Report on Social Development of Ningxia Hui Autonomous Region   *Wang Yudong* / 102

Abstract: During the 13th Five Year Plan period, Ningxia has made remarkable achievements in social development. Ningxia wins the battle against poverty, and continues to improve people's livelihood, such as employment, residents' income, social security and housing. Ningxia continues to reform and innovate the social service system, vigorously builds the "Internet plus education" demonstration area and the "Internet plus medical health" demonstration zone. Ningxia improves the national security system, strengthens ethnic and religious work, and maintains social harmony and stability. Ningxia continuously improves the public security system and mechanism, and promotes the construction of "safe Ningxia" to a new level. Ningxia promotes the construction of "integrity Ningxia" and speeds up the construction of social integrity system. Ningxia promotes the healthy development of social organizations and attaches importance to the cultivation and development of community social organizations. Ningxia modernizes social governance, innovates ways of social governance, and strengthens urban and rural community governance. Ningxia strengthens ecological and environmental protection and governance, and builds a beautiful Ningxia with blue sky, green land and beautiful water. Ningxia strengthens the party's leadership over social development and provides a strong organizational guarantee for social development. "Smart Ningxia" represents an important exploration of the "smart" innovation road of Ningxia's social development in the new era.

Keywords: Ningxia Hui Autonomous Region; Social Development; Development Achievements; Development Innovation

B.6 Report on Social Development of Tibet Autonomous Region

Wang Jianfeng / 119

Abstract: TAR has taken great efforts to implement the Party's strategy of governing Tibet of new era since the 19th NCCPC, so as to strengthen the Consciousness of being a Chinese national in social development process, to safeguard the national unity and solidarity, to improve the system and mechanism for social harmony. In order to integrate and coordinate the four task-development, stability, environment and border security, the local government take efforts to improve people's well-beings, to reestablish the grass-roots organizations of the Party and make them running well, to innovate the management mode of temples. A new way for TAR's social development has come out with Tibetan characteristics-economic sharing, social inclusion and cultural prosperity, which is the foundation for social harmony and long-term stability.

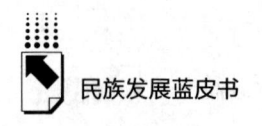

Keywords: Social Development; Social Governance; Tibet

B.7 Report on Social Development of Qinghai Province

Ma Mingzhong, Zhang Ke / 138

Abstract: during the 13th Five Year Plan period, Qinghai Province took social governance as the main line, focused on special factors such as social development, ecological protection, ethnic work and national security, deeply promoted the construction of safe Qinghai and Qinghai ruled by law, widely carried out the establishment of national unity and progress demonstration areas, and constructed a "three types and four levels" social governance model, Social governance has realized the transformation from emergency to normal, extensive to fine, passive to active, laid a solid working foundation for social development, and embarked on a development road with Qinghai characteristics.

Keywords: Qinghai Social Development National Unity and Progress Demonstration Area

B.8 Report on Social Development of Yunnan Province

Liu Rong, Chen Zhiping, Wu Peng, Zhang Qi, Wang Zhida,

Lyu Wei, Li Dong, Fang Jinpu, Peng Ruiqiu and Shen Jie / 152

Abstract: At the Fourth Plenary Session of the 19th CPC Central Committee, it was proposed to strengthen and innovate social governance, and to improve the social governance system highlighting the leadership of the CPC Committee, the responsibility of the government, democratic consultation, coordination from all sectors of society, public participation, rule of law, and support by science and technology. According to the proposition, it is essential to build a community of social governance by the people, of the people and for the people so as to ensure that the people live and work in peace and contentment and the society is stable and to make China safe and peaceful at a higher level. During the 13th Five −Year Plan period, Yunnan Province firmly implemented the spirit of a series of Important Speeches by General Secretary Xi Jinping and carried out seriously Xi's instructions in his speech made during his inspection tour in Yunnan, "to build Yunnan into the model zone of ethnic unity, the vanguard of eco-civilization, and the pivot of China's opening-up to South and Southeast Asia." Yunnan Province took fully account of the existing realities involving border areas, ethnic groups, mountainous areas, poverty and beautiful scenery and endeavored to comprehensively build a new pattern of social governance along the way to the social development.

Keywords: Yunnan Province; Social Development; Social Governance; Yunnan's Experiences

B.9 Social Development Report of Guizhou Province

Qiao Shanshan, Wu Yulan / 179

Abstract: General Secretary Xi Jinping pointed out that Guizhou should abide by the two bottomline of development and ecology and achieve leapfrog development. In order to achieve this goal, Guizhou Province has constructed the modern governance system of Guizhou Province by formulating preferential policies to mobilize social capital into the market field, poverty alleviation by law, giving full play to the educational function of social organizations with characteristics in ethnic areas, and "three changes" reform to create a joint construction and shared interest connection model. The improvement of governance capacity has not only helped Guizhou Province to complete the national poverty alleviation goal as scheduled, but also won the praise of "Guizhou model" by the Party Central Committee and the State Council. Therefore, during the 13th Five Year Plan period, Guizhou Province has made historic progress in livelihood projects, basic systems, national security system, social integrity system, overall urban and rural development, environmental protection and so on. Since the new era, Guizhou has made great achievements in social development, which has laid a solid foundation for Guizhou Province to implement the "14th five year plan" for national economic development.

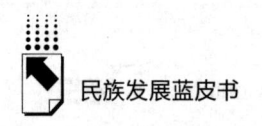

Keywords: Social Development; Guizhou Province; Poverty alleviation; Development results

Ⅲ Special Reports

B.10 Report on the Development of Education in Regions Inhabited by Ethnic Areas　　*Du Qianping* / 202

Abstract: the overall development of education in ethnic areas has made significant achievements in the past decade, mainly for the following reasons: teaching of common national language has been intensified, training of backbone teachers in ethnic areas has been strengthened, level of ethnic classes co-started by various regions has been raised year by year, online education and training have developed vigorously, and education on ethnic unity has been strengthened. However, due to various historical and practical reasons, there are still gaps between education in ethnic areas and that in some developed areas. This paper takes the difficulties encountered by students in ethnic areas when accessing online classes during covid - 19 as a starting point, analyzes new challenges facing the development of education in ethnic areas, proposes measures to promote the faster improvement of education level and talent training system in ethnic areas.

Keywords: Ethnic Areas; Education in Ethnic Areas; Basic Data; Development Characteristics; Online Education

Contents

B.11 Report on the Development of Poverty Alleviation in
Regions Inhabited by Ethnic Minorities   *Zhao Luoying* / 215

Abstract: Since the 18th National Congress, The central committee of the communist of China has attached great importance to poverty alleviation in ethnic minority areas. Relocation for poverty alleviation, as one of the five projects, is also an important measure to implement the poverty alleviation strategy in ethnic minority areas and win a full victory in building a well-off society. At present, China has won the battle against poverty and fully completed the goal of poverty alleviation of relocation in other places. This paper takes "relocation for poverty alleviation" as an example to explore the new progress and achievements of poverty alleviation in ethnic minority areas in recent years. This paper analyzes the challenges of development of relocation and resettlement communities for poverty alleviation in other places, and summarizes three innovation governance model in relocation communities for poverty alleviation and relocation, including the Guangxi model of "party construction leading + government leading + community autonomy"; the Guizhou model of "Government + social organization + community + enterprise" cooperation governance; the Gansu model of "government + market". Finally, it analyzes the innovation and future of the three models.

Keywords: Poverty Alleviation; Relocation For Poverty Alleviation; Poverty Alleviation Governance; Model

B.12 Report on Sex Rations at Birth and Social Development
in Regions Inhabited by Ethnic Minorities   *Xue Pin* / 229

Abstract: The sex ratio at birth is an important development indicator in the population field. In recent years, the imbalance of the sex ratio at birth has been serious nationwide, including in many ethnic areas. The reasons for the imbalance mainly include the cultural tradition of son preference, the imperfect social security system, and the illegal abuse of science and technology in the field of fertility. In recent years, relevant departments all over the country including many ethnic areas have made use of social governance means comprehensively, implemented relatively loose fertility Policies, changed the cultural environment of son preference and established and improved the social security system; In recent years, the sex ratio at birth in ethnic minority areas has improved greatly.

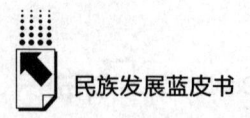

Keywords: Sex Ratio at Birth; Social Security System; Social Governance

社会科学文献出版社

皮 书

智库成果出版与传播平台

❖ 皮书定义 ❖

皮书是对中国与世界发展状况和热点问题进行年度监测,以专业的角度、专家的视野和实证研究方法,针对某一领域或区域现状与发展态势展开分析和预测,具备前沿性、原创性、实证性、连续性、时效性等特点的公开出版物,由一系列权威研究报告组成。

❖ 皮书作者 ❖

皮书系列报告作者以国内外一流研究机构、知名高校等重点智库的研究人员为主,多为相关领域一流专家学者,他们的观点代表了当下学界对中国与世界的现实和未来最高水平的解读与分析。

❖ 皮书荣誉 ❖

皮书作为中国社会科学院基础理论研究与应用对策研究融合发展的代表性成果,不仅是哲学社会科学工作者服务中国特色社会主义现代化建设的重要成果,更是助力中国特色新型智库建设、构建中国特色哲学社会科学"三大体系"的重要平台。皮书系列先后被列入"十二五""十三五""十四五"时期国家重点出版物出版专项规划项目;自2013年起,重点皮书被列入中国社会科学院国家哲学社会科学创新工程项目。

皮书网

（网址：www.pishu.cn）

发布皮书研创资讯，传播皮书精彩内容
引领皮书出版潮流，打造皮书服务平台

栏目设置

◆ 关于皮书
何谓皮书、皮书分类、皮书大事记、
皮书荣誉、皮书出版第一人、皮书编辑部

◆ 最新资讯
通知公告、新闻动态、媒体聚焦、
网站专题、视频直播、下载专区

◆ 皮书研创
皮书规范、皮书出版、
皮书研究、研创团队

◆ 皮书评奖评价
指标体系、皮书评价、皮书评奖

所获荣誉

◆ 2008年、2011年、2014年，皮书网均在全国新闻出版业网站荣誉评选中获得"最具商业价值网站"称号；

◆ 2012年，获得"出版业网站百强"称号。

网库合一

2014年，皮书网与皮书数据库端口合一，实现资源共享，搭建智库成果融合创新平台。

皮书网

"皮书说"微信公众号

权威报告·连续出版·独家资源

皮书数据库
ANNUAL REPORT(YEARBOOK) DATABASE

分析解读当下中国发展变迁的高端智库平台

所获荣誉

- 2022年，入选技术赋能"新闻+"推荐案例
- 2020年，入选全国新闻出版深度融合发展创新案例
- 2019年，入选国家新闻出版署数字出版精品遴选推荐计划
- 2016年，入选"十三五"国家重点电子出版物出版规划骨干工程
- 2013年，荣获"中国出版政府奖·网络出版物奖"提名奖

皮书数据库　"社科数托邦"微信公众号

成为用户

登录网址www.pishu.com.cn访问皮书数据库网站或下载皮书数据库APP，通过手机号码验证或邮箱验证即可成为皮书数据库用户。

用户福利

- 已注册用户购书后可免费获赠100元皮书数据库充值卡。刮开充值卡涂层获取充值密码，登录并进入"会员中心"—"在线充值"—"充值卡充值"，充值成功即可购买和查看数据库内容。
- 用户福利最终解释权归社会科学文献出版社所有。

数据库服务热线：010-59367265
数据库服务QQ：2475522410
数据库服务邮箱：database@ssap.cn
图书销售热线：010-59367070/7028
图书服务QQ：1265056568
图书服务邮箱：duzhe@ssap.cn

社会科学文献出版社 皮书系列
卡号：747513255541
密码：

S 基本子库
SUB DATABASE

中国社会发展数据库（下设 12 个专题子库）

紧扣人口、政治、外交、法律、教育、医疗卫生、资源环境等 12 个社会发展领域的前沿和热点，全面整合专业著作、智库报告、学术资讯、调研数据等类型资源，帮助用户追踪中国社会发展动态、研究社会发展战略与政策、了解社会热点问题、分析社会发展趋势。

中国经济发展数据库（下设 12 专题子库）

内容涵盖宏观经济、产业经济、工业经济、农业经济、财政金融、房地产经济、城市经济、商业贸易等 12 个重点经济领域，为把握经济运行态势、洞察经济发展规律、研判经济发展趋势、进行经济调控决策提供参考和依据。

中国行业发展数据库（下设 17 个专题子库）

以中国国民经济行业分类为依据，覆盖金融业、旅游业、交通运输业、能源矿产业、制造业等 100 多个行业，跟踪分析国民经济相关行业市场运行状况和政策导向，汇集行业发展前沿资讯，为投资、从业及各种经济决策提供理论支撑和实践指导。

中国区域发展数据库（下设 4 个专题子库）

对中国特定区域内的经济、社会、文化等领域现状与发展情况进行深度分析和预测，涉及省级行政区、城市群、城市、农村等不同维度，研究层级至县及县以下行政区，为学者研究地方经济社会宏观态势、经验模式、发展案例提供支撑，为地方政府决策提供参考。

中国文化传媒数据库（下设 18 个专题子库）

内容覆盖文化产业、新闻传播、电影娱乐、文学艺术、群众文化、图书情报等 18 个重点研究领域，聚焦文化传媒领域发展前沿、热点话题、行业实践，服务用户的教学科研、文化投资、企业规划等需要。

世界经济与国际关系数据库（下设 6 个专题子库）

整合世界经济、国际政治、世界文化与科技、全球性问题、国际组织与国际法、区域研究 6 大领域研究成果，对世界经济形势、国际形势进行连续性深度分析，对年度热点问题进行专题解读，为研判全球发展趋势提供事实和数据支持。

法律声明

"皮书系列"（含蓝皮书、绿皮书、黄皮书）之品牌由社会科学文献出版社最早使用并持续至今，现已被中国图书行业所熟知。"皮书系列"的相关商标已在国家商标管理部门商标局注册，包括但不限于LOGO（ ）、皮书、Pishu、经济蓝皮书、社会蓝皮书等。"皮书系列"图书的注册商标专用权及封面设计、版式设计的著作权均为社会科学文献出版社所有。未经社会科学文献出版社书面授权许可，任何使用与"皮书系列"图书注册商标、封面设计、版式设计相同或者近似的文字、图形或其组合的行为均系侵权行为。

经作者授权，本书的专有出版权及信息网络传播权等为社会科学文献出版社享有。未经社会科学文献出版社书面授权许可，任何就本书内容的复制、发行或以数字形式进行网络传播的行为均系侵权行为。

社会科学文献出版社将通过法律途径追究上述侵权行为的法律责任，维护自身合法权益。

欢迎社会各界人士对侵犯社会科学文献出版社上述权利的侵权行为进行举报。电话：010-59367121，电子邮箱：fawubu@ssap.cn。

社会科学文献出版社